C000264388

Hani Srour · Die Staats- und Gesellschaftstheorie bei Sayyid Ǧamāladdīn „Al Afghāni“

ISLAMKUNDLICHE UNTERSUCHUNGEN · BAND 41

KLAUS SCHWARZ VERLAG · FREIBURG IM BREISGAU

Hani Srour

Die Staats- und Gesellschaftstheorie bei Sayyid Ǧamāladdīn „Al Afghānī“

als Beitrag zur Reform der islamischen Gesellschaften in der zweiten Hälfte des 19. Jahrhunderts.

KS

KLAUS SCHWARZ VERLAG · FREIBURG · 1977

CIP-Kurztitelaufnahme der Deutschen Bibliothek

Srour, Hani
Die Staats- und Gesellschaftstheorie bei Sayyid Ǧamāladdīn „Al Afghānī" als Beitrag zur Reform der islamischen Gesellschaften in der zweiten Hälfte des 19. [neunzehnten] Jahrhunderts.– Freiburg im Breisgau : Schwarz, 1977.
(Islamkundliche Untersuchungen; Bd. 41)
ISBN 3-87997-054-8

© Hani Srour, Saarbrücken 1977
ISBN 3-87997-054-8

Druck: Johannes Krause, Freiburg

Für meine

Eltern

G L I E D E R U N G

Seite

Seite

Vorwort

Diese Arbeit soll ein Versuch sein, einen der aktivsten und umstrittensten Denker in der islamischen Welt der zweiten Hälfte des 19. Jahrhunderts, nämlich Ǧamāladdīn al-Afġānī, in eine Wertskala einzuordnen, die der weiteren Forschung auf diesem Gebiet dienlich sein kann. Andererseits soll sie dem Leser ein ("vollständiges") Bild dieses Denkers, sei es hinsichtlich seiner Denk- und Verhaltensweise, sei es im Hinblick auf seine politischen und aufklärerischen Aktivitäten, vermitteln.

Ferner wird mit dieser Arbeit der Versuch unternommen, den gesellschaftlichen Rahmen seiner Aktivitäten aus soziologischer Sicht zu analysieren und einen Einblick in die soziopolitischen und kulturellen Umwälzungen in den islamischen Gesellschaften des vorigen Jahrhunderts sowie in ihre "Konfrontation" mit den Europäern zu vermitteln.

Für die Suche dieses Themas sowie für ihre Unterstützung mit Rat und Tat möchte ich an dieser Stelle meinen Lehrern, Herrn Professor Dr. Mohammad Rassem und Herrn Professor Dr. Helmut Gätje, herzlich danken. Imam Mousa al-Sadr, dem Oberhaupt der islamisch-schiitischen Glaubensgemeinschaft im Libanon, danke ich für seine Hilfe bei der Übersetzung persischer Texte ins Arabische und seine Anleitung zu einem besseren Verständnis der Religion(en). Der Friedrich-Ebert-Stiftung danke ich für ihre zeitweilige finanzielle Unterstützung. Herzlicher

Dank sei auch der Vereinigung der Freunde der Universität des Saarlandes e. V. gesagt, die mir einen Studienaufenthalt im Orient mitfinanzierte. Außerdem gebührt mein Dank Frau Oberstudienrätin Annerose Rahner für die stilistische Korrektur dieser Arbeit.

Vorliegende Arbeit wurde am 17. Dezember 1975 als Dissertation von der philosophischen Fakultät der Universität des Saarlandes zur Erlangung des Doktorgrades angenommen.

Die hier verwendete Umschrift entspricht der von der Deutschen Morgenländischen Gesellschaft empfohlenen Transliteration. (Vgl.: Die Transliteration der arabischen Schrift, Denkschrift zu dem 19. Internationalen Orientalistenkongreß in Rom. Vorgelegt von der Transskriptionskommission der DMG, Wiesbaden 1969.)

A. Einleitung

Versucht man eine Art chronologische Parallele zwischen der Entwicklung des Christentums und der des Islams zu ziehen, so gelangt man zu dem Ergebnis, daß das Christentum eine Entwicklung von ungefähr vierzehnhundert Jahren benötigte, ehe eine autodidaktische "Renaissance" bzw. Reform begann. Der Islam dagegen, sechshundert Jahre jünger als die christliche Lehre, der sich zunächst in den verschiedenen Bereichen zu hoher Blüte entwickelte, um dann ab dem 15. Jahrhundert in Resignation zu verfallen, erlebte den Beginn der "Renaissance" seiner Gesellschaft bereits vierhundert Jahre nach der christlichen. Da er jedoch sechshundert Jahre jünger als das Christentum ist, hätte es bei entsprechender Entwicklung auch erst sechshundert Jahre nach ihm zu einer "Renaissance" bzw. Reform kommen dürfen.
Hier ist eine gewisse Zeitraffung zu erkennen, die auf zwei Faktoren zurückzuführen ist:

- Die relativ hohe Entwicklungsstufe der christlichen, europäischen Zivilisation bot der Entwicklung des Islams Orientierungs- und Vergleichsmöglichkeiten.
- Orientalische, islamische Denker gelangten durch geistige Reife, Wissen und Verantwortungsbewußtsein gegenüber der islamischen Gemeinschaft zu der Erkenntnis, daß die islamische(n) Gesellschaft(en) des 19. Jahrhunderts weder mit der ersten islamischen Gesellschaft des 7. Jahrhunderts nach Christus noch mit der klassischen Periode überhaupt, geschweige denn mit der Entwicklungsstufe der europäischen (christlichen) Gesellschaften des 19. Jahrhunderts zu vergleichen war(en).

Deshalb versuchten sie eine Klarstellung des Islams im Hinblick auf das Diesseits und das Jenseits, um ihm zu einer Wiedergeburt zu verhelfen. Diese islamischen Denker waren nämlich der Überzeugung, die Orientalen seien - würde der Islam jetzt keine Reform durchmachen und eine "Epoche der Renaissance" beginnen - nur sehr schwer aus ihrem "Schlaf" zu wecken.
Es müßte eine völlig neue Periode beginnen, sollte die ohnehin bereits große Kluft zwischen ihnen und der europäischen (christlichen) Gesellschaft mit ihrer fortgeschrittenen Entwicklung überbrückt, ja sogar mit den Europäern Schritt gehalten werden, um der europäischen geopolitischen, kulturellen Herausforderung Widerstand leisten zu können.
Außerdem sahen diese islamischen Denker im Islam einen "way of life", der in seiner Struktur eine (festere) Synthese aus göttlicher Religion im abendländischen Sinn und gesellschaftspolitischen Normen darstellt.

Al-Afġānī war der erste Pionier für diese globalen Erkenntnisse. Der Islam, in dem er tief wurzelte, war für ihn göttliche Offenbarung. Letztlich transzendiert er nicht, sondern konnexiert die Besonderheiten und Begrenzungen der diesseitigen Welt mit ihren Angelegenheiten, d. h. er zeichnet sich durch engagierte Anteilnahme an diesen Angelegenheiten aus. Sein Wesenskern besteht in der Überzeugung, daß die Verwirklichung der islamischen Glaubensgrundsätze auch die Ausführung göttlicher Anweisungen, die das Handeln und Verhalten des Menschen als Individuum und als Mitglied der Gruppe (bzw. Gemeinschaft) vorschreiben, in dieser Welt beinhaltet. Er ist also

auch durch eine große Loyalität gegenüber der eigenen Glaubensgemeinschaft gekennzeichnet.
Die islamische Gesellschaft des 19. Jahrhunderts stand jedoch nach al-Afġānīs Auffassung nicht mit der islamischen Gesellschaft des 7. Jahrhunderts, aber auch mit keiner anderen klassischen islamischen Epoche im Einklang. Deshalb beschäftigte ihn die Frage, wie man den Islam revivalisieren bzw. von innen her reformieren könnte, um aus ihm ein tragfähiges Fundament für eine moderne Gesellschaft zu machen, um mit ihrer Hilfe den Orient dem nicht zu übersehenden europäischen Einfluß (in dem al-Afġānī eine große Gefahr für den Islam sah) zu entziehen. In der Theorie und auch in der Praxis widmete sich al-Afġānī sein Leben lang diesem Anliegen.

Trotz seiner wirkungsvollen Darstellungen sozialpolitischer und gesellschaftlicher Themen und Tugenden erscheint al-Afġānīs Werk wie eine Anhäufung von Einfällen und Ideen, die nicht immer Bezug zueinander haben und in kein System einzuordnen sind. Wenn diese Geisteshaltung auch dem Typ eines islamischen Predigers (wāʿiẓ) entspricht, der jederzeit in der Lage ist, zu jeder Frage und zu jedem Fragenkomplex halb rhetorisch Stellung zu nehmen, so heißt das noch lange nicht, diese Art der Denkweise entbehre jeder zusammenhängenden Logik.
Bewundernswert an al-Afġānī sind seine außerordentliche Offenheit und sein Mut, mit denen er die sozialrevolutionären Ideen des klassischen islamischen Zeitalters und die um sich greifenden europäischen Ideen des 18. und 19. Jahrhunderts aus einer anderen nichtmateriellen Perspektive beleuchtet; denn der Orient mit seiner islamischen Mehrheit war sein vordringlichstes Anliegen, was er auch in seinen Werken stets be-

tont. (Unter seinen Schülern und Freunden befanden sich allerdings auch orientalische Christen und Juden, die sich auf dem Gebiet des Journalismus hervorgetan haben. Als Beispiele seien der Christ Adīb Isḥāq und der Jude Jaʿqūb Ṣannūʿ genannt.)

Die meisten Biographen sahen in al-Afġānī bislang mehr oder weniger nur einen panislamischen Agitator, übersahen dabei aber seine Staats- und Gesellschaftslehre (bzw. -theorie) und verkannten den sozialrevolutionären Charakter seiner Agitationen, die als Beitrag zur islamischen Reform im allgemeinen und der islamischen Gesellschaft im besonderen unbestreitbar sind. Infolgedessen blieb die Beurteilung seines Gedankengutes bisher auch unvollständig.

Der eine oder andere Autor mag zwar (wie in den Anmerkungen zu sehen sein wird) auf ganz bestimmte Gedankengänge al-Afġānīs näher eingegangen sein, was jedoch nicht heißt, daß er ihn in seiner ganzen Komplexität erfaßt hätte und eine Analyse im soziologischen Sinn abgäbe.

Versucht man al-Afġānī in ein Bewertungsschema einzuordnen, so kann man eine gewisse Polarisierung zwischen dem geistreichen, zum Teil eklektischen Praktiker und dem einflußreichen Denker des 19. Jahrhunderts entdecken. (Diese Polarität wurde von der bisherigen Forschung nicht immer genügend berücksichtigt.) Die Kongruenz wird jedoch dadurch erreicht, daß man seine Situation als Pioniersituation und sein Gesamtwerk als "Pioniertat" erkennt.
Wenn al-Afġānī auch kein Systematiker im streng wissenschaftlichen Sinn ist - worin seine Schwäche liegt -, so ist sein Werk doch nicht bar innerer Logik. Die meisten seiner Grundideen sind konsequent auf das gleiche Ziel fixiert.

Zunächst muß man freilich von den Veröffentlichungen seiner Aufsätze, Broschüren und Vorträge ausgehen, die Gedanken zum wahren Wissen der Religion und entsprechendem Verhalten, politisches Geschehen, philosophische Reflexionen, Bekenntnisse usw. vermischen.

Diese vielfältigen Ideen lassen sich aber (und nur) am Ablauf der Entwicklung seiner Denkweise systematisieren. Seine wechselnden Themen muß man zu seinen verschiedenen, teilweise durch Ortswechsel bedingten Lebensabschnitten in Beziehung setzen.

Nahezu kein Autor ging auf diese biographische Einteilung ein, weil für fast alle die plötzlichen Wechsel in al-Afġānīs Thematik so kraß sind, daß sie keinen Zusammenhang in seinen behandelten Themen sehen. Eine Kontinuität erkennen sie nur einem einzelnen Thema zu, nicht seinem Gesamtwerk.

Eine weitere Gruppe von Autoren wiederum zwingt al-Afġānīs Werk unter ein begrifflich und ideologisch fixiertes Ordnungsprinzip, um ihn auf diese Weise als Panislamisten, Nationalisten usw. abstempeln zu können, was teilweise durchaus beabsichtigt ist, zum Teil aber auch unbewußt ihrer Denkweise entspringt.

Es fragt sich nun, wie die einzelnen Teile eines unsystematischen Gesamtwerkes zu koordinieren sind. Auf al-Afġānī läßt sich am besten ein Entwicklungsschema anwenden, das sich seinem jeweiligen Aufenthalt und Thema anpaßt. Al-Afġānīs Gesamtwerk besteht zwar aus Teilschriften, die in ihrer Systematik, Problematik und in ihrem Niveau stark voneinander differieren, obwohl sie äußerlich eine Einheit bilden, aber von einigen, ganz bestimmten, vordergründig nicht immer

erkennbaren Bedeutungskomplexen geprägt sind. Einer, wenn nicht sogar der einzig maßgebende dieser strukturierten Bedeutungskomplexe ist die moderne, humane islamische Gesellschaft auf der Basis religiöser Moralethik und Tugenden.
In diesem Zusammenhang erscheint es u. a. notwendig, den Nachweis zu erbringen, daß sich in al-Afġānīs Konzept religiösen Reformdenkens die Mannigfaltigkeit seiner gesellschaftstheoretischen Probleme widerspiegelt und in seiner Vorstellung von einer modernen Gesellschaft bedeutsam ist, daß er glaubt, mit Hilfe der Moralethik und Tugendhaftigkeit einer besseren, sozialen und gerechteren Wirklichkeit den Weg ebnen zu können.

Geht man methodisch von den thematischen Schwerpunkten in al-Afġānīs Werk aus, so ergibt sich hinsichtlich seiner Gesellschaftstheorie eo ipso eine konkrete Einteilung in frühere und spätere Gedankengänge.

Eine beginnende, allmähliche Ausreifung seiner Gedanken zur gesamten Gesellschaftstheorie läßt sich ungefähr ab 1870 feststellen. Bis dahin hatten seine Stellungnahmen überwiegend rhetorischen Charakter und waren größtenteils dem "islamisch-persischen Kulturkreis" zugedacht.

Dieser Entwicklung und teilweise auf Grund geistesgeschichtlicher Koordination entnehme ich die Kriterien aus al-Afġānīs Ideen für eine moderne, reformierte Gesellschaft. Wenn sich seine verschiedenen Gedankengänge und Darlegungen in einen weitergefaßten Rahmen einordnen lassen, ergibt sich eine gewisse Umformung, die man als "Theorie der Reform" bezeichnen kann.

Meine Arbeit konzentriert sich auf die Aspekte der Staats- und Gesellschaftstheorie al-Afġānīs, die in seinen angestrebten Reformen enthalten sind, jenen Reformen, die inneren und äußeren Hindernissen ausgesetzt waren.
Die Arbeit umfaßt drei Teile: historischen "background", Textinterpretation und Darstellung der Weiterentwicklung bestimmter Ideen al-Afġānīs am Beispiel seines Schülers Muḥammad ʿAbduh. Nur in diesem Rahmen wurde hier der Versuch unternommen, eine zusammenfassende Abhandlung über Muḥammad ʿAbduh zu geben.

Zum Stand der einschlägigen Forschung in der vorhandenen Sekundärliteratur über al-Afġānī sei auf Homa Pakdaman, Djamal-ed-Din Assad Abadi dit Afghani, Paris 1969 und Nikki R. Keddie, Sayyid Jamāl ad-Dīn "al-Afghānī", USA 1972 hingewiesen. Beide sind in erster Linie bestrebt, einen lückenlosen Lebenslauf al-Afġānīs wiederzugeben und beschränken sich darüberhinaus auf ein kurzes Referieren bestimmter Gedankengänge al-Afġānīs.

In diesem Zusammenhang sei auch auf Kudsi-Zadeh, Albert, Sayyid jamāl al-Dīn al-Afghānī: An Annoted Bibliography, Leiden 1970 verwiesen. Dieses Buch beschäftigt sich nur mit der Zusammenstellung und Hinweisen auf die Primärliteratur und die gesamte Sekundärliteratur, die sich mit al-Afġānī befaßte. Darüberhinaus referiert der Autor in wenigen Sätzen über jedes Buch und jeden Artikel.
Deshalb gehe ich im Laufe meiner Arbeit nicht auf den Inhalt eines jeden Buches oder Artikels ein, die sich mit al-Afġānī befassen, es sei denn auf jene Bücher,

die später als das von Kudsi-Zadeh erschienen bzw. nicht von ihm erfaßt wurden.

Der Teil dieser Arbeit, der sich mit Muḥammad ʿAbduh befaßt, stützt sich hauptsächlich auf Sayyid Rašīd Riḍā, Tārīḫ al-ustāḏ al-imām aš-šaiḫ Muḥammad ʿAbduh (= Die Geschichte des Lehrers Imām Muḥammad ʿAbduh), Kairo 1931 und auf Muḥammad ʿAmāra, al-Aʿmāl al-kāmila li-l-imām Muḥammad ʿAbduh (=Die gesamten Werke des Imām Muḥammad ʿAbduh), Beirut 1972.

Der Großteil der für diese Arbeit konsultierten Literatur schildert u. a. die historischen Fakten verschiedener Ereignisse im Orient des 19. Jahrhunderts, so z. B. die Okkupation durch die europäischen Mächte und die Ausdehnung ihrer Einflußbereiche, politischen Mord in Persien und seine Hintergründe, die wirtschaftliche und politische Situation Ägyptens vor und nach der Eröffnung des Suezkanals, das osmanische Reich mit seiner Tanzimat (= Reform der Verwaltung) - Periode, den Aufbau der Jungtürken und die Beziehungen zwischen der "Hohen Pforte" (= Regierung in Istanbul) und den arabischen Wilayat (= Provinzen) sowie die Entstehung und Entwicklung der panarabischen Bewegung. Dabei mangelt es aber an einer ausreichenden, konkreten Gesellschaftsanalyse, abgesehen davon, daß Einmütigkeit über die wenig ermunternde Lage der Muslime des 19. Jahrhunderts herrscht.

Sucht man aber nach einem historischen Fundament für die gegenwärtigen gesellschaftlichen und politischen Umwälzungen im islamischen Orient, so findet man es bei Ǧamāladdīn al-Afġānī.

B. Al-Afġānīs Lebenslauf

Al-Afġānīs Herkunft und Geburtsort sind ebenso sehr umstritten wie seine islamische Glaubensrichtung. Teils behauptet man, er sei in Persien geboren und Schiit, teils er sei Sunnit.
Letztere Behauptung kann allerdings eventuell strategischen Charakter haben, weil die Mehrheit der Muslime sunnitisch ist.
Al-Afġānī unterschrieb auch mit Ǧamāladdīn al-Ḥusainī al-Isṭanbūlī (d. h. die Zugehörigkeit zu Istanbul, der Hauptstadt des osmanischen Reiches). Außerdem äußerte er: "... The muslim think me a zeroastrian (maǧūs). The sunnis think me a schi'ī. And the schi'īs think me an enemy of ʿAlī. Some of the friends of the four companions have believed me a wahhābī etc. ... There is no way of escape for me to flee the grasp of one group. There is no fixed abode for me to fight the other party."(1)

---

(1) Vgl. Keddie, R. Nikki, Sayyid jamāl ad-Dīn "al-Afghānī", USA 1972, S. 54
Es ist durchaus möglich, daß al-Afġānī ursprünglich persischer Abstammung und infolgedessen Schiit ist. Er selbst jedoch beharrt darauf und wiederholt diese Behauptung des öfteren, er sei in Afghanistan geboren und deshalb als Sunnit anzusehen. Infolgedessen könne er auch bei der sunnitischen Mehrheit der Muslime leichter Fuß fassen. In diesem Zusammenhang ist bemerkenswert, daß al-Afġānī jede Differenzierung bzw. Parteinahme zwischen Schiiten und Sunniten entschieden ablehnt. Er erkennt nur den Islam als Ganzes an. Seine frühen philosophischen Denkansätze (1866 - 1868) jedenfalls liefern uns den Beweis, daß er schiitische Schulen besucht hat, wo die islamische Philosophie noch gelehrt wird. Mit ihren gesellschaftspolitischen Agitationen waren ferner zwei Personen für al-Afġānī Orientierungspersonen, die bei den Schiiten eine besondere Stellung einnehmen, nämlich Abū Ḏarr al-Gifārī (gest. 652)und Abū Muslim al-Ḫurasānī (718 - 755).
Qadrī Qalʿaǧī kam, nachdem er verschiedenen Quellen nachgegangen war, zu ähnlichen Ergebnissen, wie aus

Nach seinen eigenen Angaben wurde al-Afġānī im Jahre 1839 in Afghanistan geboren und in Kabul erzogen. Die Abstammung seiner Familie reicht in direkter Linie bis zum 4. Kalifen, dem Vetter und Schwiegersohn des Propheten (im 7. Jahrhundert), ʿAlī, zurück.

Mit acht Jahren lehrte ihn sein Vater lesen und schreiben. Später vertiefte sich al-Afġānī in die arabische Sprache, Geschichte, Koranexegese, Tradition, in die Geisteswissenschaften und Naturwissenschaften sowie Mystik. Im 18./19. Lebensjahr beendete al-Afġānī seine Studien.
Seine erste Auslandsreise führte ihn anschließend 1857 nach Indien, wo er über ein Jahr blieb. Er beschäftigte sich dort mit den europäischen Methoden der Mathematik.

Von Indien aus pilgerte al-Afġānī weiter nach Mekka. Die Pilgerreise dauerte ungefähr ein Jahr. Auf dieser Reise hatte er Gelegenheit, seine Kenntnisse sehr zu

---

seinem Buch "Ṯalāṯa min aʿlām al-ḥurrīya", Beirut 1970, S. 30 ff zu entnehmen ist. Der Autor bedauert auch, viele Biographen al-Afġānīs versuchten, ihn entsprechend ihrer eigenen Konfessionszugehörigkeit als einen der ihren zu interpretieren und auch zu belegen. ʿAbdannaʿīm Ḥasanain jedenfalls versucht, in der Einleitung zu dem von ihm aus dem Persischen ins Arabische übersetzten Buch von Mīrzā Luṭfallah Khan al-Asadābādī "Ǧamāladdīn al-Afġānī al-Asadābādī al-maʿrūf bi-l-Afġānī", Beirut 1973, S. 11 ff zu beweisen, daß al-Afġānī persischer Schiit ist. Nikki R. Keddie erkennt zwar in ihrem Buch, die vorhandenen Dokumente über al-Afġānīs Herkunft seien "a little reliable", aber auch sie neigt dazu, die These von al-Afġānīs persischer Herkunft zu bejahen. Al-Afġānīs Biographen stimmen jedenfalls darin überein, sein erster Lehrer sei sein Vater gewesen, er habe sich mit den angegebenen Fächern und Wissenschaften befaßt und sich auch in Indien aufgehalten. Nur über seine Herkunft und bestimmte Orte seiner Jugend herrscht keine Einigkeit.

erweitern, da er mit den verschiedensten Völkern in Kontakt kam. Dabei machte er auch viel Beobachtungen über Sitten und Gebräuche der Länder, die er durchreiste.
Von seiner Pilgerreise nach Afghanistan zurückgekehrt, trat al-Afġānī in den Dienst der Regierung unter der Herrschaft von Prinz Muḥammad Khan als dessen Berater ein.
Aus politischen Gründen, wobei al-Afġānī die anti-englische Gruppe, die schließlich die Macht in Afghanistan verlor, unterstützte, verließ er im Jahre 1869 Afghanistan und wandte sich erneut nach Indien. Dort gewährte ihm die englische Regierung jedoch nur einen Monat Aufenthalt mit der Begründung, die politische Lage Indiens gestatte keinen längeren Verbleib.

Auf Regierungskosten verließ al-Afġānī schließlich Indien. Sein Ziel war Ägypten, wo er ungefähr sechs Wochen blieb. Während dieses Aufenthaltes besuchte er häufig die Azhar-Moschee (Universität), wo er zu vielen Studenten Kontakt aufnahm und bei dieser Gelegenheit die Bekanntschaft seines späteren Schülers und Gefährten Muḥammad ʿAbduh machte.
Im Jahre 1869 ging er von Ägypten aus nach Istanbul, der Hauptstadt des osmanischen Reiches. Hier wurde al-Afġānī u. a. vom Ministerpräsidenten ʿĀlī Pascha willkommen geheißen und nach sechs Monaten zum Mitglied des "Kulturrates" ernannt. Als solches strebte er eine Reform des Erziehungswesens an.
Auf Grund der starken Opposition und der Verleumdung durch den Šaiḫ al-Islām konnte er sich jedoch nicht durchsetzen und mußte wegen politischer und religiöser Auseinandersetzungen Istanbul verlassen. Deshalb kehrte er 1871 nach Ägypten zurück und blieb dort

acht Jahre.[2]

In Ägypten lehrte al-Afġānī sämtliche Wissenschaften, die er beherrschte[3], und konnte sich einer großen Anhängerschaft erfreuen. Aber auch dies war nicht von langer Dauer.

Als der Khedive Taufiq Pascha an die Macht kam, intrigierten und arbeiteten einige Feinde al-Afġanīs gegen ihn, bis ihn der Khedive 1879 ins Exil schickte.

Nachdem al-Afġānī Ägypten verlassen hatte, reiste er nach Haidarabad/Dekkan. Die englische Regierung in Indien aber zwang ihn, nach Kalkutta zu gehen.[4] Dort blieb er, bis sich die Engländer 1882 in Ägypten durchsetzen konnten, worauf sie ihm freies Geleit gaben und er sich wenden konnte, wohin er wollte.

Hier ist bemerkenswert, daß sich al-Afġānī London auswählte, wo er jedoch nur kurze Zeit blieb, ehe er nach Paris umsiedelte. In Paris hielt er sich ungefähr drei Jahre auf und betätigte sich als Schriftsteller, besuchte aber während dieser Zeit des öfteren England.

1886 verließ al-Afġānī Paris und fuhr nach Persien, wo er Verteidigungsminister wurde. Es währte aber nicht lange, und er merkte, daß seine Anwesenheit nicht länger erwünscht war. Deshalb bat er den Schah um seine Entlassung. Der Schah kam seinen Wünschen entgegen und entließ ihn aus dem Ministeramt.

---

(2) Dies geschah auf Bitten der ägyptischen Regierung unter Rīyāḍ Pascha.

(3) Al-Afġānī unterrichtete nicht an der Azhar-Universität, sondern er richtete sein Haus als Schule ein.

(4) Das war eine Sicherheitsmaßnahme anläßlich der ʿUrābī - Revolte in Ägypten.

Hierauf wandte sich al-Afġānī von Persien ab und reiste nach Rußland. In Petersburg, wo er ungefähr zwei Jahre blieb, betätigte er sich wiederum als Schriftsteller. Insbesondere schilderte er in den russischen Zeitungen die Lage der islamischen Völker und griff in diesem Zusammenhang die englische Politik an.
Wegen Meinungsverschiedenheiten mit dem Zaren mußte al-Afġānī Rußland schließlich 1889 verlassen und ging nach München, wo er sich aber nur kurze Zeit aufhielt. Bald darauf kehrte er von München aus nach Persien zurück.
Dort mischte er sich unter das Volk, hielt Reden und gab Ratschläge, bis der Schah ihn darum bat, eine neue Verfassung nach demokratischen Prinzipien zu entwerfen, einen gut funktionierenden Verwaltungsapparat zu organisieren und ein parlamentarisches Regierungssystem aufzubauen.
Diese Aufgaben konnte al-Afġānī nicht beenden. Aus Neid und wegen des Widerstandes der Traditionalisten gelang es seinen Gegnern, durch Intrigen den Bruch zwischen ihm und dem Schah herbeizuführen, indem sie diesen aufhetzten und auf ihre Seite zogen. Daraufhin wurde al-Afġānī gefangengenommen und anschließend zu Beginn des Jahres 1891 in den Irak ins Exil entlassen.
Im Irak hielt sich al-Afġānī ungefähr sieben Monate auf. Von dort aus agitierte er gemeinsam mit den Würdenträgern der schiitischen Glaubensrichtung(5) gegen

(5) Weil Persien ein schiitisches Land ist, agitierte al-Afġānī gemeinsam mit den schiitischen Religionsführern, um Einfluß auf die Bevölkerung ausüben zu können.

Schah Nāṣiraddīn von Persien.(6)
Es gelang al-Afġānī und den religiösen Führern der schiitischen Konfession, das persische Volk durch einen religiösen Aufruf davon abzuhalten, Tabak zu rauchen. Die Tabakproduktion befand sich zu dieser Zeit, nämlich seit 1890, auf Grund eines Vertrages zwischen dem persischen Schah und dem englischen Konzern in englischen Händen.
Dieser religiöse Appell wurde von der Mehrheit der persischen Raucher befolgt, so daß sich der Schah gezwungen sah, den Vertrag mit den Engländern einseitig zu kündigen und sie mit einer halben Million englischem Pfund zu entschädigen.(7) "Dadurch ist es al-Afġānī gelungen, Persien vor einer englischen Okkupation zu retten, indem er die wichtigsten Brückenköpfe einer Kolonialisierung im Hinblick auf den wirtschaftlichen Einfluß zerstörte."(8)

Vom Irak aus kehrte al-Afġānī wieder 1891 nach London zurück, wo er sich an der Herausgabe einer Zeitschrift beteiligte.(9)

---

(6) Vgl. Maḫzūmī, Muḥammad, Ḫāṭirāt Ǧamāladdīn al-Afġānī, 2. Auflage, Beirut 1965, S. 7 ff. Obwohl dieses Buch zur Sekundärliteratur zählt, beinhaltet es dennoch die Ideen und Gedanken, die al-Afġānī selbst seinem Freund und Schüler, dem Verfasser, ab 1892 bis zu seinem Ableben in Istanbul 1897 diktierte. Manche dieser Ideen sind bereits in der Zeitschrift "Al-ʿUrwa al-wuṯqā" enthalten, andere dagegen nicht.

(7) Vgl. ʿAbdalmaǧīd, Muḥammad, Nābiġat aš-šarq as-sayyid Ǧamāladdīn al-Afġānī, Kairo 1965, S. 77 ff.

(8) Ebenda

(9) Die Zeitschrift hieß "Ḍiyā' al-ḫāfiqain" und erschien in arabischer und englischer Sprache. Ihre erste Nummer wurde im Februar 1892 herausgebracht. Die meisten Aufsätze waren gegen den persischen Schah gerichtet. Vgl. ʿAbdalmaǧīd, Muḥammad, a. a. O., S. 80.

Auf Bitten des türkischen Sultans ʿAbdalḥamīd und des Šaiḫ al-Islām Abū l-Hudā aṣ-Ṣayyādī kam al-Afġānī 1892 nach Istanbul, wo er am 9. März 1897 starb.(10)

Aus dem Lebenslauf al-Afġānīs ist zu entnehmen, daß er frühzeitig mit dem nichtislamischen Kulturkreis Indiens und mit den dortigen Engländern in Kontakt kam und sich bereits in jungen Jahren Wissenschaften widmete, die nicht an den traditionellen islamischen Schulen gelehrt wurden.
All dies und seine Pilgerreise nach Mekka, die ihn mit dem anderen islamischen, "arabisch geprägten Kulturkreis" in Berührung brachte, während er selbst dem islamischen, "persisch geprägten Kulturkreis" entstammte, erweiterten seinen Wissenshorizont.
Abgesehen von seiner Abstammung aus der Familie des Propheten, besaß al-Afġānī ein Charisma, das ihm Respekt, Würde und Ämter brachte. In jedem Land, das er bereiste, bemühte man sich, wenigstens nach außen hin, um sein Wohlwollen.
Die Ursache dafür ist darin zu suchen, daß al-Afġānī den Typ eines islamischen "ʿālim" (pl. ʿulamāʾ = Gelehrte) verkörperte und die "ʿulamāʾ" die Kenner des Islams sind.

---

(10) Vgl. Maḫzūmī, Muḥammad, a. a. O., S. 32 ff. Ich beschränke mich auf die wichtigsten Aufenthaltsorte und Daten in al-Afġānīs Leben, denn in den folgenden Kapiteln werde ich ohnehin näher auf die Zusammenhänge in seinem Leben eingehen. Für diesen Lebenslauf habe ich mich an al-Afġānīs eigenen Angaben orientiert, die er seinem Schüler und Gefährten Muḥammad ʿAbduh und seinem Schüler und Freund Muḥammad Pascha al-Maḫzūmī machte. Ein ausführlicher Lebenslauf ist bei Nikki R. Keddie, a. a. O., S. 10 ff zu finden.

Sie beherrschen die Religion, die Gesetze des Glaubens und verfügen über Bildung, also alle Bereiche, die für einen Muslim entscheidend sind. Sie bilden als Gelehrte die Basis des Staates und der Gesellschaft, weil sie den orthodoxen Islam repräsentieren, weshalb man ihnen Vertrauen und Respekt entgegenbringt.[11]

---

(11) Die "ʿulamāʾ" repräsentierten den Konsensus (iǧmāʿ) des islamischen Volkes, der Grundlage des Islams war, weshalb ihnen die letzte Entscheidung in allen Fragen der Verfassung, des Gesetzes und der Theologie überlassen war. Auf diese Weise stellten sie für jede Regierung eine Beschränkung dar, die die Übereinstimmung und die Rechte des islamischen Volkes zum Ausdruck brachte. ʿUlamāʾ waren sowohl Regierungsbeamte, die der Regierung eine gewisse Zurückhaltung abverlangten oder aber unter ihrer Aufsicht standen, als auch private, unabhängige Gelehrte des "kanonischen Rechts" und der islamischen Lehre. Vgl. EI, Bd. IV, S. 1076 ff.

C. "Reform"-Bestrebungen zur Revitalisierung des Islams und zur Modernisierung seiner Gesellschaft

Die "Reform"-Bestrebungen in der islamischen Welt des 18. und 19. Jahrhunderts vor al-Afġānī waren mehr oder weniger unbeholfen, so daß keine gesellschaftliche Entwicklung (im europäischen Sinn) entstehen konnte. Wenn dennoch eine Entwicklung stattfand, so entstand sie nicht als eigene Schöpfung, sondern war mehr oder weniger eine Nachahmung mancher europäischer Gesellschaften. Einerseits nämlich mangelte es dem "Dogma" und den Vorschlägen dieser "Reformer" an tiefgreifender, zeitgerechter Analyse der eigenen Gesellschaft, geschweige denn der als Vorbild gedachten europäischen Gesellschaften. Andererseits stießen sie auf den Widerstand der etablierten Elite islamischer Traditionalisten in den verschiedenen Gesellschaftsbereichen; denn manche "Reformer" wollten zwar das islamisch - theokratische Herrschaftssystem institutionalisieren, um so eventuell eine pluralistische Gesellschaft zu schaffen, dabei jedoch nur die europäischen Gesellschaften nachahmen, ohne zu berücksichtigen, ob die Tragfähigkeit der eigenen gesellschaftlichen Struktur ausreichte.

Infolgedessen gelang es dem Islam nicht, sich im 18. oder 19. Jahrhundert zu revitalisieren und seine innere Kraft zu schöpferischer Aktivität und zur ebenbürtigen Begegnung der kulturellen und militärischen Herausforderung der christlichen Europäer zu entfalten.

Arnold Toynbee meinte zu der Reaktion des Islams auf diese Herausforderung, wenn eine "zivilisierte" Gesellschaft einer anderen Gesellschaft in einer gefährlichen Situation gegenüberstehe, so habe sie zwei

Möglichkeiten, der Herausforderung zu begegnen. Diese beiden Haltungen seien an der Reaktion des Islams auf den westlichen Druck zu erkennen, der zwei Parteien, nämlich die "Zeloten" (= Glaubenseiferer) und die "Herodianer" (= Parteigänger des Herodes), entstehen ließ.(12)

I. "Zelotismus" im Islam

Toynbee definiert die "Zeloten" folgendermaßen: "Der 'Zelot' ist ein Mann, der sich vor dem Unbekannten in das ihm Vertraute flüchtet. Wenn er mit einem Feind, der sich einer überlegenen Taktik bedient und furchtbare neuartige Waffen einsetzt, denen er sich unterlegen fühlt, in Kampf gerät, so begegnet er ihm, indem er seine eigene, überlieferte Kriegskunst mit außergewöhnlich peinlicher Genauigkeit anwendet. Der 'Zelotismus' läßt sich in der Tat als ein durch Druck von außen hervorgerufener Archaismus bezeichnen."(13)

Versucht man, den "Zelotismus" auf die eine islamische "Reform"-Bewegung des 18. und 19. Jahrhunderts noch vor al-Afġānī anzuwenden, so gelangt man zu der

---

(12) Vgl. Toynbee, Arnold, Kultur am Scheidewege, (Originalausgabe: Civilisation on Trial), Westberlin 1958, S. 135. Zur Erläuterung der genannten historischen Begriffe und ihrer Anwendung sagte Toynbee: "Es ist angebracht, auf die gegenwärtige Lage Ausdrücke anzuwenden, die einst geprägt wurden, als sich beim Aufeinandertreffen der beiden alten Kulturen von Griechenland und Syrien eine ähnliche Lage ergab. Unter dem Anprall des Hellenismus während der Jahrhunderte unmittelbar vor und nach der Geburt Christi spalteten sich die Juden (und wir dürfen hinzufügen Iranier und Ägypter) in zwei Parteien. Die einen wurden die "Zeloten", die anderen "Herodianer".

(13) Ebenda, S. 135.

Erkenntnis, daß nach Ansicht jener Gruppen, die sich als "Zeloten" verhielten, die islamische Gesellschaft nur durch Nachahmen der überlieferten Prinzipien der islamischen Lehre (wenn auch nicht unbedingt zum Fortschritt zu bewegen) aus der Jahrhunderte andauernden Stagnation herausgeführt werden konnte, d. h. also durch Rückgriff auf die Vergangenheit bzw. Rückkehr zur "salafīya" (= Urislam).
Wegen dieser Leitidee (bzw. Ideologie), die in ihren politisch - theologischen Aspekten absolut an der ersten islamischen Gesellschaft orientiert war, brauchten sie sich nicht unbedingt um neue, konkrete Vorschläge außerhalb dieses Rahmens (= des Urislam) zu bemühen.
Sie waren so überzeugt davon, einen sozialen Wandel durch eine archaische, politisch - religiöse Ideologie herbeiführen zu können, daß sie jede eintretende gesellschaftliche Erscheinung, die nicht ihrer Vorstellung entsprach, ablehnten und bekämpften.

Bedeutendste Vertreter dieses "Zelotismus" im Islam sind die "Puritaner", wie die mittelarabische (= heutiges Saudi-Arabien) Wahhābīya-Bewegung und auch die nordafrikanische Sanūsīya-Bewegung(14), genannt nach ihren Begründern Muḥammad b. ʿAbdalwahhāb und Muḥammad b. ʿAlī as-Sanūsī.

1. Wahhābīya-Bewegung

Muḥammad b. ʿAbdalwahhāb wurde 1703 in Naǧd auf dem Hochland der arabischen Halbinsel geboren. Er studierte

(14) Ebenda

Theologie und kam in Bagdad durch die Werke von Ibn Taimīya mit der hanbalitischen Doktrin(15) in Berührung, der im 14. Jahrhundert die Lehren von Ibn Ḥanbal wiederbelebte(16).

Für Ibn ʿAbdalwahhāb bedeutet der Islam nicht nur Nachsprechen dessen, was andere behauptet haben; denn am Tage des Jüngsten Gerichts würde dann gefleht werden: "Ich habe gehört, daß die Leute solches sagen, darum habe ich es nachgesprochen." Dieses Flehen wird nicht ausreichen, sondern man muß vielmehr den wahren Islam kennen(17), der in erster Linie den Glauben an den absoluten Monotheismus vertritt, weshalb nur Gott anzubeten ist und bei niemand anderem Fürsprache zu suchen ist.

Nach Muḥammad b. ʿAbdalwahhābs Auffassung waren der Islam und damit die islamische(n) Gesellschaft(en) des 18. Jahrhunderts wegen der vielen eindringenden "Erneuerungen" (bidaʿ) und fremden Erscheinungen nicht mehr mit dem wahren Islam der ersten islamischen Gesellschaft des 7. Jahrhunderts identisch. Seiner Meinung nach waren die Muslime des 18. Jahrhunderts auf Grund ihrer Handlungsweise wie z. B. des Anbetens und Verehrens "Heiliger", vor allem bei den

---

(15) Auf ihn ist die letzte der vier orthodoxen Auslegungsschulen zurückzuführen, die mit starrer Folgerichtigkeit die Prinzipien der rechtskräftigen, islamischen Tradition verteidigte. Vgl. EI², Bd. III. S. 158 ff.

(16) Vgl. Brockelmann, Carl, History of Islamic People, London 1959, S. 352 ff.

(17) Vgl. Ḥūrānī, Albert, Al-Fikr al-ʿarabī fī ʿaṣr an-nahḍa (arabische Übersetzung von: Arabic Thougt in the Liberal Age, London 1961), Beirut 1968, S. 55. Der Autor gibt eine sehr gute und übersichtliche geschichtliche Analyse des 19. Jahrhunderts im arabischen Raum mit Berücksichtigung des osmanischen Reiches.

Mystikern, und des Gräberkults vergleichbar den vorislamischen Nomaden mit ihrem Götzendienst und Polytheismus (širk) und den daraus resultierenden Verhaltens- und Handlungsweisen. Darum sah Muḥammad b. ʿAbdalwahhāb in dem Genuß von Tabak, dem Rasieren des Bartes, dem Gebrauch von Schimpfwörtern usw. strafwürdige Handlungen.(18) Für ihn war die Zeit gekommen, die Muslime (zuerst die Nomaden der arabischen Halbinsel) zum Umdenken bzw. zur Umkehr zum Ausgangspunkt, nämlich dem Urislam, zu bewegen.

Um seine Doktrin mit Eifer verbreiten und durchsetzen zu können, benötigte Muḥammad b. ʿAbdalwahhāb militärische Hilfe. Er suchte und fand sie im Jahre 1740 bei Muḥammad b. Saʿūd, dem Oberhaupt des Stammes der ʿAnāzya in der Stadt ad-Dir ʿīya in der Nähe von Muḥammad b. ʿAbdalwahhābs Heimat, denn Muḥammad b. Saʿūd besaß mit seinem Stamm einen gewissen Einfluß.

Muḥammad b. Saʿūd verhalf seiner Lehre innerhalb kurzer Zeit mit militärischen Mitteln auf der inneren arabischen Halbinsel zum Erfolg, nachdem es Muḥammad b. ʿAbdalwahhāb gelungen war, ihn von ihr zu überzeugen.

Im Jahre 1765 starb Muḥammad b. Saʿūd. Sein Sohn ʿAbdalʿazīz übernahm die militärische Führung und vergrößerte den Einflußbereich der Wahhābīten(19) bis zur Nordküste der arabischen Halbinsel.

---

(18) Vgl. EI, a. a. O., Bd. IV, S. 1175 ff.

(19) Die Wahhābīten bezeichneten sich selbst als muwaḥḥidūn (Monotheisten), aber ihre Gegner nannten sie wegen des Namens des Gründers Wahhābīten. Vgl. Hartmann, Richard, Die Religion des Islam, Berlin 1944, S. 143. Dieses Buch zeichnet kurz und zusammenfassend die chronologische Entwicklung des Islams in seinen religiösen, politischen und

Nachdem Muḥammad b. ʿAbdalwahhāb 1792 gestorben war, übernahm sein Sohn die Führung der religiösen Bewegung.
1801 eroberten die Wahhābīten im Irak die Stadt Kerbela - speziell diese Stadt, weil sie die Grabstatt von Ḥusain, einem Enkel des Propheten und Sohn des vierten Kalifen, beherbergte, die von den Schiiten tief verehrt wurde - und zerstörten sämtliche Grabstätten.
Von 1803 bis 1806 eroberten sie das Ḥiǧāz - Gebiet an der Südwestküste der arabischen Halbinsel zum Roten Meer und damit auch die in diesem Gebiet gelegenen Heiligen Städte Mekka und Medina. Außerdem bedrohten sie Damaskus.

In allen Gegenden, die sie eroberten, machten die Wahhābīten mit ihrer Lehre Ernst. Ihr religiöser Eifer und ihr unermüdlich kämpferischer Geist mißfielen der osmanischen Regierung sehr und beängstigten sie gleichzeitig. Die Regierung in Istanbul befürchtete nämlich, die Wahhābīten könnten gegebenenfalls mit ihrem ara-

---

kulturellen Bereichen nach.
Bassam Tibi, der in seinem Buch "Der Nationalismus in der Dritten Welt am arabischen Beispiel" auf die Wahhābīya-Bewegung einging, bezeichnete sie als eine archaisch - chiliastische Bewegung zur Revivalisierung des Islams. Vgl. Tibi, Bassam, Der Nationalismus in der Dritten Welt am arabischen Beispiel, Frankfurt a. M. 1971, S. 74.

Vgl. auch Puin, Gerd, "Studien zum Minderheitsproblem im Islam" in : Bonner orientalistische Studien, Neue Serie, herausgegeben von Otto Spieß, Bd. 27/1, Bonn 1973, S. 49. In diesem Aufsatz behandelt der Autor die Entstehung und Auswirkung der Wahhābīya-Bewegung und weist auf die vollständige Primärliteratur sowie auf Sekundärliteratur hin.

Für weitere Literaturangaben vgl. Brockelmann, Carl, Geschichte der arabischen Literatur, Leiden 1942.

bischen Einflußbereich aus dem osmanischen Reich ausscheren oder aber anderen nichttürkischen Gemeinschaften mit ihrer Ablehnung des osmanischen Reiches als Beispiel dienen.
Deshalb arrangierte sich die Regierung mit Muḥammad ʿAlī (1769 - 1849), dem Herrscher Ägyptens(20), um die Wahhābīten zu bekämpfen.
Muḥammad ʿAlī entsandte im Jahre 1812 unter der Führung seines Sohnes Ṭūsūn und 1818 unter der Führung seines zweiten Sohnes Ibrāhīm militärische Einheiten.
Gegen Ende des Jahres 1818 gelang es der ägyptischen Armee, die Hauptstadt der Wahhābīten ad-Dirʿīya zu zerstören und die Heiligen Städte Mekka und Medina wieder unter die Hoheit der "Hohen Pforte" (= osmanische Regierung in Istanbul) zu stellen.

Nach diesem Sieg und nachdem die militärische Gefahr der Wahhābīten eingedämmt war, mochte die ägyptische Armee sie nicht weiter verfolgen. Die restlichen Wahhābīten scharten sich jedoch unter der Führung von Turkī b. ʿAbdallah b. Saʿūd zusammen und versuchten einen Neubeginn. Sie gründeten einen neuen, bescheidenen Staat in ar-Riyāḍ (der heutigen Hauptstadt des Königreichs Saudi-Arabien) und bemühten sich mehrmals, ihren verlorenen Einfluß wiederzugewinnen.
Nicht zuletzt wegen des Machtkampfes innerhalb der Dynastie mißlang ihnen dieser Plan. Schließlich übernahm gegen Ende der dreißiger Jahre des 19. Jahrhunderts ein Offizier der Wahhābīten aus dem Stamm der

---

(20) Muḥammad ʿAlī, albanischer Abstammung, osmanischer Offizier, von 1805 bis 1849 Vizekönig von Ägypten, ist der Gründer der späteren königlichen Dynastie Ägyptens. Betrachtet man sein Lebenswerk im Lichte der Geschichte, so kann er mit Recht als Begründer des modernen Ägyptens bezeichnet werden. EI, a. a. O., Bd. III, S. 734 ff.

Šammar namens ʿAbdallah b. Rašīd die Macht.
Nur mit Hilfe der osmanischen Regierung gelang es allerdings ʿAbdallah b. Rašīd, einen Teil seines Machtbereichs zu behalten, während der andere den Saʿūdīs zufiel.

Nach dem ersten Weltkrieg konnte ʿAbdal ʿazīz b. Saʿūd auf Grund der neugeschaffenen Verhältnisse seinen Machtanspruch ausdehnen und einen Großteil des an die Wahhābīten verlorenen Terrains auf der arabischen Halbinsel seinem Herrschaftsgebiet eingliedern, das er zu einem selbständigen Königreich, dem heutigen Saudi-Arabien, ausbaute(21).

Diese kurze, chronologische Darstellung der Wahhābīya-Bewegung vermittelt die Einsicht, daß sie, abgesehen von der "Bekehrung" der Nomaden zum wahren Islam, gesellschaftlichen und politischen Charakter hatte; denn die Lehre von Ibn ʿAbdalwahhāb war eine Kampfansage an die etablierten Normen und die Verhaltens- und Handlungsweise der arabischen Nomaden, die nicht mehr an der wahren islamischen Moralethik orientiert waren.
Andererseits war die Wahhābīya-Bewegung eine politische Herausforderung an das osmanische Sultanat bzw. Kalifat. Wegen des islamisch - theokratischen Herrschaftssystems verkörperte das osmanische Sultanat nämlich die islamische Gesellschaft, wie sie sich im Laufe der Zeit einschließlich sämtlicher "Abweichungen" entwickelt hatte, nicht in ihrer ursprünglichen Art, ganz zu schweigen vom fehlenden Hang zur Orientierung an der ersten islamischen Gesellschaft, worin Ibn

---

(21) Vgl. Brockelmann, Carl, History of the Islamic People, a. a. O., S. 143 ff.

ʿAbdalwahhābs Hauptziel bestand.
Dazu meint Albert Ḥūrānī, der Islam, den der Sultan in Istanbul repräsentierte, sei für die Wahhābīten nicht der wahre Islam gewesen, und infolgedessen könne der Sultan für sie auch nicht der wahre Imam der Muslime gewesen sein.(22)
Außerdem ist zu berücksichtigen, daß für die Wahhābīten nicht ein arabischer Staat das Ziel ihrer Feldzüge war, sondern die Gründung eines islamischen Staates, obwohl sie ethnisch, ideologisch und geopolitisch Araber waren; der wahre Islam aber kennt keine ethnischen Unterschiede, sondern ist universell.
Weiterhin entging ihnen der langsam, aber sicher vordringende europäische Einfluß auf verschiedene Gebiete des osmanischen Reiches, weil sie sich zu sehr auf den Urislam konzentrierten. Das bedeutet, daß sie wegen ihres Beharrens auf ihren eigenen Thesen vom idealistischen Bild des Urislam die Geschehnisse und Entwicklungen außerhalb ihres Kulturkreises außer acht ließen und deshalb nicht entsprechend handelten, obwohl die sogenannten Erneuerungen von außerhalb kamen.

Daher konnte sich die Wahhābīya-Bewegung (abgesehen von einzelnen Fällen) in ihrer ursprünglichen Form nicht behaupten; denn sie versuchte, eventuell unbewußt, das Entwicklungsrad der Geschichte zurückzudrehen.

2. Sanūsīya-Bewegung

Die Sanūsīya-Bewegung vertrat, wie die Wahhābīya-Bewegung, ebenfalls diese "puritanische" Richtung.

---

(22) Vgl. Ḥūrānī, Albert, a. a. O., S. 56.

Sie strebte die Rückkehr zum Urislam als einzigem Weg, die Muslime aus ihrer Lage zu befreien und unter dem Banner ihres "Credo" im religiösen und politischen Sinn zu einen, an.(23)

Diese Bewegung wurde nach ihrem Begründer Muḥammad b. ʿAlī as-Sanūsī genannt. Er wurde 1791 in Algerien geboren und starb 1859 in der Cyrenaika (im heutigen Libyen). Nachdem er zunächst bei Abū Rās (gest. 1823) in Algerien studiert hatte, setzte er seine Studien von 1821 bis 1828 in Fès (Marokko) fort.(24)

Er bereiste die nordafrikanischen Länder und kam über Ägypten nach Mekka, wo er im Jahre 1834 einen Derwischorden gründete.
Mehrere Jahre später verließ er Mekka und traf 1840 in der Cyrenaika ein.

Die Sanūsīs gründeten mehrere (ca. 22) "Ritterorden" in verschiedenen Gegenden Nordafrikas und übten großen Einfluß auf die benachbarten schwarzafrikanischen Gebiete aus.
Politisch und strategisch standen sie im Gegensatz zu den Wahhābīten, weil sie mit dem osmanischen Sultanat kooperierten und die Franzosen sowie später die Italiener in Nordafrika bekämpften.

---

(23) Vgl. Ziadeh, Nicola, Sanūsīyah, Leiden 1968, S. 134 ff. Der Autor, der sein Buch in mehrere Kapitel einteilt, gibt im ersten Kapitel einen allgemeinen Überblick über die geopolitische und wirtschaftliche Entwicklung Libyens des 19. Jahrhunderts. In den folgenden Kapiteln zeigt er die chronologische Entwicklung der Sanūsīya-Bewegung, ihrer Führer und der Begleitumstände sowie ihre Philosophie und Organisation auf. Außerdem gibt der Autor auch eine interessante Epilogie über die Bewegung (S. 126 ff.) und Hinweise auf Sekundärliteratur. Ferner vgl. Lexikon der arabischen Welt, München-Zürich 1972, S. 918 und 1053.

(24) Vgl. Brockelmann, Carl, GAL, a. a. O., Bd. II, S. 883.

C. Brockelmann vertritt die Ansicht, die politische Rolle der Sanūsī in der panislamischen Bewegung sei häufig überschätzt worden.(25)

II. "Herodianer" im Islam

Neben den "Zeloten", die versuchten, den Islam zu revivalisieren, gab es eine weitere Gruppe, deren Ziel ebenfalls in der Modernisierung der islamischen Gesellschaft(en) bestand, die aber auf andere Art der Herausforderung durch den Druck einer fremden Kultur begegnete, nämlich die "Herodianer".
Arnold Toynbee definiert den "Herodianer" als einen Menschen, "der nach dem Grundsatz handelt, daß der sicherste Weg, sich vor einer unbekannten Gefahr zu schützen, die Ergründung ihres Geheimnisses ist. Wenn er sich in Gefahr sieht, einem besser ausgebildeten und bewaffneten Widersacher gegenübergestellt zu werden, so begegnet er ihm, indem er seine herkömmliche Kriegskunst aufgibt und es lernt, seinen Feind mit dessen eigener Taktik und dessen eigenen Waffen zu schlagen."(26)

Nach dieser Definition ist ein "Herodianer" bereit, Elemente der ihm überlegen erscheinenden Kultur in Form von Nachahmung anzunehmen, ohne die eigene Kultur aufzugeben, d. h. zunächst wird ein Anpassungsprozeß an die fremde Kultur auf militärischem Gebiet eingeleitet. "Wenn der 'Zelotismus' eine durch Druck von außen hervorgerufene Form des Archaismus ist, so ist der "Herodianismus eine Form des Weltbürgertums,

---

(25) Ebenda
(26) Toynbee, Arnold, a. a. O., S. 139

die durch ebendenselben Antrieb von außen hervorgerufen wird."(27)
Infolgedessen ist der "Herodianer", obwohl beide Bestrebungen wegen der gleichen kulturellen Konfrontationen entstanden, hinsichtlich der islamischen Gesellschaft(en) des 19. Jahrhunderts anpassungsfähiger, und seine gesellschaftspolitischen Aspekte haben bürgerliche Gestalt im europäischen Sinne angenommen und stellen eine Erscheinung des "Weltbürgertums" dar.
Daher ist der "Herodianer" im Gegensatz zum "Zeloten" ein Modernist, wenn es ihm auch allem Anschein nach nicht bewußt ist und er sich im unklaren darüber befindet, daß dieser Akkulturationsprozeß mangels fundierter, schöpferischer Entfaltung in Schwierigkeiten geraten und im Laufe der Zeit unter Umständen zum Scheitern verurteilt sein wird, sofern nicht große Opfer auf religiösem, ethischem, ästhetischem, politischem und wirtschaftlichem Gebiet gebracht werden.

Dabei ergibt sich aber die Frage, ob jene schwächere Kultur ihre Identität trotz ihrer kulturellen Opfer bewahren und sich behaupten kann, oder ob damit nicht bereits ein Assimilationsprozeß eingeleitet wurde (d. h. eine Entfremdung).

Arnold Toynbee geht in diesem Zusammenhang von der "Verwestlichung" der Welt aus.(28) Obwohl die "Herodianer" seit den Anfängen des 19. Jahrhunderts bei

(27) Ebenda

(28) Arnold Toynbee sagt: "... Dieser konzentrierte Angriff des neuzeitlichen Abendlandes auf die Welt des Islam leitet den gegenwärtigen Kampf zwischen den beiden Kulturen ein. Man wird sehen,

der Begegnung des Angriffs auf den Islam eine bedeutendere und wirksamere Rolle als die "Zeloten" spielten(29), sind zwei "angeborene" Schwächen des "Herodianismus" evident.

---

daß dieser nur ein Teil eines noch größeren und ehrgeizigeren Unternehmens ist, bei dem der Westen nichts weniger als die Einverleibung der gesamten Menschheit in eine einzige,große Gesellschaft sowie die Herrschaft über alles, was die Menschheit sich mit Hilfe westlicher Technik zu Wasser, zu Land und in der Luft zunutze machen kann, anstrebt. Was der Westen heute dem Islam tut, tut er zugleich auch den anderen noch lebenden Kulturen - der orthodox-christlichen, der Hindu- und der fernöstlichen Welt sowie den noch bestehenden primitiven Gesellschaften, die heute ihre letzten Festungen im tropischen Afrika verteidigen. So ist der gegenwärtige Zusammenstoß zwischen dem Islam und dem Westen nicht nur der heftigste und bedeutsamste in der Geschichte ihrer bisherigen Berührungen, sondern ist auch ein kennzeichnendes Beispiel für den abendländischen Versuch, die Welt zu "verwestlichen" - ein Beginn, der möglicherweise als das folgenschwerste und fast mit Sicherheit als das interessanteste Merkmal selbst eines Zeitalters gelten wird, das zwei Weltkriege gesehen hat. So steht der Islam, in die Enge getrieben, dem Abendlande gegenüber ..." Ebenda, S. 134 ff.

(29) Den "Zeloten", der den Rückgriff in die Vergangenheit sucht, vergleicht Toynbee, abgesehen davon, daß er sich von seinen Gefühlen leiten lasse, mit dem Vogel Strauß, der vor seinen Verfolgern den Kopf in den Sand steckt. Demgegenüber "sieht der Herodianer der Gegenwart mutig ins Auge und sondiert die Zukunft. Der Herodianer handelt nach der Vernunft. Eigentlich muß der Herodianer Verstand und Willen vereint aufbringen, um den "zelotischen" Impuls zu überwinden, die normale, erste und spontane Reaktion der menschlichen Natur auf die Herausforderung, die an Zeloten wie an Herodianer gleichermaßen ergeht." Ebenda, S. 140.

"Die erste ist, daß der 'Herodianismus' von vorneherein nachahmend und nicht schöpferisch ist, so daß er auch dort, wo er Erfolg hat, dazu neigt, einfach die maschinell hergestellten Erzeugnisse der nachgeahmten Gesellschaft zu vermehren, anstatt in den Seelen der Menschen neue, schöpferische Kräfte freizumachen.
Die zweite Schwäche liegt darin, daß dieser Erfolg, der nicht begeistern kann und der das Beste ist, was der 'Herodianismus' zu bieten hat, das Heil - selbst das irdische Heil - nur einer kleinen Minderheit jeder Gesellschaft bringen kann, die den Weg des 'Herodianismus' einschlägt. Die Mehrheit kann nicht hoffen, auch nur passive Mitglieder der herrschenden Schicht dieser nachgeahmten Kultur zu werden. Ihre Bestimmung ist es, die Reihen des Proletariats innerhalb der nachgeahmten Kultur zu füllen."(30)

Diese genannten Schwächen des "Herodianismus" weisen darauf hin, daß die Eigeninitiative zur Kreativität nicht gefördert wird, so daß keine eigene, kulturelle Entfaltung (im weiteren Sinne) stattfinden kann. Deshalb bleibt man auf die Imitation, die im Laufe der Zeit die Assimilation herbeiführen kann, angewiesen.

Außerdem ist zu erkennen, daß der "Herodianismus" besonders auf wirtschaftlichem Gebiet nur einer bestimmten Schicht zugute kommt, weshalb es keine gerechte Sozialpolitik geben kann. Infolgedessen werden gesellschaftliche Konflikte nicht zu vermeiden sein, wenn es nicht gar zu bewaffneter Konfrontation kommt.

---

(30) Ebenda, S. 142

In diesem Zusammenhang ergibt sich nun die Frage, wer die "Herodianer" im Islam verkörpert.
Nach Toynbees Ansicht leiteten der osmanische Sultan Maḥmūd II. (Regierungszeit von 1808 bis 1839) und der Herrscher von Ägypten Muḥammad ʿAlī (Regierungszeit von 1805 bis 1848) den "Herodianisierungsprozeß" (bzw. Modernisierungsprozeß) der islamischen Gesellschaft(en) aus der Position der Stärke effektiv ein.(31)
Sultan Maḥmūd II. begann die Tanzimatperiode (= Reformperiode) bzw. die Organisation und Reorganisation des Militärs und der Verwaltung, nachdem er 1826 die Janitscharen (= die damalige Kerntruppe des osmanischen Heeres) zerschlagen konnte. Die Janitscharen und mit ihnen die konservativen Kreise, vor allem die der "ʿulamāʾ", hatten nämlich seinen Vorgänger, Sultan Selim III. (Regierungszeit von 1789 bis 1807), wegen einer angestrebten Reform zu Fall gebracht, womit der erste Reformversuch gescheitert war.
Der Tanzimatprozeß währte ungefähr fünfzig Jahre und gipfelte in dem politischen Erfolg der Modernisten, d. h. in der Verabschiedung der Verfassung von 1876, die eine konstitutionelle Monarchie vorsah.

Auch in der türkischen Literatur wurde während dieser Tanzimatperiode ein Reformprozeß eingeleitet.

All dies geschah auf Anregung und dank des Einsatzes einiger türkischer (osmanischer) Politiker und türkischnationaler Literaten, die sich lang in Europa, hauptsächlich in Frankreich, aufgehalten hatten, aber auch durch Unterstützung (vor allem) der Vertreter Frankreichs und Englands.(32)

---

(31) Vgl. ebenda, S. 138

(32) Vgl. Ḥūrānī, Albert, a. a. O., S. 59 ff und S. 90,

Ungefähr parallel zum "Herodianisierungsprozeß" in der (osmanischen) Türkei begann ein selbständiger Prozeß gleicher Art in Ägypten, den Muḥammad ʿAlī auf verschiedenen gesellschaftlichen Gebieten, vor allem beim Militär, in der Verwaltung und in der Infrastruktur, mit Hilfe französischer Berater und Instrukteure einleitete, um ihn dann zielstrebig auf ein wichtiges Gebiet, nämlich den kulturellen, literarischen Sektor, auszudehnen.

Brockelmann, Carl, History of Islamic People, a. a. O., S. 344 ff ; Tibi, Bassam, a. a. O., S. 93 ff ; Smith, Wilfred, Der Islam in der Gegenwart, Frankfurt a. M. 1963, S. 155 ff. Letzterer versucht, ein besseres Verständnis des Islam und der islamischen Gesellschaften zu vermitteln, indem er einen interessanten Überblick über die Entwicklung des Islams, besonders ab dem 18. Jahrhundert bis zur Gegenwart, über seine Begleitumstände und Zusammenhänge gibt. Ferner ist auf Şerif Mardin, The Genesis of Young Ottoman Thought, Princeton 1962 hinzuweisen. Der Autor versucht in diesem Buch, die geschichtliche Entwicklung der Gedankengänge der türkischen (osmanischen) Reformer, besonders des 18./19. Jahrhunderts, bzw. von Ibrahim Müteferrika (1674 - 1745) bis Ibrahim Şinasi (1826 - 1871) und seinen Schüler Namik Kemal (1840 - 1888) darzulegen. Şinasi und Kemal spielten eine bedeutende Rolle und übten einen nicht zu unterschätzenden Einfluß auf die Entwicklung der Tanzimatperiode aus. Außerdem weist der Autor ebenfalls auf zwei Arten von Reformbestrebungen in der Türkei (dem osmanischen Reich) hin, nämlich auf die "Zeloten" im osmanischen Sinn, die den Rückgriff auf die osmanische Gesellschaft des 15./16. Jahrhunderts suchten, und auf die "Herodianer". Vgl. weiterhin von Grunebaum, G. E. (Herausgeber), Der Islam II: Die islamischen Reiche nach dem Fall von Konstantinopel, Frankfurt a. M. 1971, S. 114 ff.

Die spezielle Entwicklung in der (osmanischen) Türkei hier ausführlich darzustellen, würde den Rahmen dieser Arbeit sprengen.

1. Ṭahṭāwī

In diesem Zusammenhang mag eine kurze Abhandlung über den Wegbereiter der Akkulturation auf literarischem Gebiet angezeigt sein. Dabei handelt es sich um einen bedeutenden Literaten des 19. Jahrhunderts, um Rifā'a Rāfi' aṭ-Ṭahṭāwī.(33)

Ṭahṭāwī entstammte einer verarmten, angesehenen Familie und wurde 1801 in Ṭahṭā in Oberägypten geboren. 1817 begann er an der Azhar-Universität mit dem Studium der islamischen Theologie und der (neu eingeführten Fächer) Geschichte und Geographie.
Ṭahṭāwī gehörte dem Schülerkreis um den aufgeschlossenen Scheich 'Aṭṭār an, der enge Beziehung zu der französischen Expedition unter Napoleon in Ägypten (1798 - 1801) hatte und auf Anordnung von Muḥammad 'Alī Rektor der Azhar-Universität wurde. Durch dessen Unterstützung wurde Ṭahṭāwī zum Imam (= Vorbeter, hier: Seelsorger) der neu gegründeten ägyptischen Armee ernannt.
1826 wurde Imam Ṭahṭāwī auf Geheiß von 'Aṭṭār mit der seelsorgerischen Betreuung jener ersten ägyptischen Studentengruppe, die Muḥammad 'Alī nach Paris entsandte, betraut. Diese Studenten sollten neue Wissenschaften erkunden und neues Wissen, auch auf dem Gebiet der französischen Philologie, erwerben.
Während der fünf Jahre, die die Gruppe in Paris blieb, bekam der "Seelsorger" Ṭahṭāwī selbst reges Interesse am Studium, da er Kontakt zu den damals bekannten französischen Orientalisten Jaubert, Jomard, Sylvestre de Sacy und Caussin de Perceval hatte. So studierte er französische Philologie. Intensiv las er viele Werke

---

(33) Vgl. Ḥūrānī, Albert, a. a. O., S. 75.

über das Altertum, griechische Philosophie, Mythologie, Geographie, Mathematik und Logik in französischer Sprache. Außerdem befaßte er sich mit den Werken französischer Denker des 18. und 19. Jahrhunderts, wie Montesquieu, Rousseau, Voltaire etc.

1831 kehrte Ṭahṭāwī mit den ausgebildeten Studenten nach Kairo zurück. Hier wurde er Berater an der Militärschule und beschäftigte sich nebenbei mit Übersetzungen. Außerdem veröffentlichte er sein Pariser Tagebuch.
1835 ernannte man ihn zum Direktor der Sprachenschule, an der Übersetzer ausgebildet und europäische Werke ins Arabische (und Türkische) übertragen wurden. Den größten Raum nahm dabei die militärisch wichtige Literatur ein, obwohl daneben auch Werke der französischen Literatur und Philosophie übersetzt wurden. Unter Ṭahṭāwīs Leitung wurden zahlreiche (ca. 2000) Werke ins Arabische (und Türkische) übersetzt, davon ungefähr zwanzig Werke von ihm persönlich. Die meisten kannte er bereits aus der Zeit seines Pariser Aufenthaltes. Daneben fungierte er als Chefredakteur des Staatsanzeigers "Al-Waqā'i' al-miṣrīya".(34)

---

(34) Vgl. ebenda, S. 91 ff , Tibi, Bassam, a. a. O., S. 70 und EI, Bd. IV, S. 1248. Im Zusammenhang mit Ṭahṭawīs Tätigkeit als Chefredakteur vgl. Adīb Murūwwa, Aṣ-Ṣaḥāfa al-'arabīya, Beirut 1961, S. 145 ff , besonders S. 149 und 159 ff. Im ersten Teil seines Buches befaßt sich der Autor mit der Entstehung, der Entwicklung, den Begriffen und der Bedeutung des Pressewesens im allgemeinen sowie mit seiner Rolle in Bezug auf die öffentliche Meinung und seinem technischen Aufbau, auch in Europa. Im zweiten Teil gibt der Autor eine chronologische Darstellung des gesamten Pressewesens von der vorislamischen Zeit bis zur Gegenwart. Er berücksichtigt dabei auch die Entstehung des ara-

1850, nach dem Tode seines Gönners Muḥammad ʿAlī, fiel Ṭahṭāwī bei dessen Nachfolger ʿAbbās in Ungnade und wurde mit der Begründung, dort eine Schule aufbauen zu müssen, in den Sudan verbannt.

Während Ṭahṭāwī seine Mission erfüllte, übersetzte er gleichzeitig das Werk von Fénelon "Telemaque über Ludwig XIV". (Es fragt sich, ob er nicht mit Hilfe dieses Buches indirekte Kritik an ʿAbbās üben wollte.)

Nach dem Tode von ʿAbbās kehrte Ṭahṭāwī 1854 nach Kairo zurück, wo er das Wohlwollen von Saʿīd, dem Nachfolger von ʿAbbās, fand. Er wurde Mitglied des Kulturrates und beschäftigte sich mit dem Schreiben von Büchern und der Übersetzung des Code Civil. Bei der Nationaldruckerei regte er die Herausgabe von Werken berühmter islamischer Denker wie der Muqqadima (= Prologomina) des Geschichts- und Sozialphilosophen und Staatsmannes im 14. Jahrhundert , Ibn Ḫaldūn, an.
1870 gab er im Auftrag des Kultusministeriums eine Schulzeitschrift ("Rauḍat al-madāris") heraus.
1873 starb Ṭahṭāwī.(35)

1.1. Ṭahṭāwīs Veröffentlichungen

Ṭahṭāwīs Pariser Tagebuch "Taḫlīṣ al-ibrīz ilā talḫīṣ Bārīz" (= Bezahlung des Goldes für einen zusammenfassenden Bericht über Paris) wurde sehr bekannt, Pflichtlektüre für ägyptische Beamte und ins Türkische übersetzt. Dieses Buch ist ein interessanter, anschaulicher

---

bischen Pressewesens außerhalb der arabischen Welt, das besonders auf dem amerikanischen Kontinent in den achtziger Jahren des 19. Jahrhunderts durch ausgewanderte Araber, hauptsächlich Syrer und Libanesen, entwickelt wurde.

(35) Vgl. Ḫūrānī, Albert, a. a. O., S. 95 ff , Tibi, Bassam, a. a. O., S. 71 und EI, Bd. IV, S. 1248.

Bericht über die verschiedenen Seiten des französischen Lebens und der französischen Zivilisation aus der Sicht des Orientalen, der in jeder Zeile mit "charmanter Naivität" seine Begeisterung verrät.(36) Damit ist Ṭahṭāwī der erste Araber, der über Paris geschrieben hat.(37)

Das Buch "Al-Muršid al-amīn li-l-banāt wa-l-banīn" (= Die sichere Leitung für Mädchen und Jungen) schrieb Ṭahṭāwī auf Anregung des Kultusministeriums. Es behandelt vor allem erzieherische Probleme und pädagogische Systematik für Jungen und Mädchen sowie Vorschläge auf dem Gebiet der Ethik und Ästhetik.(38)

"Manāhiǧ al-albāb al-miṣrīya fī mabāhiǧ al-ādāb al-ʿaṣrīya" (= Wege der ägyptischen Herzen zu den Freuden des zeitgenössischen Schrifttums) beinhaltet zahlreiche novellistische Einstreuungen, die staatsrechtliche Studien illustrieren und über die wirtschaftliche Lage Ägyptens und ihre Verbesserungen vor allem auf landwirtschaftlichem Gebiet berichten.(39) Dieses Buch zeigt, wie sehr Ṭahṭāwī von französischem Denken beeinflußt war.(40)

---

(36) Dieses Buch, in dem erstmals europäische Begriffe als termini technici im Arabischen verwendet wurden, wurde unter dem Titel "aṭ-Ṭahṭāwī in Paris" von K. Stowasser übersetzt, erläutert und mit einer ausführlichen Einleitung versehen. Diss. phil., Münster 1966

(37) Vgl. Murūwwa, Adīb, a. a. O., S. 159 ff.

(38) Vgl. Ḥūrānī, Albert, a. a. O., S. 102.

(39) Vgl. ebenda, S. 95 und Rifʿat as-Saʿīd, Tārīḫ al-fikr al-ištirākī fī Miṣr, Kairo 1969, S. 19 ff. Letzterer versucht in diesem Buch, einen Überblick über die Entstehung und Entwicklung des Sozialismus in Ägypten zu geben.

(40) Vgl. Hajjaj, Aref, Der Panarabismus Gamal Abdel-Nassers, (Diss. phil.) Heidelberg 1971, S. 34.

Schließlich hinterließ Ṭahṭāwī ein unvollständiges Werk über die Geschichte Ägyptens und des Islams, da er nach Fertigstellung des zweiten Bandes starb. Der erste Band befaßt sich mit der Geschichte des ägyptischen Altertums, während sich der zweite Band mit dem Leben des Propheten auseinandersetzt. Bei dieser Geschichtsschreibung verfuhr Ṭahṭāwī nach europäischem Vorbild.(41)

1.2. Ṭahṭawīs Gedankengut

Ṭahṭāwī erweiterte das traditionelle islamische Denken besonders in der Staatslehre, um das Neue aus dem europäischen Gedankengut zu übernehmen. Soweit dies nicht möglich war, sollte es mehr oder weniger als Alternative dem islamischen Denken gegenüberstehen.
Er versucht, die "šarī‘a" (= islamisches Recht) mit dem "europäischen, rationalen Naturrecht" zu vergleichen. Nach Ṭahṭawīs Forderung müssen sich die "‘ulamā’"(= Gelehrten) als Träger der "šarī‘a" mit den modernen, der menschlichen Vernunft verpflichteten Wissenschaften befassen, um die "šarī‘a" zeitgemäß interpretieren zu können. Außerdem versteht er die Rolle der "‘ulamā’" als die weltlicher Priester im Sinne von Saint Simon.(42)

Ṭahṭawī versteht sich als moderner (eventuell "europäisierter") Muslim, weshalb er sich politisch auf den ägyptischen Patriotismus konzentriert und darin keinen Widerspruch zum islamischen Universalismus sieht.

(41) Vgl. Ḥūrānī, Albert, a. a. O., S. 95 und 104 ff ; in knapper Form auch geschildert bei: Ahmed, Jamal Mohammed, The Intellectual Origins of Egyptian Nationalism, London 1960, S. 10 ff. Letzterer Autor befaßt sich mit ägyptischen national-liberalen Denkern, besonders des vorigen Jahrhunderts; u. a. kommt der Autor auch auf Afġānī und ‘Abduh zu sprechen.

(42) Vgl. ebenda, S. 96 und 99 ff; Tibi, Bassam, a. a. O., S. 72.

Auf sensible Weise bringt er des öfteren seine außerordentliche Vaterlandsliebe zu Ägypten zum Ausdruck.
Von französischer Kultur beeinflußt übersetzt er sogar die Marseillaise ins Arabische und verwendet dabei für den Begriff "la patrie" das arabische Wort "waṭan" im Gedanken an Ägypten und die ägyptische Nation.(43) "... Dieser naiv-romantische Frühnationalismus, der mit Begriffen wie "Patriotismus" und "Vaterlandsliebe" identisch war, war von einer ästhetisierenden Vaterlandsliebe gekennzeichnet, die in Ṭahṭawīs dichterischen Schriften ihren Ausdruck fand."(44)

In diesem Zusammenhang ist Ṭahṭāwīs Bedeutung darin zu sehen, daß zum ersten Mal ein Araber "von Nation im säkularen Sinne" spricht.(45)
Ṭahṭāwīs Übersetzungen und eigene Schriften charakterisieren seine Gedanken folgendermaßen: "Dank seiner Arbeiten, seiner Wirksamkeit wie auch der Reihe von Fachleuten und Übersetzern, die er für das Land (Ägypten) ausbildete, vollbrachte Rifā'a (aṭ-Ṭahṭāwī) das Wunderwerk, die europäische Wissenschaft im Volk zu verbreiten, den Orient für moderne Ideen zu erschließen, seine Zeitgenossen geistig aufzuklären ... Andererseits hat er dadurch, daß er den engen Rahmen der alten, klassischen Sprache erweiterte, sie zu neuem Leben erweckte und mit einer Menge neuer Wörter bereicherte, dem arabischen Geiste die Möglichkeit

---

(43) Vgl. Ḥūrānī, Albert, a. a. O., S. 105; Tibi, Bassam, a. a. O., S. 73.

(44) Hajjaj, Aref, a. a. O., S. 35.

(45) Vgl. Tibi, Bassam, a. a. O., S. 72 ff.

gegeben, sich dem Fortschritt anzupassen und seinen Einfluß auf den heutigen Islam auszudehnen."(46)

Ṭahṭāwīs Beschäftigung mit den kulturpolitischen, sozialen und staatswissenschaftlichen Ideen, die um die Mitte des 18. Jahrhunderts ihren Anfang genommen hatten, sowie seine allgemeinen Vorstellungen von der Gesellschaft vermitteln die Erkenntnis, wie stark der Westen beim Aufeinanderprallen westlicher und islamischer Kultur ist und wie schwach und stagnierend dagegen der Orient. Die Diskrepanz wird immer größer, wenn nicht die Modernisierung im Sinne des Anpassungsprozesses in vollem Umfang beginnt.

Im Rahmen des "Herodianisierungsprozesses", den Muḥammad ʿAlī initiierte, ebnete Ṭahṭāwī durch Wiedergabe europäisch - bürgerlicher, gesellschaftlicher Ideen auf literarische Weise für die nachkommende Generation (unbewußt) den Weg zum Laizismus.

2. Ḫairaddīn at-Tūnisī

Als weiterer "Herodianer", der in der tunesischen Politik und später für kurze Zeit in Istanbul eine bedeutende Rolle spielte, ist Ḫairaddīn at-Tūnisī (auch als Ḫairaddīn der Tscherkesse bekannt) zu nennen.

Ḫairaddīn, der einer tscherkessischen Familie entstammte, wurde 1810 im Kaukasus geboren. Als Junge kam er über Istanbul nach Tunesien und trat in die Dienste des tunesischen Fürsten Aḥmad Bey. Wegen seiner Aufgewecktheit ermöglichte ihm der Hof eine religiös-moderne Erziehung und das Studium der arabischen und französischen Sprache.

---

(46) EI, Bd. IV, S. 1248. Ähnliches schreibt Tibi, Bassam, a. a. O., S. 72 ff.
Für weitere Literaturangaben vgl. GAL, a. a. O., S. 481 und 731.

Seine steile Karriere nahm beim Militär ihren Ausgang. Als sich im Laufe der Zeit seine außerordentliche Begabung auf diesem Gebiet erwies, übertrug ihm der tunesische Fürst die Verwaltung der Militärakademie und betraute ihn mit verschiedenen Missionen.
1852 wurde er nach Frankreich entsandt, wo er vier Jahre blieb.
1858 übertrug man ihm die Aufgabe, den Sultan von der Notwendigkeit tunesischer Autonomie zu überzeugen, was ihm aber nicht gelang.
Ḫairaddīn bekleidete verschiedene Ämter. So wurde er z. B. 1860 Mitglied jener Kommission, die die Verfassung zu bearbeiten hatte.
Wegen Meinungsverschiedenheiten mit dem Fürsten über die Rolle der legislativen Institutionen innerhalb der Verfassung und wegen seines außenpolitischen Mißerfolgs in Istanbul zog sich Ḫairaddīn von der Politik zurück, um 1867 ein Buch über politische Herrschaft zu veröffentlichen.

Wegen geopolitischer und finanzieller Neuerungen, die für Tunesien nicht gerade von Vorteil schienen, schickte der Herrscher von Tunesien Ḫairaddīn ein weiteres Mal wegen des gleichen Anliegens, nämlich der Autonomie Tunesiens, nach Istanbul, wobei er diesmal sein Ziel erreichte.
Nach Vollendung seiner Mission in Istanbul bekleidete Ḫairaddīn verschiedene Ministerposten und wurde schließlich 1873 zum Ministerpräsidenten berufen. Während der vier Jahre, die er dieses Amt innehatte, knüpfte er enge Beziehungen zu England, Frankreich und Italien.
1877 aber wurde er wegen Differenzen mit dem tunesischen Fürsten seines Amtes enthoben.

1878 berief ihn der junge Sultan ʿAbdalḥamīd (Regierungszeit von 1876 - 1909) in das Amt des Ministerpräsidenten des osmanischen Reiches, weil er vieles über ihn gehört und sogar sein Buch gelesen hatte. In diesem Amt scheiterte Ḫairaddīn jedoch auf wirtschaftlichem Sektor mangels wirtschaftlicher Unterstützung von seiten der Europäer, besonders Englands. Außerdem gelang es ihm nicht, im Rahmen des Tanzimatprozesses seine Reformvorstellungen durchzusetzen, weshalb er im Jahre 1879 von Sultan ʿAbdalḥamīd entlassen wurde.
Daraufhin lebte er bis zu seinem Tode im Jahre 1890 zurückgezogen in Istanbul.(47)

2.1. Ḫairaddīns Veröffentlichungen

Abgesehen von seinen offiziellen Dokumenten und Memoiren hat Ḫairaddīn ein einziges Werk mit dem Titel "Aqwam al-masālik fī maʿrifat aḥwāl al-mamālik" (= Der geradeste Weg, die Lage der Königreiche zu erkunden) im Jahre 1867 in Tunesien veröffentlicht, das 1876 nochmals in Istanbul herausgegeben wurde.

Der Hauptteil dieses Werkes, die Muqaddima (= Prologomena), wurde unter dem Namen "Réformes nécessaires aux Etats musulmans" ins Französische übersetzt und 1868 herausgegeben.(48)

Ḫairaddīn versucht in diesem Werk, die Hintergründe der europäischen Entwicklung und ihrer Macht darzulegen und die Muslime zur Übernahme jener Elemente, die

(47) Vgl. Ḥūrānī, Albert, a. a. O., S. 109 und GAL, a. a. O., Bd. II, S. 887.

(48) Vgl. Ḥūrānī, Albert, a. a. O., S. 113 und Toynbee, Arnold, "The Ineffectiveness of Panislamism", in: A Study of History, London 1954, Vol. 8, S. 692.

Europas Entwicklung bewirkten, zu bewegen, da diese nicht im Gegensatz zur "šarīʿa" stünden und der Islam sich nur mit ihrer Hilfe verteidigen könne.(49)

2.2. Ḫairaddīns Gedankengut

Ḫairaddīns Denkweise und Werturteile über die verschiedenen gesellschaftlichen Komplexe sind denen Ṭahṭāwīs sehr ähnlich.
Beide Gelehrten sind vom gleichen europäischen Gedankengut des 18./19. Jahrhunderts geprägt; beide leiteten die Militärakademie ihres Landes, die wegen ihrer dringenden Notwendigkeit als erste Institutionen modernisiert wurden.
Albert Ḥūrānī ist sogar der Meinung, Ḫairaddīn habe das Pariser Tagebuch von Ṭahṭāwī gelesen(50) und Ṭahṭāwī habe sich mit Ḫairaddīns Werk befaßt(51).

Der beste Weg, den christlichen Europäern zu begegnen, war auch nach Ḫairaddīns Ansicht für die Muslime nur im Rahmen einer Anpassung gegeben, während gleichzeitig die Interessengegensätze der europäischen Mächte für das osmanische Reich auszunutzen waren. Wahrscheinlich gelangte er durch seine langjährige, politische Tätigkeit auf höchster Ebene zu dieser Erkenntnis, weil er dadurch die Zusammenhänge und Umwälzungen jener Epoche gut überblicken konnte.

Die Denkweise der beiden Gelehrten unterscheidet sich allerdings durch ihre nationalpolitische Zugehörigkeit.

---

(49) Vgl. Ḥūrānī, Albert, a. a. O., S. 114 und Toynbee, Arnold, a. a. O., S. 692.

(50) Vgl. Ḥūrānī, Albert, a. a. O., S. 116.

(51) Vgl. ebenda, S. 108.

Während Ägypten und der ägyptische Nationalismus Ṭahṭāwīs zentrale Gedanken beanspruchten, geht Ḫairaddīn (vielleicht auch) wegen seiner Herkunft von der (osmanischen) panislamischen Vorstellung aus.(52)

3. Zusammenfassende Betrachtung

Diese kurze Darstellung der Reformbestrebungen des 18./19. Jahrhunderts anhand des islamischen "Zelotismus" und "Herodianismus" im Sinne von Toynbee gibt einen zusammenfassenden Überblick über die verschiedenen Reformrichtungen.

Nachdem der "Zelotismus" vom "Herodianismus", wie bereits gezeigt, aufgehoben worden war, fand in zunehmendem Maß ein Anpassungsprozeß an Europa, besonders aber an die "Gleichheit, Freiheit und Brüderlichkeit" der Französischen Revolution, statt.
Die meisten "Herodianer" sahen zwar, daß die europäische (französische) Zivilisation auf einer humaneren Gesellschaftsordnung, als ihre eigene es war, basierte, übersahen dabei aber deren außenpolitische, wirtschaftliche und militärische Interessen an ihren eigenen (der Herodianer) Ländern.
Sie vertraten nämlich die Ansicht, die Differenzen zwischen den europäischen und islamischen Ländern seien abstrakt religiöser Natur und seien mit der Zeit und durch Toleranz zu überwinden.(53)
Hier sei speziell der Wegbereiter des arabisch-literarischen "Herodianismus", Ṭahṭāwī, genannt, der während der französischen Eroberung Algeriens in Paris studierte

---

(52) Vgl. ebenda, S. 114 ff.

(53) Vgl. Ḥūrānī, Albert, a. a. O., S. 106; Tibi, Bassam, a. a. O., S. 73.

und auf all diese Ereignisse in seinem Tagebuch einging. Dennoch hielt er an seiner These der abstrakt religiösen Differenzen fest und sah weder eine Gefahr noch eine Bedrohung durch Europa für gegeben.(54)

Nach seiner Auffassung war die Übernahme europäischen Gedankenguts durch Ägypter nichts anderes als eine "Rücknahme" dessen, was Europa von den Muslimen im Mittelalter übernommen hatte.(55)
Er war der Überzeugung, die Übernahme westlicher Lebensart werde Ägypten zum Anschluß an die fortschrittliche westliche Welt führen. "When he returned to Egypt, he became a leader of the westernization movement."(56)
Es mag zwar sein, daß hier im weitesten Sinn von einem Kulturaustausch oder sogar von Kulturwandel gesprochen werden kann. Da die Konfrontation der beiden Kulturen aber eine Akkulturation mit sich bringt, ist anzunehmen, daß Ṭahṭāwī die Traditionalisten, besonders unter den "ʿulamāʾ", zu besänftigen suchte, sie zur Übernahme mancher Elemente aus der europäischen Zivilisation bewegen wollte und schließlich damit beabsichtigte, sein Vorgehen zu rechtfertigen.

---

(54) Vgl. Ḥūrānī, Albert, a. a. O., S. 106.

(55) Vgl. ebenda.

(56) Tignor, Robert, Modernization and British Colonial Rule in Egypt (1882 - 1914), Pinceton 1966, S. 35. Dieses Buch gibt eine interessante Analyse der Entstehung und Entwicklung der Administration in Ägypten unter englischer Herrschaft.

D. Al-Afġānīs Denkweise

Den "Herodianern" mit ihrer Antithese zur "zelotischen" These gelang es nicht, den von ihnen eingeleiteten Akkulturationsprozeß weiterzuführen wie sie es sich vorgestellt hatten.(57)
Der wirtschaftliche, kulturelle und militärpolitische Druck bzw. Einfluß der christlichen Europäer auf die islamischen Länder war im Laufe des 19. Jahrhunderts unübersehbar geworden, so daß eine "Einverleibung" und damit ein Assimilationsprozeß an die westliche Kultur nur eine Frage der Zeit geworden war.(58)
"So steht der Islam, in die Enge getrieben, dem Abendlande gegenüber. Denn das neuzeitliche Abendland ist ihm nicht nur waffentechnisch überlegen, sondern auch durch den Ausbau seines Wirtschaftslebens, von dem die militärische Technik letzten Endes abhängt, vor allem aber an Geisteskultur und jener inneren Kraft, die allein die äußeren Offenbarungen der sogenannten Kultur hervorbringt und lebendig erhält."(59)
Die Überlegenheit der europäischen Gesellschaft über die schwächeren islamischen Gesellschaften ist also für Toynbee ganz offensichtlich.

Mit ihrem Versuch, für den Islam die gleiche Entwicklungsstufe zu erlangen bzw. den Islam zu revivalisieren, um ihn dadurch eventuell widerstandsfähiger zu

---

(57) Toynbee führt das Versagen des "Herodianisierungsprozesses" in der Türkei und in Ägypten, vor allem im letzteren Viertel des 19. Jahrhunderts, auf die Schwäche der Herrscher jener Länder zurück. Vgl. Toynbee, Arnold, a. a. O., S. 141.

(58) Vgl. Anmerkung 28 dieser Arbeit.

(59) Toynbee, Arnold, a. a. O., S. 135.

machen, scheiterten die "Zeloten", wie bereits geschildert, an ihrer starrsinnigen Ausrichtung auf ein nicht mehr zeitgemäßes "Credo".
Der von den "Herodianern" eingeleitete Modernisierungsprozeß erlitt hingegen einen Rückschlag weil der totalen Verwestlichung ihrer Länder, die sie nicht beabsichtigt hatten, nicht mehr zu entgehen war, so daß die soziale Rolle und Kontrolle der "Herodianer" innerhalb der eigenen Gesellschaftsordnung eingeengt und geschwächt, wenn nicht gar eliminiert wurde.
Aufgrund dieser Tatsachen gelangt Toynbee, sollte doch ein "Zelot" oder ein "Herodianer" diese gesellschaftlichen Umwälzungen mit Erfolg überdauern, zu folgender Auffassung: "... Der seltene Zelot, der der Vernichtung entgeht, wird zum Fossil einer Kultur, die als lebendige Kraft zu bestehen aufgehört hat; der häufig vorkommende Herodianer, der die Überschwemmung übersteht(60), wird zum Hanswurst der lebenden Kultur, der sich angleicht. Weder der eine noch der andere kann zum weiteren Wachsen dieser lebenden Kultur irgendeinen schöpferischen Beitrag leisten."(61)

Diese Merkmale stempeln den einen zu einem Randseiter, während dem anderen ein fixiertes Bezugsgesellschaftssystem entzogen wird. Deshalb ist ihre Rolle nicht

---

(60) Toynbee sieht im "Herodianismus" ein gefährliches Spiel: "... Die Herodianer gleichen Reitern, die während der Überquerung eines Stromes die Pferde wechseln wollen. Derjenige, der dabei den neuen Sattel verfehlt, wird durch die Strömung fortgerissen, und der Tod ist ihm so sicher wie dem Zeloten, wenn er mit Speer und Schild ein Maschinengewehr angreift."
Toynbee, Arnold, a. a. O., S. 140. Die Japaner z. B. waren für Toynbee zunächst ausgeprägte "Zeloten", um dann aus Überzeugung zum "Herodianismus" überzugehen und mit ihrem außerordentlichen Erfolg eine Ausnahme außerhalb der westlichen Völker zu werden. Ebenda.
(61) Ebenda, S. 143.

mehr relevant. Diese Charakterisierung bezieht sich praktisch auf die Individuen, die sich noch für einen "Zelotismus" oder "Herodianismus" einsetzen.

Es fragt sich nun, welche Konsequenzen diese Charakteristika jener Gruppe für die Mehrheit der Individuen in der Phase gesellschaftlicher Entwicklung haben. Nach Toynbee ist das Schicksal der Mehrheit (der Muslime) "weder Vernichtung noch 'Versteinerung' noch Angleichung, sondern ihr Aufgehen in der Masse des Weltproletariats, das eines der unheilvollsten Nebenprodukte der Verwestlichung der Welt ist."(62)
Aus alldem ist der Schluß zu ziehen, daß sich die gesellschaftspolitische Ordnung (besonders) der "Herodianer" als unfähig erwiesen hat, ohne Identitätsverlust einen sozialen Wandel der islamischen Gesellschaft(en) herbeizuführen; denn der Standort der Mehrheit der Muslime entspricht der unteren Schicht der "verwestlichten Weltgesellschaft".

Al-Afġānī unterscheidet sich von seinen Vorgängern dadurch, daß sein tiefgreifendes Wissen, seine Wahrnehmung und seine gesellschaftliche Analyse ihm die Erkenntnis vermittelten, diese Art (Nachahmung) des eingeleiteten Modernisierungsprozesses sei nichts anderes als ein Verwestlichungsprozeß (im Sinne Toynbees), weshalb er sie ablehnt.
"... Denn in dieser (Art) unserer Modernisierung sind wir Nachahmer der europäischen Nationen. Es ist eine Nachahmung (taqlīd), deren Natur uns dazu verführt, die Ausländer zu bewundern, ihnen zu gehorchen und ihre Herrschaft über uns zu akzeptieren. Dadurch wird der

---

(62) Ebenda, S. 144.

Charakter des Islams, das Banner (rāya) der Herrschaft und des Sieges für seine Angelegenheiten emporzuheben, zum Charakter der Trägheit, der Erniedrigung und des Gefallens an der Herrschaft der Ausländer."(63) Ferner sagt al-Afġānī: "Die Erfahrungen lehrten uns, und die Geschehnisse der Vergangenheit zeigten, daß die Nachahmer in jeder Nation, die die Zustände (aṭwār, Sing. ṭaur) anderer (Nationen) übernehmen, zu Öffnungen für das Eindringen der Feinde in sie werden, ... so daß diese Imitatoren die Vorreiter (ṭalā'i', Sing. ṭalī'a) der siegenden (Nationen) Armeen sein werden."(64)

Al-Afġānī hat also erkannt, welche Gefahr ein solcher Modernisierungsprozeß in sich birgt; d. h. er sieht, daß die Differenzen mit Europa nicht nur abstrakter, oberflächlich religiöser Natur sind (wie die "herodianischen" Literaten meinten), sondern in tiefgreifenden kulturellen Unterschieden bestehen; ja er sah noch mehr in der westlichen Kultur ein "Kolonialsystem", das letzten Endes den totalen Verwestlichungsprozeß beabsichtigte. Mit "zelotischem" Eifer und "herodianischer" Vernunft versucht al-Afġānī dieser Herausforderung zu begegnen; seine Synthese besteht in der Vereinbarung von "Dogma" und "Ratio".
Das "Dogma", mit dem die "Ratio" in Übereinstimmung gebracht werden soll, hat sich für ihn (durch "blinde" Nachahmung) vom Kern des wahren Islams entfernt und

(63) Al-Maġribī, 'Abdalqādir, Ǧamāladdīn al-Afġānī, ḏikrayāt wa-aḥādīṯ, Kairo 1968, 2. Auflage, S. 98. Hier handelt es sich um einen Dialog zwischen dem Autor, der auch zum Schülerkreis um al-Afġānī gehörte, und al-Afġānī.

(64) Al-Afġānī, Al-'Urwa al-wuṯqā (wa-ṯ-ṯaura at-taḥrīrīya al-kubrā), Kairo 1958, 2. Auflage, S. 21.

fördert die Resignation der islamischen Gesellschaft(en) des 19. Jahrhunderts.

Auf "vernünftige" Einsichten weist schon der Koran des öfteren hin, und "... ein des Arabischen kundiger Aufklärer brauchte deshalb nicht in Verlegenheit zu sein, das Pathos der Vernunft in die Sprache des Koran zu übertragen. Denn wieder und wieder appelliert der Gott des Koran an vernünftige Einsicht."(65) Ferner bietet der wahre Islam "iǧtihād" (= eigenständige Interpretation der Urquellen) und "qiyās" (= Analogie), die nur mit Vernunft angewandt werden können, sollen sie die Entstehung und Entwicklung von Gegebenheiten und Errungenschaften zeitgemäß erfassen und wiedergeben.(66)
Für al-Afġānī ist der Islam deshalb eine Religion für das Diesseits und das Jenseits.(67)
Dementsprechend handelten die Frühmuslime, weshalb ihnen für das Wohlergehen der Menschen der Aufbau einer Zivilisation gelang(68), da sich das Verhalten und Handeln eines Individuums im Islam nicht nur am Jenseits orientiert. Das Individuum soll vielmehr auch seine soziale Rolle und Partizipation in der Gesellschaft im Rahmen der religiösen Moralethik zum Nutzen des Gemeinwohls wahrnehmen.(69) Um diesem Postulat ge-

---

(65) Braune, Walther, Der islamische Orient zwischen Vergangenheit und Zukunft, Bern 1960, S. 44. Dieses Buch gibt eine geschichtlich-theologische Analyse der Stellung des Islams in der Weltsituation.

(66) Vgl. Maḫzūmī, Muḥammad, a. a. O., S. 100 und 111 ff.

(67) Vgl. ebenda, S. 273.

(68) Vgl. al-Afġānī, Al-ʿUrwa al-wuṯqā, a. a. O., S. 21.

(69) Ebenda, S. 10

recht werden zu können, ist die Berücksichtigung der Vernunft unumgänglich, woraus zu folgern ist, daß für al-Afġānī der wahre Islam die Vernunft beinhaltet.
In seinem Versuch, eine Vereinigung zwischen der wahren Substanz des Islams und der Ratio herzustellen, geht al-Afġānī noch einen Schritt weiter, indem er die Prophetie mit der Philosophie vergleicht: "... (Es gibt) für einen Körper kein Leben ohne Seele. Die Seele dieses Körpers (Damit ist die Gesellschaft gemeint.) ist entweder die Prophetie oder die Weisheit. Der Unterschied besteht aber darin, daß die Prophetie eine göttliche Offenbarung (Inspiration) ist, die man nicht erwerben kann; sondern Gott wählt aus seinen Gläubigen, wen er will. Die Weisheit ist das, was durch Denkvermögen (fikr) und Betrachten (bzw. Bewertung) der Erkenntnisse (an-naẓar bi-l-maʿlumāt) erworben wird. Der Prophet ist erhaben über die Fehler. Es ist (jedoch) möglich, daß der Weise (ḥakīm) einen Fehler macht, ja sich sogar irrt. Die Richtschnur der Prophetie ist das göttliche Wissen, und sie ist nicht von Fehlern betroffen, weder in dem, was sie gibt, noch in ihrer Entstehung. Sie zu übernehmen, ist eine Pflicht der Gläubigkeit. Was aber die Gedanken der Weisen anbetrifft, so sind die Gewissen (ḏimam, Sing. ḏimma) nicht verpflichtet, ihnen zu folgen, mit Ausnahme von Prioritäten (aulā) und dem, was wirklich gut (afḍal) ist, vorausgesetzt, die Ausnahme steht nicht im Widerspruch zur göttlichen Gesetzgebung (šarʿ ilāhī)."(70)

(70) Maḫzūmī, Muḥammad, a. a. O., S. 13 und vgl. Pakdaman, Homa, a. a. O., S. 46 und 196 ff und vgl. Keddie, Nikki, a. a. O., S. 68 ff. Dieses Zitat ist einer Rede al-Afġānīs 1871 in Istanbul entnommen. Anlaß dazu war die Eröffnung der Aka-

Dieses Zitat zeigt, wie sehr al-Afġānīs Denkansätze von der Philosophie beeinflußt sind, so daß sie ungefähr auf die gleiche Stufe mit seinem religiösen Denken gestellt werden kann. Für ihn gelangt der Philosoph durch Geist (bzw. Vernunft) ungefähr zu dem, was der Prophet durch Inspiration empfängt.
Der Unterschied zeigt sich in der Verhaltens- und Handlungsweise der Individuen einer Gesellschaft, d. h. es ist zwar Pflicht, religiöser Moralethik Folge zu leisten, philosophischer dagegen nicht unbedingt.
Daraus ist zu ersehen, daß al-Afġānī die Philosophie weder verdammt noch verurteilt (wie es gang und gäbe war), sondern sie (mit Vorbehalt) der Prophetie gleichsetzt, bzw. versucht, eine Brücke zwischen Islam und Philosophie (bzw. Vernunft) zu schlagen; denn für al-Afġānī spielen Geist und Vernunft, nicht das "Dogma", eine hervorragende Rolle.
Hier ist zu erkennen, wie sehr er den Geist würdigt und wie er ihn (konkret) einordnet. "Der Geist (ʿaql = Vernunft) ist das edelste (ašraf) Geschöpf (maḫlūq). Er ist in Erzeugung (ṣunʿ) und Schöpfung (ibdāʿ) allwissend. Alle existierenden Elemente (ʿanāṣir al-wuǧūd) in dieser vergänglichen (fānī) Welt sind dem absoluten (muṭlaq) menschlichen Geist unterworfen."(71)
Das verdeutlicht, daß al-Afġānī dem Geist eine dominierende (wenn nicht sogar absolute) Stellung gegenüber dem Wissen und dem Schöpferischen einräumt. Mit

---

demie der Künste (dār al-funūn), zu der al-Afġānī eingeladen war, einen Vortrag zu halten. Wegen Mißverstehens und falscher Auslegung dieses Vortrages wurde er auf Anordnung vom Šaiḫ al-Islām (= oberster islamischer Geistlicher) aus Istanbul verbannt.

(71) Maḫzūmī, Muḥammad, a. a. O., S. 283.

seiner Feststellung "Der Geist ist das edelste Geschöpf" ordnet er ihn aber gleichzeitig dem Schöpfer unter, d. h. Geist und göttliche Offenbarung laufen trotz unterschiedlicher Analysen der Schöpfung im Interesse der Menschheit parallel zueinander. Der Geist und die Gesetze der Offenbarung werden einander im Laufe der Entwicklung tangieren, d. h. der Geist (oder die Vernunft) kann sich die islamisch-religiösen "Dogmen" aneignen und im Rahmen der Interpretation (taʾwīl) der islamischen Lehre, besonders des Korans, vice versa. Die Interpretation muß sich in den Grenzen des geistigen Fassungsvermögens der Individuen und ihrer Aufnahme- und Wiedergabefähigkeit bewegen und entfalten können.(72)
Diese Denkweise al-Afġānīs sollte die Muslime dazu anspornen, sich mit den neuen Erkenntnissen (die sich "ohnehin" in Einklang mit ihrer Religion befinden), die für das Gemeinwohl von Nutzen sind, auseinanderzusetzen; denn ohne sie wird sich ihre Gemeinschaft nicht aus anhaltender Resignation und Stagnation zum Fortschritt entwickeln können.
Für al-Afġānī ist die schöpferische Fähigkeit des Geistes, sofern er vom "Dogma" (der Traditionalisten) befreit wird, unbegrenzt, denn Geist und "Dogma" liegen miteinander im Kampf. Dann kann sich der Geist auch entfalten und zu Erkenntnissen gelangen, die vorher nur im Bereich der Phantasie lagen. In diesem Zusammenhang und in Bezug auf naturwissenschaftlich mögliche Entdeckungen sagt al-Afġānī: "... wenn Vernunft

---

(72) Vgl. ebenda, S. 100. Hier versucht al-Afġānī anhand des Korans zu beweisen, daß in ihm Hinweise und Andeutungen auf verschiedene, bewiesene naturwissenschaftliche Tatsachen zu finden sind. Daß der Koran nicht ausführlich und en detail darauf einging, liegt am mangelnden geistigen Fassungsvermögen der Individuen seiner Zeit.

(auch Geist) in diesem Kampf und dieser Auseinandersetzung siegen wird, ... so wird es nicht lange dauern, und wir werden sehen, daß sie als Adler (ʿuqbān, Sing. ʿuqāb; gemeint: Flugzeuge) fliegt und in den Meeren die Wale (ḥītān, Sing. ḥūt; gemeint: Unterseeboote) (an Schnelligkeit) übertrifft, um unter Ausnutzung der Atmosphäre ihre Nachrichten kabellos zu übertragen. Ist es dann noch unmöglich, ein Raumschiff (maṭīya = Reittier, Fortbewegungsmittel) zu finden, das sie zum Mond oder einem Planeten bringt? Und was wissen wir nach alldem, was der Mensch noch in der Zukunft vollbringen wird, wenn er auf diese Art und Weise weitereifert, um ein Geheimnis (sirr) nach dem anderen aus den gesamten Geheimnissen der Natur zu entdecken."(73)

Abgesehen von al-Afġānīs futurologischem Gedankengut (das zum größten Teil bestätigt wurde) ist daraus zu erkennen, welche Rolle er der Vernunft beim Aufbau der Zivilisation beimißt und was er überhaupt von der Vernunft erwartet. Diese Erwartungen werden allerdings nur dann erfüllt werden, wenn die Vernunft den Kampf mit dem "Dogma" gewinnt und sich frei entfalten kann.(74)

---

(73) Ebenda, S. 133 ff.

(74) Die Bedeutung sowie das Hervorheben der Philosophie bzw. der Weisheit in al-Afġānīs Gedanken ist aus Artikeln ersichtlich, die er in persischer Sprache schrieb und die in dem Buch "An Islamic Response to Imperialism" von Nikki R. Keddie, Los Angeles 1968, enthalten sind unter dem Titel "Lecture on Teaching and Learning", S. 101, und unter dem Titel "The Benefits of Philosophy", S. 107 ff. Ab Seite 45 gibt die Autorin eine Darstellung von al-Afġānīs philosophischen Denkansätzen, die ihre Hintergründe in der islamisch-griechischen Philosophie haben. Es ist sehr wahrscheinlich, daß al-Afġānī auch von der rationalen Philosophie, der Mystik und messianischen Spannkraft der "Šaiḫīya" (= Denkrichtung, die sich vom

In al-Afġānīs Augen hat das "Dogma" in der islamischen Gesellschaft des 19. Jahrhunderts noch die Oberhand über die Vernunft, weshalb für ihn eine Reform zur Revivalisierung des Islams und damit der Gesellschaft unumgänglich ist; denn im Koran steht: "Gott verändert nichts an einem Volk, solange sie (die Angehörigen dieses Volkes) nicht (ihrerseits) verändern, was sie an sich haben."(75) Diese religiöse und gesellschaftspolitische Reform soll nach al-Afġānīs Vorstellungen der protestantischen Reform im Christentum ähneln.(76) Al-Afġānī brachte zwar nicht zum Ausdruck, er sei ein "islamischer Luther" oder wolle es sein (Es ist allerdings möglich, daß ihm die Übernahme der lutherischen Rolle im Islam vorschwebte.(77)), versuchte aber, auf die Rolle dreier bedeutender, religiös-politischer Personen in der islamischen und christlichen Geschichte hinzuweisen. Er stellt sie als Prototypen religiös- gesellschaftspolitischer Agitatoren dar, die ihm bei seinem Vorhaben als (soziale) Leitbilder dienen sollen.

"Zwölfer-Schiitismus" in Persien gegen Ende des 18. Jahrhunderts ableitet) beeinflußt ist. Vgl. Kedie, Nikki R., a. a. O., S. 19 ff. Al-Afġānī lehnte jedoch jegliche Beziehung zu den Bahaii ab. Vgl. Federmann, Robert,"Scheik Djemaladdin el Afghan, ein Lebensbild aus dem Orient", Beilage zur Allgemeinen Zeitung, München, 24. Juni 1896, Nr. 144, S. 3 ff. Hier handelt es sich um ein Gespräch des Journalisten mit al-Afġānī in dessen Haus in Istanbul. Der Artikel enthält außerdem eine kurzgefaßte Lebensbiographie von al-Afġānī.

(75) Paret, Rudi, Der Koran, Stuttgart-Berlin-Köln-Mainz 1966, (Sure) 13, (Vers) 11. Hier handelt es sich um eine maßgebende Übersetzung des Korans.

(76) Vgl. al-Maġribī, ʿAbdalqādīr, a. a. O., S. 98.

(77) Vgl. Ḥūrānī, Albert, a. a. O., S. 153.

Der erste, Abū Ḏarr al-Ġifārī, auch Ǧundub b. Ǧunāda genannt (gest. 652), war einer der ersten Muslime und Gefährte des Propheten.(78) Al-Afġānī sah in ihm einen vorbildlichen Sozialrevolutionär, der sich für Gerechtigkeit und Gleichheit in der islamischen Gesellschaft in Wort und Tat einsetzte.(79) Deshalb war er "... vielleicht der erste Sozialist (ištirākī), der von den Regierungen verfolgt wurde."(80)

Abū Muslim al-Ḫurasānī (718 - 755), die zweite Persönlichkeit, entstammte (wahrscheinlich) einer persischen Familie und war ein hervorragender Organisator und tapferer Feldherr, der die Omayyaden bekämpfte. Er wurde zu einer Legende.(81) (Die beiden bisher genannten Männer genießen noch heute im schiitischen Gedankengut eine besondere Stellung.)

---

(78) Abu Ḏarr al-Ġifārī war ein vorbildlicher Muslim, der sich - nach der Übernahme des Kalifats durch die Omayyaden - derart zugunsten der unteren Schichten engagierte, daß er von Damaskus zurück nach Medina verbannt wurde. In Medina setzte er sein Engagement für die Schwachen fort, weshalb er in ein kleines Dorf verbannt wurde. Kurz darauf starb er. Vgl. az-Zirkalī, Ḫairaddīn, Al-Aʿlām, 3. Auflage, Beirut 1968, Bd. II, S. 136 und EI 2, Bd I, S. 114. Hier heißt es: "He was noted of humility as asceticism, in which respect he is said to have resembled Jesus."

(79) Vgl. Maḫzūmī, Muḥammad, a. a. O., S. 127 ff.

(80) az-Zirkalī, Ḫairaddīn, a. a. O., S. 138.

(81) Abū Muslim al-Ḫurasānī nahm bei der Organisation einer religiös-politischen Bewegung, die den Abbasiden zur Macht verhalf, maßgebenden Anteil. Es gelang ihm nämlich, in Ḫurasān (im heutigen Persien) aus allen sozialen Schichten (besonders den unteren Schichten) ein Heer aufzustellen, das die Omayyaden in kriegerische Auseinandersetzungen verwickelte und ihnen in jenen Regionen eine vernichtende Niederlage beibrachte. Dadurch wurde für

Der dritte religiös-politische Prototyp eines Agitators war für al-Afġānī Petrus von Amiens (1050 - 1115), auch der Eremit (bzw. im Arabischen Buṭrus ar-rāhib) genannt. Wegen seines Predigt- und Organisationstalentes war Petrus von Amiens am Zustandekommen des ersten Kreuzritterzuges 1095/96 dominierend beteiligt.(82)

Mit diesen genannten Prototypen im allgemeinen und den beiden letzten im besonderen verglich sich al-Afġānī und war sogar bereit, der islamischen Gemeinschaft noch mehr Opferbereitschaft entgegenzubringen und noch mehr zu ertragen, als diese für ihr Glaubensbekenntnis und ihre Überzeugung jemals erbracht hatten. Dies geht aus einem Brief al-Afġānīs an den Sultan in Istanbul (ca. 1877/78) deutlich hervor.(83)

---

die Abbasiden, den Erzfeind, der Weg zur Herrschaft frei. Später überwarf sich Abū Muslim al-Ḫurasānī mit den Abbasiden, d. h. er wuchs ihnen über den Kopf, so daß sie ihn ermorden ließen. Seine Ambitionen, seine Denkweise und -richtung, sein Talent und sogar sein Tod sind umstritten, weshalb er in den Gedanken der Muslime über Jahrhunderte als Lebende weiterlebte. Vgl. Cohen, Claude, "Der Islam I vom Ursprung bis zu den Anfängen des osmanischen Reiches" in: Fischers Weltgeschichte, Bd. 14, Frankfurt a. M. 1968, S. 63 ff und EI^2, Bd. I, S. 141

(82) Vgl. Brockhaus, Enzyklopaedia, Bd. 14, Wiesbaden 1972, S. 452.

(83) Dieser Brief ist von al-Afġānī in persischer Sprache geschrieben worden und in den Documents, Inedits Concernant Seyyed Jamāl-al-Dīn Afghānī, von Iraj Afshar und Asghar Mahdavi, Tehran 1963 wiedergegeben. Absatz 46 dieser Dokumente gibt einen Hinweis auf die Photokopien Nr. 26 und 27 dieses Briefes. Eine englische Übersetzung dieses Briefes ist bei Nikki R., Keddie, a. a. O., S. 133 ff zu finden und ist auf S. 139 ff erläutert.

All das zeigt al-Afġānīs Überzeugung, die negativen sozialen Aspekte in der islamischen Gemeinschaft und ihre Auswirkung auf die Mehrheit der Individuen seien der Zeit al-Ġifārīs vergleichbar. Darum muß man (revolutionäre) Aktivitäten entfalten, indem man die etablierte Elite dazu zwingt (oder gar eliminiert), im Interesse der Mehrheit zu handeln.
Al-Afġānī hält Agitationen wie die von Ḫurasānī für durchaus angebracht, hauptsächlich im Hinblick auf die innere Gesellschafts- und politische Rahmenorientierung, während zur Begegnung der äußeren Gefahr von seiten Europas auf die islamische Gemeinschaft die aufklärerischen Agitationen eines Petrus von Amiens geeignet sind.
Daraus wird erkennbar, mit welchem Elan und welcher Dynamik al-Afġānī bereit war, teils durch rhetorische, teils durch praktische Aktionen die islamische(n) Gesellschaft(en) von inneren Zerfallserscheinungen und äußerem Druck zu befreien. Er hat die Hoffnung nicht aufgegeben und fühlt sich anscheinend dazu geeignet und berufen, vergleichbar den genannten Persönlichkeiten seine Synthese in die Tat umzusetzen, indem durch "religiöse Vernunft" das Gefüge für eine humane und gerechte Gesellschaft im modernen Sinn aufgebaut wird.
Aus dem Gesagten läßt sich zusammenfassend feststellen, daß al-Afġānī bereit war, mit Vernunft zivilisatorische Elemente aus dem christlich - europäischen Kulturkreis im Islam zu integrieren, allerdings im Rahmen einer "cultural mobility", denn für ihn sind die kulturellen Grundlagen im Islam zwar vorhanden, die innere Kraft zur Erneuerung aber fehlt.
Nun ist es von Bedeutung zu sehen,unter welchen Bedingungen, Gegebenheiten und Umständen sich al-Afġānīs Aktivitäten in den islamischen Ländern und von Europa aus vollzogen, um den ersehnten sozialen Wandel herbeizuführen.

E. Al-Afġānīs politische Praxis

Da al-Afġānī sowohl aus dem islamischen als auch aus dem europäischen Gedankengut schöpfte, finden sich in seiner Denkweise manche Vergleichsmöglichkeiten oder gar Parallelen zu den verschiedensten Denkern.

So mag es z. B. eine gewisse Parallele zwischen al-Afġānīs Gedankengut und dem des Erasmus von Rotterdam (1469 - 1536) geben. Auch al-Afġānī versuchte, wie Erasmus von Rotterdam, aus seinem "sensus communis" heraus eine Verbindung zwischen kirchlichem Dogma und Vernunft herzustellen, um den notwendigen Ideen eines universellen, aufgeklärten, aber sozial gerechten Islams, die sich nicht mit der theologischen Einstellung der Traditionalisten im 19. Jahrhundert vertrugen, zu einem effektvollen Durchbruch zu verhelfen. Dabei beschränkt er sich allerdings nicht nur auf theoretische Überlegungen, sondern er bemühte sich um praktische Durchführung seiner Vorstellungen.

I. Al-Afġānī und die islamischen Länder

1. Ägypten

1.1. Die politisch - gesellschaftliche Entwicklung Ägyptens im 19. Jahrhundert

Jahrhundertelang (ca. 300 Jahre) lebte Ägypten unter Osmanen-Mameluckenherrschaft (= islamische, ehemalige Sklaven bzw. Leibwächter der Herrscher aus dem Kaukasus) in politischer und gesellschaftlicher Re-

signation.[84] Während dieser Zeit "versank Ägypten in eine Art Dornröschenschlaf. Erst am Ende des achtzehnten Jahrhunderts sollte eine Wende eintreten."[85] Diese Wende wurde 1798 durch die französische Militärexpedition unter der Führung Napoleons eingeleitet. Nach langer Zeit der "Lethargie" kam Ägypten dadurch mit der französischen(europäischen) Zivilisation in Berührung; denn Napoleons Expedition hatte nicht nur militärischen Charakter, d. h. sie sollte nicht nur die englische Seeherrschaft im Mittelmeer brechen und den Seeweg nach Indien durchkreuzen, sondern sie hatte auch politisch-aufklärerische und kulturelle Aspekte.[86]
Der politisch-aufklärerische Aspekt ist daraus zu erkennen, daß Napoleon die Ägypter nicht wie sie es bis dahin gewöhnt waren, als Untertanen sondern als Bürger ansprach und ihnen in einem arabisch gedruckten Schreiben die Ziele der Französischen Revolution darlegen wollte. Seine Appelle an das ägyptische Volk berücksichtigten dessen nationale und religiöse Gefühle.[87] Daraus läßt sich der

---

(84) Vgl. ʿĀšūr, Saʿīd ʿAbdalfattāḥ, Ṯaurat šaʿb, 2. Auflage, Kairo 1965, S. 16 ff. Der Autor gibt einen interessanten geschichtlichen Überblick, allerdings ohne konkrete Analyse der gesellschaftspolitischen Entwicklung Ägyptens vom Ende des 18. bis zum 20 Jahrhundert.

(85) Ziock, Hermann, Ägypten, Nürnberg 1968, S. 73. Der Autor vermittelt in zusammenfassender Form einen anschaulichen Überblick über die Entstehung und Entwicklung Ägyptens von der Zeit der Pharaonen bis zur Gegenwart mit ausführlichen Literaturhinweisen zu Ägypten.

(86) Vgl. ʿĀšūr, Saʿīd ʿAbdalfattāḥ, a. a. O., S. 17 ff und Ziock, Hermann, a. a. O., S. 73 und Tibi, Bassam, a. a. O., S. 64.

(87) Vgl. Ḥūrānī, Albert, a. a. O., S. 70 ff und Tibi, Bassam, a. a. O., S. 65.

Schluß ziehen, daß Napoleon politisches Bewußtsein und politische Emanzipation der Ägypter anstrebte.

Der kulturelle Aspekt ist darin zu suchen, daß die Expedition von Wissenschaftlern der verschiedensten Disziplinen begleitet war, die eine arabische Druckerei, eine Bibliothek an moderner europäischer Literatur und ein Laboratorium mitbrachten.(88)
Rolle und Auswirkung dieser Expedition im arabischen Orient lassen sich folgendermaßen bewerten: "Napoleon ist den späteren Invasoren nicht vergleichbar. Er gab vor, den gesamten Orient mit dem Geist der französischen Revolution durchdringen zu wollen und konfrontierte die islamisch-theokratisch legitimierte, despotische Herrschaft der Osmanen und Mamelucken mit den Grundsätzen der Liberté und Egalité ... Mit ihr (der Expedition) beginnt ein umfassender Akkulturationsprozeß zwischen Orient und Okzident, in dessen Rahmen die moderne europäische Kultur rezipiert wird."(89)
Die französische Expedition hob ferner die strategische Bedeutung Ägyptens hervor und stellte die Schwäche des osmanischen Reiches bloß.(90)

---

(88) Vgl. Tibi, Bassam, a. a. O., S. 65 und ʿĀšūr, Saʿīd ʿAbdalfattāḥ, a. a. O., S. 18 und Ziock, Hermann, a. a. O., S. 73. Letzterer bemerkt in diesem Zusammenhang: "Militärisch war Napoleons Expedition ein Mißerfolg, aber sie wurde zu einem Sieg der Wissenschaft." Ebenda

(89) Tibi, Bassam, a. a. O., S. 64 ff.

(90) Vgl. ʿĀšūr, Saʿīd ʿAbdalfattāḥ, a. a. O., S. 19 und Wilber, Donald, United Arab Republik - Egypt, New Haven 1969, S. 19. Letzterer gibt einen geschichtlichen Überblick über die geopolitische Entstehung und Entwicklung Ägyptens. Der Schwerpunkt dieses Buches liegt auf einem detaillierten Bericht über die ägyptische Gesellschaft der Gegenwart. Es enthält zusätzlich statistische Tabellen und ausführliche Hinweise auf Nachschlageliteratur.

Obwohl sich die französische Expedition so sehr bemühte, die Gunst des ägyptischen Volkes zu gewinnen, gelang es ihr nicht. Die Ägypter sahen in ihr eine Invasion feindlicher Kultur, die die Eliminierung der eigenen Kultur anstrebte, weshalb sich innerhalb der Bevölkerung unter Führung der "ʿulamāʾ" Widerstand entwickelte. Dieser innere Widerstand und der äußere osmanische und englische Druck verurteilten die französische Expedition 1801 in Ägypten zum Scheitern.(91)

Nach Abzug der Franzosen entflammten unter den Osmanen und Mamelucken Machtkämpfe, und je nach Lage der Dinge bekam mal die eine, mal die andere Partei Schützenhilfe von den Engländern.
Als tatsächlicher Sieger ging Muḥammad ʿAlī aus diesem Machtkampf, der Ägypten ins Chaos geführt hatte hervor. Er war albanischer Herkunft. Als osmanischer Offizier hatte er die Aufgabe, die Mamelucken in Ägypten zu bekämpfen und für Ruhe und Ordnung zu sorgen, damit Ägypten dem osmanischen Reich weiterhin als "Provinz" erhalten blieb.
Muḥammad ʿAlī führte nicht nur seine Aufgabe aus und eliminierte die Mameluckenherrschaft, sondern es gelang

---

(91) Vgl. ʿĀšūr, Saʿīd ʿAbdalfattāḥ, a. a. O., S. 18 ff und S. 36 ff. Hier wird ausführlich der Widerstand des Volkes gegen die Franzosen, allerdings aus einer national geprägten Perspektive geschildert. Ferner vgl. Tibi, Bassam, a. a. O., S. 66 ff. Fast alle Autoren, die sich mit der französischen Expedition befaßten, beriefen sich auf ʿAbdarraḥmān al-Ǧabartī (gest. 1825), der die Geschehnisse miterlebte und einen umfassenden und ausführlichen Bericht darüber sowie u. a. über die Geschichte der Mamelucken in Ägypten geschrieben hat. Al-Ǧabartī wird wegen dieser Berichte als erster Chronist in der modernen arabischen Geschichte bezeichnet. Dazu vgl. Murūwwa, Adīb, a. a. O., S. 158.

ihm darüberhinaus, die Gegensätze der verschiedenen Kräfte auszunutzen und sich als alleinigen Machthaber bzw. Regenten Ägyptens zu etablieren.(92)

Nachdem es den Engländern wegen mangelnder Unterstützung durch das ägyptische Volk mißlungen war, mit Hilfe eines Teiles der Mamelucken ihren Einfluß in Ägypten zu festigen, mußten sie 1807 endgültig Ägypten verlassen.(93)
Muḥammad ʿAlī "liquidierte" die Mamelucken, schaltete auch den Einfluß der "ʿulamāʾ" als elitäre Gruppe im gesellschaftspolitischen Leben Ägyptens aus und begann ungehindert, als "Herodianer" (wie bereits gesagt) den Akkulturationsprozeß mit französischer Hilfe in den verschiedenen gesellschaftlichen Bereichen durchzuführen.(94) Muḥammad ʿAlī beabsichtigte, durch eine moderne, technisierte Armee, eine organisierte Agrarwirtschaft, den Aufbau einer Infrastruktur und einer funktionierenden Verwaltung sowie durch rationales ökonomisches System einen sozialen Wandel in der ägyptischen Gesellschaft herbeizuführen, um einen modernen Industriestaat aufbauen zu können.(95)
Die generellen politischen Linien und Prinzipien Muḥammad ʿAlīs sind ziemlich umstritten. Einige Autoren bewerten seine Politik folgendermaßen: "... He

---

(92) Vgl. ʿĀšūr, Saʿīd ʿAbdalfattāḥ, a. a. O., S. 20 ff und Tibi, Bassam, a. a. O., S. 67 und Tignor, Robert, a. a. O., S. 31 ff.

(93) Vgl. ʿĀšūr, Saʿīd ʿAbdalfattāḥ, a. a. O., S. 20 und Ziock, Hermann, a. a. O., S. 74.

(94) Vgl. Wilber, Donald, a. a. O., S. 19 und Ziock, Hermann, a. a. O., S. 74 und Tignor, Robert, a. a. O., S. 32 ff.

(95) Vgl. Ḥūrānī, Albert, a. a. O., S. 72 ff und Tibi, Bassam, a. a. O., S. 67 und Tignor, Robert, a. a. O., S. 37 ff.

was not a nationalist or a pan-islamist; rather, he treated Egypt as a tax farm or exploitable personal property much as the Mamluks had done before him. His goal was personal aggrandizement."(96)
Andere Autoren dagegen charakterisieren seine Politik so: "Die staatsmonopolistische Politik Muḥammad ʿAlis leitet zwar eine wirtschaftliche Entwicklung ein, die auf kapitalistischen Prinzipien beruht; sie schloß aber von vorneherein die Entstehung eines Bürgertums aus. Dagegen entfaltete sich eine neue soziale Schicht, die sich aus der staatlichen Bürokratie und dem Militär rekrutierte."(97)
Wilber äußert zu Muḥammad ʿAlīs Politik: "As an enthusiastic importer of European culture and techniques, he was a modernizer whose political methods were nevertheless those of the authoritarian past. A dynamic economic innovator, he cust European techniques into a frame work of nationalization and state socialism which was unfamiliar to the Europe of his time and completely novel in the Arab world."(98)

Wie auch immer es sein mag, Muḥammad ʿAlī leistete einen großen Beitrag zur Modernisierung Ägyptens; denn "Muhammad Ali recognized the superior power of the west and determined to embrace western institutions to increase the power of Egypt ... Muhammad Ali's influence on Egypt's development was impressive".(99)

Aus all dem ist zu entnehmen, daß Muḥammad ʿAlī im Rahmen einer theokratischen, "frühkapitalistischen",

---

(96) Tignor, Robert, a. a. O., S. 32 und vgl. ʿĀšūr, Saʿīd ʿAbdalfattāḥ, a. a. O., S. 22 ff.

(97) Tibi, Bassam, a. a. O., S. 68.

(98) Wilber, Donald, a. a. O., S. 19.

(99) Tignor, Robert, a. a. O., S. 32 und siehe Anmerkung 20 dieser Arbeit.

"antibürgerlichen" Gesellschaftsordnung die Dynamisierung der stagnierenden ägyptischen Gesellschaft (auch wegen persönlicher, machtpolitischer Größe) verfolgte und auch teilweise erreichte.
Die konsequente Politik Muḥammad ʿAlīs zum Aufbau eines modernen, industrialisierten Staates wurde von seinen Nachfolgern nicht fortgesetzt, weil ihre Interessen woanders lagen. Donald Wilber wertet sie der Reihenfolge nach: "The great pascha's (Muḥammad ʿAlī) immediate successor, Abbas I (1849 - 54), Said (1854 - 63) and Ismail (1863 - 79) were uniformly less capable than he. Abbas I has been described as a reactionary and Said as a jovial gargantuan sybarite. The latter, although he initiated the building of the Suez Canal (1869), also began those colossal expenditures and personal extravagances which, enlarged under Ismail, finally brought a bankrupt Egypt under British control in the latter part of the century."(100)

---

(100) Wilber, Donald, a. a. O., S. 21. Der Autor schreibt weiter, daß "Ismail's financial irresponsibility invited the subordination of the country to great power interests, and this fact was not offset his being granted in 1867 the title "Khedive of Egypt". In 1875 England under the ministry of Disraeli was able to purchase Egypt's shares in the Suez Canal. A year later, Ismail was forced to accept the establishment of a French- British Debt Commission to manage a receivership for Egypt's fiscal affairs. Ismail tried hard to placate local and foreign opinion by accepting constitutional limitations upon his Khedivial authority, but finally his policy became too sinuous for the Dual Control (Great Britain and France), and in 1879 he was forced to abdicate in favour of his son Tewfiq and to go into exile at Constantinople, where he died in 1895." Ebenda. Ähnliches ist bei ʿAšūr, Saʿīd ʿAbdalfattāḥ, a. a. O., S. 28 ff und Ziock, Hermann, a. a. O., S. 74 ff und Tignor, Robert, a. a. O., S. 38 ff zu finden.

Schwäche und Mißwirtschaft der ägyptischen Herrscher sowie der zunehmende europäische Einfluß verursachten einen "bürgerlich-nationalen" Militäraufstand. England nahm diesen Aufstand[(101)] und die um sich greifende Mahdī-Erhebung im "ägyptischen" Sudan zum Anlaß, Ägypten 1882 militärisch zu besetzen.[(102)] Die sozio-ökonomische Lage Ägyptens nach der englischen Okkupation läßt sich folgendermaßen darlegen: "Die englische Politik in Ägypten sperrte dem Land endgültig den Weg zu einer Angleichung an das sozio-ökonomische Niveau Europas, wie Muḥammad ʿAlī sie angestrebt hatte."[(103)] Die englische Politik drängte außerdem den französischen Einfluß in Ägypten zurück.[(104)]

Die Engländer beließen den ägyptischen Herrschern zwar ihre Titel, beschnitten aber ihre Machtbefugnisse sehr und machten sie mehr oder weniger zu "Galionsfiguren"des Schiffs englischer Politik' in Ägypten. Die englischen Abgesandten wurden die tatsächlichen Herrscher. Earl of Cromer (früher Sir Evelyn Baring und von 1883 bis 1906 heimlicher Herrscher Ägyptens[(105)]) war der fähigste unter ihnen: "...During this period (1882 - 1914), it was the British Agency and not the Khedivial palace which was real locus of

---

(101) Vgl. Wilber, Donald, a. a. O., S. 21 und Ziock, Hermann, a. a. O., S. 75.

(102) Vgl. Tignor, Robert, a. a. O., S. 64 und Toynbee, Arnold, a. a. O., S. 143.

(103) Tibi, Bassam, a. a. O., S. 69. Der Autor schreibt weiter: "Die Kolonialmacht England hatte schon Muḥammad ʿAlī daran gehindert, seine politischen und sozialen Pläne (Erweiterung des Herrschaftsbereiches und Modernisierung der Sozialstrukturen) voll zu realisieren." Ebenda

(104) Vgl. ʿĀšūr, Saʿīd ʿAbdalfattāḥ, a. a. O., S. 33 und Tibi, Bassam, a. a. O., S. 69.

(105) Vgl. ʿĀšūr, Saʿīd ʿAbdalfattāḥ, a. a. O., S. 79.

authority. An Egyptian ministry continued to function under the Khedive, whose decrees were ostensibly the main form of government decisions, but the basic policy was British. The Khedive became a major symbol of growing Egyptian nationalism."(106)

1.2. Al-Afġānīs Bewertung der englischen Politik

Nach al-Afġānīs Ansicht genoß Ägypten bei den Muslimen eine besondere Stellung. Sie maßen Ägypten eine solch große Bedeutung bei, weil sich in Kairo die Residenz der verschiedenen islamischen Kalifate befand, weil es die älteste islamische Universität, al-Azhar (gegründet um das Jahr 1000), beherbergt und weil seine geographische Lage besonders günstig ist. Ägypten liegt an der Nordwestküste des Roten Meeres, gegenüber der Arabischen Halbinsel, auf der sich die Heiligen Stätten des Islam, Mekka und Medina, befinden. Andererseits grenzt Ägypten an das Heilige Land, Palästina, zu dem Jerusalem als weiteres wichtiges Heiligtum des Islam gehört.
Deshalb brachte al-Afġānī, als die Engländer Ägypten "vorübergehend" besetzten, seine Ängste um das bedeutende, verlorene Land zum Ausdruck: "Die elende Lage, in der sich Ägypten befindet, kann von keiner muslimischen Seele erduldet werden; denn Ägypten ist für sie eines der heiligen Länder und hat in ihrem Herzen wegen seiner Lage zu den anderen islamischen Königreichen und weil es das Tor zu den ehrwürdigen Ḥaramain ist ein Stellung wie kein anderes (Land). Wenn dieses Tor gesichert ist, dann sind die Gemüter

---

(106) Wilber, Donald, a. a. O., S. 21.

der Muslime über jene Gegend beruhigt; andernfalls geraten ihre Gedanken durcheinander und in Zweifel über die Sicherheit eines Stützpfeilers (rukn) der islamischen Religion ... Das Unheil (fāǧiʿa; damit ist die englische Okkupation gemeint.) über Ägypten bewirkte Sorgen, die nicht sichtbar wurden, und erneuerte unerwartete Traurigkeiten."(107)

Für al-Afġānī als Muslim war es also offensichtlich unvorstellbar, daß ein islamisches Gebiet nach dem anderen unter die Herrschaft nichtmuslimischer Fremder geriet. Der Gedanke, das bedeutende Ägypten werde von den Engländern, deren Politik ihm aus Afghanistan und Indien vertraut war, okkupiert, war ihm unerträglich.
In al-Afġānīs Augen war die Lage Ägyptens deprimierend: Die Gesellschaftsstruktur war dem Verfall nahe; soziale Bindungen, Voraussetzung jeder Gemeinschaft, oder gar persönliche Freiheiten wurden verhindert, um keine Gruppierungen entstehen zu lassen, die den Staat gefährden konnten. Für nationalgesinnte Einheimische herrschten Zwang, Unterdrückung, Verfolgung; Ausländer wurden begünstigt.(108)
Diese Verfallserscheinungen haben nach al-Afġānīs Überlegung zwei Ursachen, nämlich den Absolutismus des Herrschaftssystems und die Zunahme des europäischen Einflusses im allgemeinen und den der Engländer im besonderen.(109)

---

(107) Al-Afġānī, Al-ʿUrwa al-wuṯqā, a. a. O., S. 4 ff.

(108) Vgl. ebenda, S. 161 und ʿĀšūr, Saʿīd ʿAbdalfattāḥ, a. a. O., S. 59 ff und 78 ff.

(109) Vgl. al-Afġānī, Al-ʿUrwa al-wuṯqā, a. a. O., S. 161.

Al-Afġānī vergleicht ferner die sozio-politische und ökonomische Lage Ägyptens mit der zur Zeit der Okkupation und kommt dabei zu folgendem Ergebnis: "... Die Plage (balā') und das Elend, die Ägypten in wenigen Jahren erlitten hat, sind den Engländern nach ihrer Okkupation Ägyptens zu verdanken ... Unter Muḥammad ʿAlī dauerte es nicht lange, bis Ägypten in eine neue Entwicklungsphase der Zivilisation eintrat sowie eine Art organisierter oder geordneter Regierung (ḥukūma niẓāmīya) sichtbar wurde. Dadurch erzielte Ägypten Fortschritte, die in den gesamten orientalischen Königreichen beispiellos war."(110)
Diese Äußerung läßt erkennen, daß al-Afġānī die Ansicht vertritt, England habe die unter Muḥammad ʿAlī begonnene gesellschaftliche Entwicklung Ägyptens gehemmt, nicht gefördert.(111) Ihm ist völlig klar, daß die Engländer nicht nur vorübergehend in Ägypten bleiben wollen, und er belegt diese Überzeugung mit ihrer Haltung und Handlungsweise gegenüber dem Volk.(112)

Er ist jedoch sicher, die Engländer würden, gleichgültig, was sie in Ägypten tun, auf Ablehnung bei der Bevölkerung stoßen. Dieses ablehnende Verhalten der ägyptischen Bevölkerung führt er auf ihr ausgeprägtes Nationalgefühl und die Religion zurück.(113)

---

(110) Maḫzūmī, Muḥammad, a. a. O., S. 183.

(111) Dazu vgl. Anmerkung 97, 98, 99. Abgesehen von wenigen Ausnahmen stimmen die Autoren in ihrer Analyse und ihrem Werturteil über die Politik Muḥammad ʿAlīs und die der Engländer in Ägypten mit al-Afġānī überein.

(112) Vgl. al-Afġānī, Al-ʿUrwa al-wuṯqā, a. a. O., S. 417 ff.

(113) Vgl. ebenda, S. 344 ff , S. 371 und S. 139. Außerdem widmet al-Afġānī einen Großteil der Zeitschrift "Al-ʿUrwa al-wuṯqā" dem anglo-ägyptischen Problem.

Hier ist zu sehen, daß al-Afġānī darauf hinzielt, die Muslime, besonders die Ägypter, gegen die Engländer zu mobilisieren. Deshalb versucht er, an die Gefühle der Muslime zu appellieren, um (wenigstens) Emotionen gegen die Engländer zu entfachen, indem er u. a. Beispiele englischer Politik gegenüber den Muslimen und ihren Gelehrten auf dem indischen Subkontinent anführt: "Wenn die Engländer spüren, ein islamischer Gelehrter ist in Indien bekannt und hat wegen seiner Stellung regen Besuch, so beeilen sie sich, ihn zum Polizeipräsidium (dīwān aš-šurṭa) zu holen. Sobald der Gelehrte dort ist, öffnet ihm ein Offizier den Koran oder ein bekanntes Buch des "ḥadīṯ", (Überlieferung) und zeigt auf einen Vers der "ǧihād"- (Heiligenkrieg) Verse oder auf einen des "ḥadīṯ", der ihn (ǧihād) befürwortet und fragt: "Glauben Sie an diesen Vers oder an den (betreffenden) ḥadīṯ?" Bejaht der Gelehrte, so sagt der Offizier: "Das heißt, Ihrer Meinung nach muß man den ǧihād gegen uns führen!" Wenn der Gelehrte erwidert: "Ich bin ein Derwisch und lebe zurückgezogen von den Menschen und glaube nur daran, weil es ein religiöses Buch ist.", dann schlägt ihm der Offizier eine Zeitspanne von vier Tagen oder weniger vor, seine Meinung zu dem Vers oder dem "ḥadīṯ" (konkret) darzulegen. Vergeht die Zeit, ohne daß der Gelehrte von seiner Religion abweicht, seinen Glauben ändert und all dies ... einer der Druckereien zusendet, damit es gedruckt und veröffentlicht wird, so schickt ihn die englische Regierung in lebenslängliches Exil auf die Andaman-Insel. Wenn du diese Insel siehst, erkennst du, daß diese Insel überfüllt ist von solchen Unterdrückten."[114]

---

(114) Ebenda, S. 287.

Abgesehen vom religiösen Aspekt dieses Zitates ist daraus ein sozio-politischer Aspekt ersichtlich; denn die Engländer verlangen von einem islamischen Gelehrten, der zur Elite seiner Gemeinschaft gehört, er solle den "ǧihād"-Vers ablehnen oder anders interpretieren und das auch noch publik machen.
Um eventuellen religiösen Widerstand abzuwehren und den Herrschaftsanspruch der Engländer zu bestätigen, soll er also verbreiten, eine fremde Herrschaft über die Muslime stehe nicht im Widerspruch zur islamischen Lehre. Dieses wiederum bedeutet, daß die Engländer mit ihrer Verhaltens- und Handlungsweise gegenüber den islamischen Gelehrten die Umstimmung der öffentlichen Meinung erzwingen wollen.
Anhand eines englischen Rundschreibens, das zu Beginn des 18. Jahrhunderts auf dem indischen Subkontinent veröffentlicht worden sein soll, gibt al-Afġānī ein weiteres Beispiel englischer Politik gegenüber den Muslimen: "Ist in den Regierungsämtern eine Stelle (frei), die nicht von einem Engländer besetzt wird, so soll sie von einem Perser der übriggebliebenen Anhänger Zarathustras übernommen werden. Ist von den Persern keiner genügend qualifiziert, so kann die Stelle von einem Heiden (ʿābid ṣanam = Götzenanbeter) besetzt werden. Kann keiner der genannten die Stelle besetzen, so wird ein Muslim beauftragt, sie zu übernehmen."(115)
Demnach war für al-Afġānī die englische Gesellschaftspolitik in den Kolonien entsprechend den verschiedenen konfessionellen Richtungen, d. h. auf religiöser Diskriminierung aufgebaut, was er wiederum auf rassische Überheblichkeit der Engländer und ihrer Rassen-

---

(115) Ebenda, S. 301.

politik zurückführte. Al-Afġānī bemerkte zynisch im Zusammenhang mit dem obenerwähnten Regierungsamt, das nicht von einem Engländer besetzt werden kann, "es ist nicht fein (lā'iq) genug, um von einem der ehrwürdigen Rasse (ǧins šarīf) besetzt zu werden."(116)

Für al-Afġānī ist all dies ein eindeutiger Beweis, wie es um die angebliche Sympathie und Unterstützung der Engländer für die Muslime bestellt ist. Er schildert diese Beispiele als prototypisch für die englische Verhaltens- und Handlungsweise, um damit die "wahre" Absicht der Engländer aufzuzeigen und das islamische Volk, hauptsächlich die Ägypter, darüber aufzuklären, weshalb er auch unermüdlich seine Appelle in der Zeitschrift "Al-ʿUrwa al-wuṯqā" veröffentlicht.

1.3. Al-Afġānīs Einfluß in Ägypten

Anhand der biographischen Einführung über al-Afġānīs Leben kann man feststellen, daß er zweimal in Ägypten war, einmal für ungefähr sechs Wochen im Jahre 1870 und einmal von 1871 bis 1879. Diese acht Jahre waren ein Wendepunkt in der ägyptischen Geschichte. "Als er nach Ägypten kam und dort die fruchtbarsten Jahre seines Lebens und die glorreichen Tage seiner Höhepunkte erlebte, wurde al-Afġānī in ihrem (der Ägypter) Leben als geistiger Vater gekrönt und der praktische Antrieb für den Prozeß der Auferstehung, Wiederbelebung und Revolution, die zu dieser Zeit zum Ausbruch kamen."(117)

---

(116) Ebenda.

(117) Stoddard, Theodor Lothrop, Ḥāḍir al-ʿālam al-islāmī (arabische Übersetzung von: The New World of Islam), Kairo 1925, S. 92.

Während der acht Jahre in Ägypten versuchte al-Afġānī, die etablierte Gesellschaftsordnung umzustrukturieren, damit Ägypten schnellere Fortschritte erzielen sollte. Für al-Afġānī war dieser Umstrukturierungsprozeß aber nur möglich, wenn das ägyptische Volk genügend aufgeklärt war, um sich seines Glaubens und seiner Rechte bewußt zu werden.(118)

Zur Durchführung dieser Aufklärungsmaßnahmen versuchte al-Afġānī mehrere Methoden:

- regelmäßige Vorlesungen und Vorträge in den verschiedensten Wissenschaftszweigen in seinem Heim;
- Reden bei öffentlichen Veranstaltungen, besonders vor Bauern(119);
- Einsatz von Massenmedien (Zeitungen)(120).

Außerdem verlangte er von den Ägyptern Zusammenarbeit und Opferbereitschaft als notwendige Grundlage zum Erhalten der Religion und einer ehrenhaften Existenz, die wiederum für den Umstrukturierungsprozeß unentbehrlich sind. "Die Ägypter werden Ägypten behalten können, wenn sie hart arbeiten, sich anstrengen und Selbstdisziplin üben. All das müssen sich die Ägypter aneignen, denn wenn sie untereinander uneinig sind und nicht zusammenhalten, um dieses Ziel zu erreichen, dann wird Unheil geschehen."(121)

---

(118) Vgl. Qāsim, Maḥmud, Ǧamāladdīn al-Afġānī, ḥayātuh wa-falsafatuh, Kairo 1956, S. 25.

(119) Vgl. Qalʿaǧī, Qadrī, Ǧamāladdīn al-Afġānī, ḥakīm aš-šarq, Beirut 1947, S. 37 ff.

(120) Vgl. Qāsim, Maḥmud, a. a. O., S. 25. Al-Afġānī beauftragte deshalb zwei seiner Schüler, Zeitungen herauszugeben.

(121) Maḫzūmī, Muḥammad, a. a. O., S. 52.

Al-Afġānīs Tätigkeit beschränkte sich nicht nur auf kulturelles Gebiet und Aufklärung des Volkes(122), sondern auch politisch war er stark engagiert und sehr aktiv.(123) Um seinem politischen Streben Ausdruck zu verleihen und gezielt gegen die bestehende Gesellschaftsordnung agitieren zu können, trat er 1876 der Freimaurerei (der Loge "Stern des Ostens" (kaukab aš-šarq) in Ägypten, die zur angelsächsischen Großloge gehörte) bei(124) und zwar einerseits, weil keine andere Organisation oder Partei seinen Vorstellungen mehr entsprach, andererseits wegen des humanitären Gedankens der Freimaurer. "Das erste, was mich

---

(122) Ar-Rāfiʿī, ʿAbdarraḥman, Ǧamāladdīn al-Afġānī, bāʿiṯ nahḍat aš-šarq, Kairo 1967, S. 19.

(123) Vgl. Abū Rayya, Maḥmud, Ǧamāladdīn al-Afġānī, tāriḫuh wa-risālatuh, Kairo 1958, S. 36.

(124) Das ist einem Brief al-Afġānīs an die entsprechende Loge zu entnehmen, in dem er um Aufnahme bat. Im Februar 1876 wurde al-Afġānī als Logenbruder aufgenommen. Vgl. Afshar, Iraj und Mahdavi, Asghar, a. a. O., Photo 40 (oder Tafel 16) und S. 24 und Pakdaman, Homa, a. a. O., S. 58 und Keddie, Nikki, a. a. O., S. 93. Zu der geschichtlichen Entwicklung der Freimaurerei in Ägypten, die auf die französische Expedition zurückzuführen ist, ist auf Ulrich von Merhart, Weltfreimaurerei, Hamburg 1969, S. 304 hinzuweisen. Außerdem gibt der Autor einen geschichtlichen Überblick über die Entstehung und Entwicklung der heutigen Freimaurerei sowie ihre Einstellung zur Religion, zum Staat und, als Männerbund, zur Frau. Ferner geht er auf verschiedene Kulte in den verschiedenen Kulturen des Altertums, auf Ritterorden, Bruderschaften usw. im Mittelalter als Vorläufer der heutigen Freimaurerei ein, die 1717 in London gegründet wurde. Außerdem befaßt er sich mit der Entstehung und Entwicklung nationaler bzw. regionaler Freimaurerlogen "in der ganzen Welt" und ihren "Mutterlogen" als "Lizenzgeber" in zusammenfassender Form.

veranlaßte, die Tätigkeit 'dans la maison des libres' aufzunehmen, war eine große gefährliche Überschrift (ʿinwān, kabīr, ḫaṭīr): Freiheit, Gleichheit, Brüderlichkeit. Ihr Zweck ist der Nutzen der Menschen ..."(125)

Aber al-Afġānī war nicht nur mit der ägyptischen Gesellschaftsordnung unzufrieden, sondern auch mit der Tätigkeit jener Organisation, die sich angeblich für Freiheit, Gleichheit und Brüderlichkeit der Menschen einsetzte, obwohl er einer der führenden Köpfe der Freimaurer in Ägypten wurde.(126) In einer Sitzung übte er harte Kritik an dem Verhalten der einzelnen Freimaurerbrüder, nachdem einer die Meinung vertreten hatte: "Die Freimaurerei hat nichts mit Politik zu tun, und außerdem haben wir vor der Brutalität der Regierung Angst."(127)

---

(125) Maḫzūmī, Muḥammad, a. a. O., S. 18. Die Grundprinzipien der Freimaurerei werden in Meyers Enzyklopädischen Lexikon, Mannheim 1973, Band 9, S. 395 folgendermaßen dargelegt: "In Achtung vor der Würde jedes Menschen treten Freimaurer für Toleranz, freie Entfaltung der Persönlichkeit, Hilfsbereitschaft, Brüderlichkeit und allgemeine Menschenliebe ein."

(126) Aus einem Brief des Vertrauenssekretärs (amīn as-sirr) der Loge "Stern des Ostens" an al-Afġānī im Jahre 1878 geht hervor, daß die Loge ihm zur Wahl als Ehrwürdiger Präsident (ra'īs muḥtaram) gratuliert und ein Datum für den Vollzug der notwendigen Rituale angibt. Vgl. Afshar, Iraj und Mahdavi, Asghar, a. a. O., Photo 41 und S. 24. Photo 42 und 43 zeigen ferner, daß al-Afġānī Einladungen der romanischen (französischen und italienischen) Logen erhalten hat. Vgl. auch Pakdaman, Homa, a. a. O., S. 59.

(127) Maḫzūmī, Muḥammad, a. a. O., S. 18. Daß die Freimaurer nichts mit politischen Agitationen gegen den Staat zu tun haben wollen, ist auf eines ihrer Grundprinzipien zurückzuführen: "... ja ein

Diese Äußerung mißfiel al-Afġānī sehr und schockierte ihn. Weil er diese Haltung ablehnte, kam es zu einer Auseinandersetzung, in deren Verlauf er mit der Begründung, die Brüder hätten ihn mit ihrem Egoismus und Opportunismus zu sehr enttäuscht, zurücktrat. "Ich habe (zwar) erwartet, in Ägypten manch Seltsames und Verwunderliches zu hören, aber ich konnte mir nicht die Möglichkeit vorstellen, daß die Feigheit in den Freimaurerzirkeln Fuß fassen könnte. Mit großem Bedauern sehe ich, daß der Virus der Habgier, des Egoismus, der Prestigesucht und des Cliqueninteresses Zugang gefunden hat. Es sind jene Merkmale, deretwegen die Freimaurerei entstand, um sie zu bekämpfen."(128)
So attackierte al-Afġānī die Zugehörigkeit der betreffenden Loge als Tochterloge zur englischen Großloge. Seine Haltung zeigt, wie sehr er von Humanismus geprägt ist.
Da al-Afġānī die englische Politik und den englischen Einfluß ablehnte, gründete er nach seinem Rücktritt aus der angelsächsischen Loge eine eigene, gemäß seinen Vorstellungen unabhängige, nationale Ad-hoc-Loge(129), die sich politisch engagierte und darin mit der romanischen Loge übereinstimmte.(130) Diese Loge, deren

---

eigener Absatz im Gelöbnis des Freimaurers verpflichtet ihn unumgänglich, den Gesetzen des Staates, in dem er lebt, zu gehorchen." von Merhart, Ulrich, a. a. O., S. 16 ff.

(128) Maḫzūmī, Muḥammad, a. a. O., S. 18 ff.

(129) "Ad-hoc-Logen werden, wie ihr Name schon sagt, meist nur zu einem bestimmten Zweck gegründet." von Merhart, Ulrich, a. a. O., S. 85. Zweck der Ad-hoc-Loge al-Afġānīs war politisches Engagement. Von manchen Biographen al-Afġānīs wurde seine Ad-hoc-Loge als eine nationale Partei (ḥizb waṭanī) in Ägypten verstanden. Vgl. Ḥasanain, ʿAbdannʿīm, a. a. O., S. 72 ff.

(130) Dies könnte als ein Annäherungsversuch an die

Mitgliederzahl schnell wuchs, wurde von al-Afġānī in mehrere Ausschüsse, entsprechend den verschiedenen Ministerien aufgeteilt. Er beauftragte sie, sich Einblick in die Ministerien zu verschaffen, um sich für gerechte Behandlung der Angestellten einzusetzen.(131)

Aus all diesen Maßnahmen al-Afġānīs ist zu ersehen, daß er nach westlichem Vorbild versuchte, ein "Schattenkabinett" auf para-parlamentarischer Grundlage zu schaffen und zu fundieren.
Die Freimaurerloge unter al-Afġānīs Leitung erweckte solchen Aufruhr, daß sie den Khediven Taufīq Pascha veranlaßte, ein Zusammentreffen arrangieren zu lassen, um al-Afġānī und seine Ansichten persönlich kennenzulernen.
Bei dieser Begegnung mit dem Khedive plädierte al-Afġānī für ein parlamentarisches System: "... Wenn Eure Hoheit dem Rat folgt und sich beeilt, das Volk am Regieren des Landes nach dem "šūrā" - System teilnehmen zu lassen, und Ihr befehlt, eine Wahl für Volksvertreter abhalten zu lassen, welche Gesetze erarbeiten, die in Eurem Namen und mit Eurer Einwilligung durchgeführt werden, so wäre das eine Befestigung Eures Thrones und würde Eure Macht dauerhafter machen."(132)

---

französische Politik, speziell in Ägypten, verstanden werden. Die Denkrichtung in der Welt der Freimaurerei gliedert sich seit Ende des 18. Jh. in drei Richtungen, nämlich "die angelsächsische (Frei-) Maurerei, die vorwiegend gesellschaftlich-caritativ eingestellt ist, die politisierende romanische Gruppe und die ethisch-philosophische deutsche Freimaurerei," Deiters, Heinz-Günter, Die Freimaurerei, München 1963, S. 41. Der Autor ist bemüht, einen allgemeinen Überblick über die Freimaurerei, ihren Aufbau, ihr System, ihr Ritual und ihr Gedankengut u. a. in Deutschland zu geben. Außerdem versucht er, auf die "Geheimnisse" der Freimaurerei einzugehen und sie zu enthüllen.

(131) Maḫzūmī, Muḥammad, a. a. O., S. 19 ff.

(132) Ebenda, S. 21.

Al-Afġānī bringt demnach das klassische islamische "šūrā" (Rat) - System mit dem modernen parlamentarischen System in Einklang.

Der Khedive war von al-Afġānīs politischen Ideen nicht gerade angetan und legte sich ihm gegenüber nicht fest, denn seine absolute Herrschaft wäre dadurch eingeschränkt worden. Al-Afġānī setzte sein Plädoyer für den Parlamentarismus fort, indem er die Hypothese aufstellte, daß, sollte sich der Khedive auf Anregung fremder Mächte doch zu einer Parlamentswahl entschließen(133), die Wahlen manipuliert würden, das Parlament eine Farce werden würde und die Abgeordneten zu Marionetten würden. Er begründete sein Vorurteil auf Anregung nationalliberalgesinnter Denker mit folgender Logik: "Die parlamentarische Stärke irgendeiner Nation kann nicht ihren wahren Sinn erfüllen, wenn sie nicht aus eigener Kraft der Nation entsteht, wenn jegliches Parlament sich auf Befehl eines Königs, Prinzen oder einer fremden Macht, die es antreibt, zusammenfindet. Dann müßt Ihr wissen, daß die Lebensdauer dieser sogenannten parlamentarischen Stärke von dem Willen abhängt, der sie hervorgerufen hat ... Würde demnächst ein ägyptisches Parlament zusammengesetzt, so würdet Ihr sehen, daß seine äußere Struktur zweifellos den europäischen Abgeordnetenhäusern ähnelt, d. h. wenigstens in puncto Parteien. Es wird rechte und linke Parteien geben, ... aber die linke Partei wird in jenem Parlament keinen Einfluß haben; denn in Opposition zur Regierung zu stehen, wird ihr geringstes Prinzip sein, und die Vertreter der rechten Partei werden ihre (Regierungs-)Anhänger sein."(134)

---

(133) Al-Afġānī gewann diesen Eindruck bei seiner Begegnung mit dem Khedive.

(134) Maḫzūmī, Muḥammad, a. a. O., S. 22.

Al-Afġānī versteht demnach unter Parlamentarismus, daß ein durch den Volkswillen gewähltes Parlament eine Art Volksgericht darstellt, vor dem sich die Regierung zu verantworten hat.
Man kann also feststellen, daß al-Afġānī eine "echte" Demokratie nach europäischem Vorbild anstrebte, die aber auf echten Werten und Grundlagen basieren sollte. Al-Afġānī setzte sich mehr und mehr für eine Demokratisierung des politischen Lebens ein, bis er 1879 aus Ägypten ausgewiesen wurde.(135)
Drei Jahre später, 1882, kam es in der ägyptischen Armee zu einer Revolte nationalliberalgesinnter Offiziere unter Führung von ʿUrābī Pascha, wobei al-Afġānīs Freund und Schüler Muḥammad ʿAbduh gefangen genommen wurde. Diese Erhebung führte man auf al-Afġānīs geistigen Einfluß zurück. "Wir können die "ʿUrābī-Revolte" als eines seiner Werke betrachten. Im Jahre 1882 endete die Bewegung der ägyptischen Jugend, die al-Afġānī vorangetrieben hatte, mit der ʿUrābī-Revolte."(136)
In der Zeit, die al-Afġānī in Ägypten verbrachte, kam er zu der Überzeugung, daß u. a. zwei Faktoren die Entwicklung Ägyptens vorantreiben könnten:
- Aufklärung (im Sinne von Lernen)
"Al-Afġānī war der Überzeugung, daß es außer Lernen keine Möglichkeit für das Aufwachen der Ägypter gab."(137)
- Einheit
"Wenn die Ägypter sich einigen und als Nation aufwachen, die erkennt, wie unentbehrlich die Unabhängigkeit ist, die bereit ist, Opfer zu bringen, geduldig zu sein, zusammenzuhalten, dann wird Ägypten die Botschaft der guten Errungenschaften und des Erlangens

---

(135) Ebenda, S. 23.
(136) Abū Rayya, Maḥmūd, a. a. O., S. 36.
(137) Qāsim, Maḥmūd, a. a. O., S. 25.

der Unabhängigkeit bringen, so Gott es will."(138)

Auch in diesem Bereich agitierte al-Afġānī. Er selbst konnte für sich zwar keinen Erfolg in Ägypten verbuchen, aber er hinterließ eine Schule und Grundlagen, die späteren Generationen den Weg ebneten.

2. Persien

Die Ansätze zu einem Akkulturationsprozeß in Persien begannen durch den Politiker Malkum Khan (1833 - 1908), einen Zeitgenossen al-Afġānīs. Khan, persisch-armenischen Ursprungs, studierte in Paris. Nach seiner Rückkehr nach Persien gründete er einen den Freimaurerlogen ähnlichen Bund. Er bekleidete verschiedene Ministerämter und überwarf sich später mit dem Schah. Daraufhin betätigte er sich journalistisch.
Khan war ein proenglischer Reformpolitiker, der zur politischen Elite Persiens gehörte. Seine Reformbestrebungen konzentrierten sich auf die Errichtung einer konstitutionellen Monarchie, und er plädierte für Gleichheit, Gerechtigkeit usw. Allerdings nahmen seine Reformvorschläge ab 1890 konkrete Formen an, und zwar in der Zeitschrift "Qānūn" (Gesetze), die Khan auch in London (unter Mitwirkung von al-Afġānī) herausgab.(139)

---

(138) Maḫzūmī, Muḥammad, a. a. O., S. 187.

(139) Vgl. von Grunebaum, G. E., Der Islam II, a.a.O., S. 188 ff. und Brockelmann, Carl, History of Islamic People, a.a.O., S. 432 und Zia, Hossein, Die Rolle der Religion bei der Entstehung des Parlamentarismus in Iran (Diss.phil.), Heidelberg 1970, S. 7. Hier geht der Autor mit wenigen Worten auf Malkum Khan ein. Vgl. außerdem Keddie, Nikki

Im Gegensatz zu Ägypten und der osmanischen Türkei begannen die Ansätze zu einer Reformbewegung im modernen Sinn in Persien erst kurz vor al-Afġānī.

Aus al-Afġānīs Biographie ersieht man, daß er auf Anregung des persischen Herrschers zweimal in Persien war.
Während seines ersten Aufenthaltes wurde al-Afġānī Berater des Schahs. Dabei setzte er sich für einen "permanenten Evolutionsprozeß" ein, der der persischen Nation zum Fortschritt verhelfen sollte: "Al-Afġānī betonte akzentuiert die Notwendigkeit einer Änderung jenes alten, verfaulten Verwaltungsapparates der persischen Regierung, die Notwendigkeit, der Nation zur Entwicklung zu verhelfen und der Teilnahme des Volkes am Regieren. Er lehnte eine Übereilung (des Entwicklungsprozesses) ab und befürwortete das etappenweise Vorgehen."(140)
Hier ist eine systematische, pragmatische Denkweise al-Afġānīs festzustellen. Bei anderen seiner Äußerungen ist wiederum das Gegenteil zu erkennen.

Seine Progressivität und der Neid seiner Gegner zwangen al-Afġānī, Persien zu verlassen. Er ging nach Rußland, kehrte aber 1889 über Deutschland in persönlicher Begleitung des Schahs nach Persien zurück.

Auf Wunsch des Schahs legte al-Afġānī die Grundlagen einer "modernen Verfassung" vor. Er erarbeitete eine

---

R., a. a. O., S. 336 ff. und 256 ff. Dort wird in kurzen Zügen die Zusammenarbeit von al-Afġānī und Malkum Khan gegen den persischen Schah geschildert.

(140) Maḫzūmī, Muḥammad, a. a. O., S. 29.

Verfassung nach den Grundprinzipien eines demokratischen Parlamentarismus im Rahmen einer Monarchie.
Anhand dieser Vorlage einer Verfassung, die praktisch die politischen Ideen und Gedanken al-Afġānīs widerspiegelte, kam es zwischen ihm und dem Schah zu einem Dialog. Al-Afġānī ging gegenüber dem Schah dogmatisch und polemisch vor.
Der Schah: "Ist es richtig, daß ich als König der persischen Könige wie ein (einfacher) Bauer sein soll?" Al-Afġānī: "Eure Hoheit, seid Euch im klaren, daß Eure Krone, die Macht Eurer Herrschaft und das Gefüge Eures Thrones auf der Grundlage der Verfassung mächtiger, einsatzfähiger und stabiler werden als jetzt. Der Bauer, der Arbeiter und der Handwerker sind in diesem Königreich nutzbringender als Eure Hoheit und Eure Prinzen; und erlaubt mir, meine (Pflicht in aller) Ergebenheit zu erfüllen, ehe es zu spät ist.
Zweifellos hat Eure Mächtigkeit gesehen oder gehört, daß es für eine Nation möglich war, ohne einen König als Oberhaupt zu leben. Aber habt Ihr einmal einen König gesehen, der ohne Nation und Volk lebte?"(141)

Dieser Dialog bzw. diese Begegnung zwischen al-Afġānī und dem Schah wurde für beide zum Auftakt des Verhängnisses.
Nach dieser Unterredung versuchte al-Afġānī das persische Volk mit rhetorischen Reden gegen den Schah aufzuwiegeln, woraufhin ihn der Schah unter brutalen und entwürdigenden Umständen aus Persien auswies.(142)

---

(141) Ebenda, S. 31.

(142) Vgl. ebenda, S. 32 und Brockelmann, Carl, History of Islamic People, a. a. O., S. 431.

Diese Entwicklung endete für den Schah mit seiner Ermordung im Jahre 1896. Der Mörder rief nämlich, als er den Schah erdolchte: "Nimm dies von Ǧamāl-addīn!"(143)

Man sieht, beim persischen Schah mißachtete al-Afġānī die Gastfreundschaft des Gastgebers, dessen Funktion als König der Könige und seine eigene Funktion als Berater des persischen Herrschers. Dieses Verhalten ist auf al-Afġānīs aggressiven Charakter zurückzuführen.

Andererseits ist es bemerkenswert, mit welcher Courage, welchem Selbstbewußtsein und welcher Sicherheit er gegenüber dem Schah auftritt. Hatte al-Afġānī schon für Ägypten den demokratischen Parlamentarismus als Idealtyp eines Herrschaftssystems gefordert, und es war ihm nicht gelungen, dieses System durchzusetzen, so versuchte er dennoch das gleiche in Persien. Auch hier mißlang es ihm. Die Ursachen liegen ähnlich wie in Ägypten: mangelnde Bereitschaft des Herrschers, Angst vor Reformen, die seine absolute Herrschaft einengen könnten, Unwissenheit des Volkes aufgrund mangelnder Aufklärung, die ihr Bewußtsein entwickeln könnte, woraus eventuell Kampfgeist entstehen könnte, und nicht zuletzt al-Afġānīs unpragmatisches und ungeduldiges Vorgehen.

Da al-Afġānī nicht lange in Persien blieb, gelang es ihm auch nicht, wie in Ägypten, eine Schule zu gründen.

---

(143) Ḥūrānī, Albert, a. a. O., S. 141. Obwohl al-Afġānī den Tod des persischen Schahs herbeiwünschte, verneinte er seine Mitwirkung oder Mitwisserschaft an dem Attentat. Vgl. Federmann, Robert, a. a. O., S. 4. In diesem Gespräch beteuerte al-Afġānī seine Unschuld an der Ermordnung des Schahs. Vgl. auch Keddie, Nikki R., Sayyid jamāl ad-Dīn al-Afghānī, a. a. O., S. 405 ff.

Aber durch sein politisches Engagement und seine gesellschaftlichen, aufklärerischen Aktivitäten, besonders unter den Theologen und Kaufleuten, verschaffte er sich einen großen Anhängerkreis, durch den er auf die unteren Schichten großen Einfluß ausübte und auf sie einwirkte.(144)

3. Osmanisches Reich

Al-Afġānī wurde aus Persien in den Irak abgeschoben, reiste vom Irak nach London und ging, nachdem ihn der Sultan durch den obersten Geistlichen des osmanischen Reiches Šaiḫ al-Islām Abū l-Hudā aṣ-Ṣayyādī darum hatte bitten lassen, schließlich nach Istanbul.(145) In Istanbul wurde er sehr herzlich aufgenommen und erörterte mit dem Sultan des öfteren die Gesamtlage der Muslime im allgemeinen und die des osmanischen Reiches im besonderen.(146)

Das osmanische Reich war Hauptträger des Islams und der Sultan der weltliche und geistliche Herrscher der Muslime, also Sultan und Kalif zugleich, weshalb dieses Reich bei al-Afġānī eine besondere Stellung genoß.

---

(144) Für eine ausführliche und chronologische Schilderung von al-Afġānīs Aufenthalt in Persien ist auf Keddie, Nikki R., a. a. O., S. 271 ff. und Pakdaman, Homa, a. a. O., S. 121 zu verweisen.

(145) Vgl. Maḫzūmī, Muḥammad. a. a. O., S. 32 ff. Al-Afġānī war dem Sultan von seinem ersten Aufenthalt in Istanbul im Jahre 1871 bekannt. Außerdem veranlaßte al-Afġānīs undurchsichtiges Vorhaben, die "arabischen Osmanen" gegen den Sultan aufzuwiegeln, diesen dazu, al-Afġānī nach Istanbul "einzuladen" (bzw. anzulocken), um ihn dadurch mehr oder weniger unter Kontrolle zu haben. Vgl. Keddie, Nikki R., Sayyid jamāl ad-Dīn al-Afghānī, a. a. O., S. 370 ff.

(146) Vgl. Maḫzūmī, Muḥammad, a. a. O., S. 32 ff.

Wegen des festen Glaubens an seine eigenen politischen Vorstellungen und Ideen von einem verfassungsmäßig parlamentarischen (bzw. "šūrā"-) System als einzig möglichem für die politische Entwicklung der islamischen Länder und wegen seiner Agitation in dieser Richtung als Folge seiner Überzeugung, lehnte al-Afġānī verschiedene Ämter, Funktionen und Aufgaben, die ihm nicht die Umstrukturierung der bestehenden Gesellschaftsordnung ermöglichten, strikt ab. Er war davon überzeugt, daß "die Funktion des Gelehrten nicht an der Bekleidung eines Amtes mit Gehalt, sondern an der richtigen Erziehung und am Lehren gemessen werden muß. Sein Rang entspricht seinen wissenschaftlichen Kenntnissen und seiner Umsetzung der Wissenschaft in die Tat."(147) Eine solche Feststellung zeigt al-Afġānīs pädagogischen Intellekt. Dieses Urteil war eine indirekte Ablehnung des Angebotes des Sultan, ihn zum Šaiḫ al-Islām zu ernennen.(148)

Drei Phasen kennzeichnen al-Afġānīs Aufenthalt in der Türkei, d. h. von seinem Eintreffen 1892 bis zu seinem Tode 1897.

a. Begeisterung für den Sultan

Im Gegensatz zu dem ägyptischen Khedive und dem persischen Schah war al-Afġānī von Sultan ʿAbdalḥamīd (1842 - 1918)(149) sehr beeindruckt, weniger der

---

(147) Ebenda, S. 39.

(148) Vgl. ebenda.

(149) Für einen ausführlichen Überblick über den Lebenslauf von Sultan ʿAbdalḥamīd sei auf Haslip, Joan, Der Sultan, das Leben Abd ul - Hamids II. (aus dem Englischen übersetzt), München 1968 verwiesen. Dieses Buch gibt einen chronologischen Überblick über das Leben und den Werde-

Gastfreundschaft wegen, sondern vielmehr aufgrund von dessen Verständnis für seine politischen Vorstellungen und Ideen sowie von der Intelligenz, der Weitsichtigkeit und der Bereitschaft des Sultans, den europäischen Einfluß auf Angelegenheiten des osmanischen Reiches zu bekämpfen. "Mit Genugtuung sah ich, wie der Sultan für alles, was ich über verfassungsmäßiges Herrschen (im Sinne von Parlamentarismus) sagte, Verständnis zeigte."(150)
Al-Afġānī untermauerte seine Argumentation mit dem Hinweis auf das "šūrā"-System im Islam.
Er brachte weiter seine Bewunderung für den Sultan zum Ausdruck: "Es ist mir aufgefallen, daß er über die jüngsten politischen Ereignisse ebenso informiert ist wie über die Absichten der westlichen Regierungen. Er war auf jedes Hindernis vorbereitet, das dem Königreich zustoßen konnte, und wußte immer einen Ausweg."(151)
Diese Eigenschaften des Sultans, vor allem sein politischer Überblick, die auf al-Afġānī einen außerordentlichen Eindruck machten, veranlaßten ihn, eine Erklärung der Ergebenheit und Treue für den Sultan abzugeben. "Was ich beim Sultan an Wachsamkeit, großer Vorsicht und notwendiger Vorbereitung zur Vereitelung der europäischen Intrigen sah, an guten Absichten im Hinblick auf die Entwicklung des Landes - die eine Entwicklung für alle Muslime bedeutet -, bewog mich, ihm meine Hand entgegenzustrekken und ihm in Bezug auf Kalifat und Königtum zu

---

gang des Sultans und schildert in kurzer Form die politischen, gesellschaftspolitischen und militärischen Begleitumstände seiner Zeit innerhalb des osmanischen Reiches.

(150) Maḫzūmī, Muḥammad, a. a. O., S. 34.

(151) Ebenda, S. 35.

huldigen (baiʿa).[152] Es war mir vollkommen bewußt, daß die islamischen Königreiche den europäischen Fallen nicht entgehen können ... nur, ... wenn sie unter dem Banner des mächtigen Kalifen zueinanderfinden."[153]

b. Kritik

Al-Afġānīs sozialkritische Denkweise sowie seine Beobachtungsgabe halfen ihm, die Gesellschaft zu analysieren, die Faktoren, die die Entwicklung jener Gesellschaft beeinträchtigten, zu ermitteln und den Versuch zu machen, diese Hindernisse zu beseitigen.

Für al-Afġānī waren es zwei Faktoren, nämlich äußere und innere, die die islamischen Länder in ihrer Entwicklung hemmten.

Im Hinblick auf das osmanische Reich stellte al-Afġānī fest, daß die Großmächte versuchten, die Balkanländer und andere Gebiete aus dem osmanischen Reich herauszutrennen. Zum Teil gelang es ihnen sogar. Er war sich darüber im klaren, daß nicht nur

(152) Bei einer kleinen Meinungsverschiedenheit zog al-Afġānī diese Huldigung wieder zurück. Dann aber erkannte er seinen Fehler und widerrief seine Entscheidung, nachdem der Sultan das Mißverständnis ausgeräumt hatte. (Alles ereignete sich binnen kurzer Zeit.) Das zeigt, wie emotional al-Afġānī reagierte. Es ist bemerkenswert, daß ʿAbdalḥamīd so viel von al-Afġānī hielt und diese Huldigung mit Wohlwollen akzeptierte. Außerdem war er der größte islamische Herrscher seiner Zeit und einer der mächtigsten Könige der Welt, während al-Afġānī kein Amt innehatte und keine Funktion ausübte. In dieser Angelegenheit übte al-Afġānī Selbstkritik und rühmte den Sultan: "Um die Wahrheit zu sagen, ich empfand meine Übereilung und erkannte meine Fehler und erkenne die Großzügigkeit des großen Mannes und die Größe seines Herzens." Maḫzūmī, Muḥammad, a. a. O., S. 37.

(153) Ebenda, S. 36.

die Großmächte an dem "verfaulten", zur Dekadenz neigenden osmanischen Staatsgebilde schuld waren, sondern vielmehr die Staatsordnung von innen her nicht mehr die Kraft und Energie besaß, den Zerfall der Gebiete und der inneren Struktur zu verhindern (d. h. die äußeren Faktoren zu beseitigen). Seiner Meinung nach gab es verschiedene sozialpolitische und religiöse Momente, die die bestehende osmanische Gesellschaftsordnung beeinträchtigten und zum Zerfall der Gesellschaft führen würden:

- Es herrschte Korruption von den niedrigsten Untertanen bis hin zu den Ministern. Bei einer Unterredung mit Sultan ʿAbdalḥamīd brachte al-Afġānī diese seine Sorge zum Ausdruck, wohin die Korruption noch führen würde, und versuchte, den Sultan zu härteren Maßnahmen zu veranlassen.

Das alles war ʿAbdalḥamīd bewußt, und er versprach Reformen zu gegebener Zeit, indem er sagte: "... Niemals tauschte ein Minister mit einem anderen, und ich stelle mit Bedauern fest, daß die Schlechtigkeiten der Nachfolger bedauerlicher sind als die der Vorgänger. Keine Magd (ama) betritt ein Haus, die nicht ihre "Schwester" verfluchte, und es gibt keinen anderen Ausweg als die Geduld, und ich werde versuchen, alles etappenweise zu ändern."(154)

- Das osmanische Reich baute sich eine militärische Gesellschaft auf, die eine militärische Kultur nach sich zog und dabei die Wissenschaften anderer gesellschaftlicher Bereiche, die zur Zivilisation führen können, vernachlässigte: "Als es den Türken gelang, Länder zu erobern, kannten sie die Wissenschaft des Krieges und des Aufbaus einer Armee, während die

---

(154) Ebenda, S. 38.

Europäer dies nicht kannten. So siegten die Türken, und die Europäer verloren. Heutzutage aber gewinnen die christlichen (= europäischen) Länder gegen die islamischen Regierungen aufgrund des Wissens, das die Stärke hervorbringt, und die Muslime unterliegen aufgrund des Unwissens, das die Schwäche hervorruft."(155)

- Es mangelte an Interesse an einer effektvollen Osmanisierung und Modernisierung der Balkanländer, die wegen ihrer ethnologischen Herkunft, ihrer Sprache und Religion dem osmanischen Reich viel Ärger zugefügt hatten und schließlich aus dem Reich ausschieden. Nach al-Afġānīs Ansicht hätten sich osmanisierte Balkanländer loyaler verhalten. Demnach bewirken Sprache und Religion eine starke Bindung. Außerdem entsprach für ihn dieses Verhalten dem der europäischen Länder gegenüber ihren Kolonien.(156)

- Der Versuch einer Türkisierung der Araber wurde unternommen und nicht der der Arabisierung der Türken. Hiermit bezog sich al-Afġānī auf die Sprache, weil Arabisch die Sprache des Korans ist. Er empfand es als Paradoxie, daß die Türken zwar die Hüter und Verteidiger des Islams sein wollten, die "heilige" arabische Sprache aber ablehnten. So lag auch die Hauptstadt des islamischen Kalifats in keinem der arabischen Länder.(157)

- Unqualifizierte, korrupte Statthalter (wālī) herrschten, deren Verhalten Antipathie hervorrief.(158)

---

(155) Ebenda, S. 145.

(156) Vgl. ebenda, S. 149.

(157) Vgl. ebenda, S. 150.

(158) Vgl. ebenda, S. 155.

c. Reformvorschläge

Da die Symptome für al-Afġānī unübersehbar waren, stellte er eine Diagnose und bemühte sich um die Verschreibung möglichst wirksamer Heilmittel.

Al-Afġānī stellte Thesen und Hypothesen auf, deren Weitsicht durch späteres Geschehen bewiesen wurde, speziell hinsichtlich des osmanischen Reiches. Die Ursachen der genannten Aspekte, die das osmanische Reich verfallen zu lassen drohten, versuchte al-Afġānī mit Vorschlägen und Ratschlägen, aber unter der praktischen Mitwirkung von Sultan ʿAbdalḥamīd zu beseitigen: "Hoheit, werdet Ihr mir gestatten, ein Konzept meiner Vorstellungen darzulegen, das die Lage des Königreiches verbessern und es vorsichtshalber gegen die Gier der Feinde schützen wird?"(159)
Seine Vorschläge lauteten unter anderem:
- Einführung und Verbreitung der arabischen Sprache, bzw. die Arabisierung der Türken(160) (nicht im Sinne von Rassismus);
- Abschaffung Istanbuls als Hauptstadt des Kalifats;(161)

---

(159) Ebenda, S. 154.

(160) Vgl. ebenda, S. 150 und 153. Das war der Wunsch von Sultan Mehmed II. (1429 - 1481) und Sultan Selim III. (1761 - 1808). Außerdem weist er der arabischen Sprache eine bedeutende Rolle hinsichtlich der Kultur, Literatur etc. zu.

(161) Vgl. ebenda, S. 150 ff. Hier meint al-Afġānī, wenn eine Nation sich erst einmal etabliert hat, dann baut sie ihre Hauptstadt im eigenen Land. Wenn die Türken aber Muslime sind, dann müssen sie die Hauptstadt ihres Kalifats in jenes Land legen, das den Islam jahrelang behütet hat. Al-Afġānī sah in Istanbul eine durch Muslime "kolonialisierte" Stadt, weshalb sie nicht Hauptstadt

- Versuch, die restlichen Balkanländer durch einen "guten" Tausch abzugeben, damit sich die Regierung den anderen Gebieten des Reiches widmen kann;(162)
- Dezentralisierung des osmanischen Reiches in zehn Khedivate, ausgenommen Ägypten (Ägypten genoß seit Muḥammad ʿAlī eine besondere Stellung.), unter der Herrschaft des Hauses Osman;(163)
- den Abbasiden (Dynastie 750 - 1285; ihre Blütezeit war von 750 - 985) durch die Osmanen nacheifern, was ihnen bestimmt viele Vorteile bringen wird.(164)

Als al-Afġānī dem Sultan ʿAbdalḥamīd auf dessen Verlangen seine reformpolitischen Vorschläge für das osmanische Reich vortrug, verfolgte dieser sie mit großem Interesse. "Ich sah, wie der Sultan dem, was ich sagte, aufmerksam zuhörte."(165)

---

der Muslime sein konnte und durfte. Als Parallele führte er mehrere Beispiele an, womit er beweisen wollte, daß jede Nation, gleichgültig wo, die Hauptstadt im eigenen Lande hat.

(162) Vgl. ebenda, S. 151 ff.

(163) Vgl. ebenda, S. 156. Ergänzend meinte al-Afġānī zu diesem Vorschlag, es sollte nicht unbedingt ein Prinz oder dergleichen aus dem Hause Osman sein. Auch ein enger Freund oder Vertrauter des Hauses könnte als Khedive fungieren. Hier beabsichtigte al-Afġānī eventuell für sich als Khedive ein Gebiet zu bekommen; oder aber er wollte die totale Unabhängigkeit für jene Khedivate erreichen. Al-Afġānī sah in der Dezentralisierung eine Möglichkeit für eine schnelle Entwicklung einerseits. Andererseits sah er darin den Idealtypus für die übrigen Muslime, die sich dem Reich in föderativer Weise anschließen konnten.

(164) Vgl. ebenda, S. 153.

(165) Ebenda, S. 156.

Al-Afġānī bekräftigte zwar seine Ergebenheit und Treue dem Sultan gegenüber, betonte aber gleichzeitig seine Befürchtungen im Hinblick auf den Zerfall des Reiches, sofern dieses von ihm entworfene Konzept nicht in die Tat umgesetzt würde.(166)

Der Sultan hatte, wie zu sehen war, al-Afġānīs Gedanken immer mit Genugtuung vernommen und zeigte sich greifbaren und realisierbaren Vorschlägen gegenüber aufgeschlossen. Für die Verwirklichung dieses Konzepts aber war es seiner Auffassung nach bereits zu spät, wie er al-Afġānī mit Hilfe eines türkischen Sprichwortes zu verstehen gab: "At Üsküdarı geçti."(167), d. h. das Pferd ist bereits an Üsküdar (Stadtteil von Istanbul) vorbeigegangen. Dieser Ausspruch läßt erkennen, daß der Sultan resignierte, also genau das tat, was al-Afġānī bekämpfen wollte.

Al-Afġānī konnte nicht tun und lassen, was und wie er es wollte, d. h. man hatte ihm bei verschiedenen Anlässen zu verstehen gegeben, daß er dieses oder jenes unterlassen sollte. Er fühlte sich in den letzten Jahren seines Lebens in Istanbul als Gefangener in einem "goldenen Käfig". Diese Gefühle brachte er zwar höflich, aber nicht ohne Ironie zum Ausdruck, nachdem ihm ein Gespräch mit einem ägyptischen Politiker untersagt worden war: "Ich als Gast bin Gefangener seiner Hoheit, des Sultans."(168)
Man könnte diese Äußerung al-Afġānīs unter anderem allerdings auch als einen Versuch der Entschuldigung für seine mangelnde politische Aktivität interpretieren. Für diese These spricht die Tatsache, daß er

---

(166) Vgl. ebenda.
(167) Ebenda, S. 157.
(168) Qalʿaǧī, Qadrī, a. a. O., S. 111.

zwar versuchte, die Türkei zu verlassen und zu diesem Zweck den englischen Gesandten in Istanbul um Hilfe bat, jedoch trotz englischer Hilfsbereitschaft auf ʿAbdalḥamīds Wunsch hin von seinem Vorhaben Abstand nahm und in Istanbul blieb.
Bis zu seinem Tode blieb al-Afġānī fast ausschließlich in seinem ihm angewiesenen Heim (teilweise auch, weil er erkrankte) und widmete sich seinen Besuchern, meist Anhängern und Sympathisanten, um ihren geistigen Horizont auf den verschiedensten Wissensgebieten zu erweitern.(169)

Aufgrund der obenangeführten Tatsachen ist es al-Afġānī nicht gelungen, eine bemerkenswerte "materielle" Leistung zu vollbringen.(170)
Mit dieser Verhaltens- und Handlungsweise gegenüber dem islamischen Herrscher wollte al-Afġānī einen sozialen Wandel herbeiführen, wie er für einen Modernisierungsprozeß in der islamischen Welt unentbehrlich war. Al-Afġānīs Vorgehen richtete sich nicht nur auf die Bekämpfung innerer Zerfallserscheinungen jener gesellschaftlichen Struktur. Er versuchte, darüberhinaus auch die äußeren Faktoren, die einen sozialen Wandel beeinträchtigen konnten, einzuschränken, d. h. er wollte die Einmischung der Fremden sowie ihren Einfluß auf die inneren Angelegenheiten der islamischen Länder ausschalten.

---

(169) Vgl. Maḫzūmī, Muḥammad, a. a. O., S. 39.

(170) Man führt allerdings die türkische Verfassung, die 1908 in Kraft trat, nachdem die alte 1876 aufgehoben worden war, auf al-Afġānīs Einflüsse zurück. Vgl. ar-Rāfiʿī, ʿAbdarraḥman, a. a. O., S. 14.

Zu diesem Zweck kämpfte al-Afġānī gleichzeitig an zwei Fronten, indem er neben seinen obenerläuterten Bemühungen innerhalb der islamischen Welt die Gegensätze der europäischen Länder untereinander auszuspielen suchte, um den Muslimen bessere Möglichkeiten und Lebensbedingungen zu verschaffen. Darum reiste er nach Europa, um Verständnis und Unterstützung für sein Vorhaben zu finden.

II. Al-Afġānī und die europäischen Länder

Bisher waren al-Afġānīs Begegnungen mit offiziellen Vertretern der europäischen Staaten nicht allzu häufig gewesen. Diese wenigen Begegnungen sind jedoch insofern erwähnenswert, als sie seine Befürchtungen wegen des zunehmenden Einflusses der Europäer im Orient bestätigten und ihn veranlaßten, entsprechende Kampfmaßnahmen zu ergreifen.
In zunehmendem Maß geriet al-Afġānī in Konfrontation zu den europäischen Interessen im Mittleren und Nahen Osten, wobei diese politischen Auseinandersetzungen zeitweise sogar zugunsten al-Afġānīs bzw. der Muslime verliefen.

1. Frankreich

Von Indien aus kam al-Afġānī im Jahre 1882 für mehrere Wochen nach London, um dann nach Frankreich weiterzufahren(171).

---

(171) In diesen wenigen Wochen in England schrieb al-Afġānī einen Artikel für eine arabischsprachige Zeitung namens "An-Naḥla (Die Biene)". Der Artikel befaßte sich hauptsächlich mit der englisch - islamischen Politik. Er lehnte die eng-

Sein Aufenthalt in Frankreich dauerte ungefähr drei Jahre (1883 - 1886) und war durch politische und literarische Aktivität gekennzeichnet.(172) Sein politischer Einsatz gegenüber der französischen Regierung ist nicht nennenswert. Paris war für ihn vielmehr Ausgangspunkt seiner Attacken gegenüber England.

Er schrieb in Paris mehrere Artikel für arabischsprachige Zeitungen und kam mit den Zeitungsherausgebern Georges Clemenceau und Henri Rochefort in Berührung.(173)

Abgesehen davon, daß er selbst von hier aus nach England fuhr, um sich mit den Vertretern der englischen Regierung auseinanderzusetzen, versuchte mit seinem Einverständnis auch sein Freund und Schüler Muḥammad ʿAbduh von den Engländern politische Zugeständnisse zugunsten der muslimischen Länder zu erreichen.(174)

---

lische Politik gegenüber den islamischen Ländern ab und appellierte an die islamische Solidarität. Vgl. Keddie, Nikki R., a. a. O., S. 184.

(172) Vgl. Maḫzūmī, Muḥammad, a. a. O., S. 24.

(173) Für Henri Rochefort schrieb al-Afġānī u. a. mehrere Artikel über die Mahdī-Rebellion im Sudan und über Familienmitglieder des ägyptischen Herrscherhauses. Vgl. Keddie, Nikki R., a. a. O., S. 184 ff. und 105 ff. Was Rochefort von al-Afġānī sagt, ist nachzulesen bei Rochefort, Henri, The adventures of my life (aus dem Französischen übersetzt), London 1897.

(174) Vgl. al-Afġānī, Al-ʿUrwa al-wuṯqā, a. a. O., S. 368. Hier handelt es sich um eine Reise von Muḥammad ʿAbduh auf Geheiß von al-Afġānī nach England.

Weiterhin gab al-Afġānī, wie oben bereits erwähnt, die Zeitschrift "Al-ʿUrwa al-wuṯqā" (Das feste Band)[175] mit Muḥammad ʿAbduh als Redakteur in arabischer Sprache heraus. Die erste Nummer erschien am 13. März 1884. Obwohl "Al-ʿUrwa al-wuṯqā" nicht lange erschien (Es erschienen 18 Nummern, die letzte im Oktober 1884), konnte sie sich eines breiten Leser- und Freundeskreises erfreuen.[176] (Heute dient sie als eine der Hauptquellen für das Studium von al-Afġānīs Ideen.)

Auf literarischem Gebiet wurde von al-Afġānī in Frankreich u. a. der Versuch unternommen, die islamische Religion, sofern man sie richtig versteht und darlegt, als eine Religion des Fortschritts zu kennzeichnen. Dieser Versuch war eine Antwort auf Ernest Renan (1823 - 1892), die zu einem späteren Dialog zwischen den beiden führte.[177]

2. <u>England</u>[178]

Von Paris aus besuchte al-Afġānī wiederholt England. Dabei konnte er den permanent wachsenden Einfluß der

---

(175) Diese Zeitschrift wurde nach dem gleichnamigen Geheimbund verschiedener islamischer Persönlichkeiten, dessen Organisator al-Afġānī war, benannt. Vgl. Maḫzūmī, Muḥammad, a. a. O., S. 24 und Keddie, Nikki R., a. a. O., S. 220. Die erste Nummer von "Al-ʿUrwa al-wuṯqā" beinhaltet Artikel über den Zweck und das Programm der Zeitschrift.

(176) Vgl. Keddie, Nikki R., a. a. O., S. 214 ff. Hier handelt es sich um eine kurze Besprechung der Zeitschrift und ihre Auswirkung auf verschiedene muslimische Kreise.

(177) Vgl. Renan, Ernest, Islam und die Wissenschaft, Basel 1883, S. 31 ff und Keddie, Nikki R., a. a. O., S. 189 ff.

(178) Die ersten Kontakte, die al-Afġānī überhaupt mit Europäern hatte, fanden mit den Engländern in Indien statt.

Engländer auf die islamischen Länder sowie ihr Verhalten gegenüber diesen Völkern und ihren Herrschern beobachten. Das und seine Erfahrungen mit den Engländern veranlaßten al-Afġānī, dem englischen Machtanspruch den Kampf anzusagen, weil er in dem englischen Einfluß eine Demütigung der Muslime sah.(179)
Al-Afġānī bemühte sich, von Paris aus mit Hilfe seiner journalistischen Aktivität und der Zeitung "Al-ʿUrwa al-wuṯqā" die europäischen Methoden zu entlarven, die muslimischen Völker aufzuklären und auf ihre Rechte hinzuweisen. Zu diesem Zweck wurde die Zeitschrift zum Teil kostenlos an ihre Anhänger im gesamten Orient verschickt.
Selbstverständlich fand diese Tätigkeit das Mißfallen der Engländer, und es gelang ihnen, durch Androhung von Strafmaßnahmen gegen die Empfänger bzw. Leser von "Al-ʿUrwa al-wuṯqā" ihre Verbreitung in ihrem Einflußbereich zu verhindern(180).
Dennoch fürchteten sie weiterhin al-Afġānī und seine zunehmende politische Aktivität gegen ihre direkte Anwesenheit in einigen Ländern und ihren indirekten Einfluß in den übrigen.

Nachdem al-Afġānī sehr häufig die englische Politik, besonders in "seiner" Zeitschrift, attackiert hatte, sahen die Engländer endlich eine Alternative, der "Gefährlichkeit" al-Afġānīs zu begegnen.
Auf Anregung und Vermittlung von Sir Wilfrid Blunt fanden in London mehrere Gespräche zwischen al-Afġānī und dem englischen Foreign Office statt.(181)

---

(179) Vgl. Maḫzūmī, Muḥammad, a. a. O., S. 26.

(180) Vgl. al-Afġānī, Al-ʿUrwa al-wuṯqā, a. a. O., S. 286.

(181) Blunt war irischer Liberaler und Orientalist, der sich eine Weile im Orient aufgehalten hatte.

Dabei wurden mit ihm wichtige Ereignisse besprochen, und ihm wurde bei dieser Gelegenheit die Sultanswürde angeboten. Auf diese Weise sollte die Mahdī-Bewegung erforscht und gleichzeitig unter Kontrolle gebracht werden.
Die Vertreter der englischen Regierung waren Lord Randolf Churchill, Staatssekretär für indische Angelegenheiten, und Sir Henry Drummond Wolf, ein hoher Beamter des Foreign Office unter der Regierung des konservativen Lord Salisbury.(182) Lord Salisbury, al-Afġānīs "Gesprächspartner", sagte in diesem Zusammenhang: "Die englische Regierung kennt Ihre Fähigkeiten und schätzt Ihre Meinung, und da sie mit den islamischen Regierungen einen Weg der Freundschaft und des Entgegenkommens zu gehen beabsichtigt, ... haben wir uns vorgestellt, Sie zum Sultan des Sudan zu ernennen und dorthin zu senden. Sie werden dann die Ursachen der Mahdī-Rebellion(183) beseitigen und den Weg für britische Reformen im Sudan ebnen."(184)

Er hatte enge Beziehungen zu den englischen liberalen und konservativen Politikern. Vgl. Keddie, Nikki R., a. a. O., S. 229.

(182) Vgl. Maḫzūmī, Muḥammad, a. a. O., S. 242.

(183) Al-Mahdī (gest. 1885) war religiöser Stammesführer im damaligen anglo-ägyptischen Sudan. Er versuchte durch militärische Konfrontation, den anglo-ägyptischen Einfluß im Sudan zu eliminieren. Al-Mahdī ist für Toynbee ein Zelot (d. h. mit archaischer Denkweise). Vgl. Toynbee, Arnold, a. a. O., S. 135 und 143.

(184) Maḫzūmī, Muḥammad, a. a. O., S. 27. Es ist nicht ganz ersichtlich, ob al-Afġānī tatsächlich mit Lord Salisbury ein direktes Gespräch hatte oder nur über einen dritten. Ferner wird nicht deutlich aus der bisher konsultierten Sekundärliteratur erkennbar, ob ihm die englische Regie-

Al-Afġānī lehnte diesen Vorschlag ab, da seiner Meinung nach der Sudan kein Eigentum der Engländer war und sie infolgedessen nicht über ihn verfügen konnten. Er antwortete also: "Dies ist ein fremdartiger Auftrag (taklīf ġarīb) und politisch schamlos (sufh) sondergleichen. Erlauben Sie mir, Euer Lordschaft, daß ich Sie frage, ob Sie den Sudan besitzen, da Sie dahin einen Sultan entsenden wollen? Ägypten gehört den Ägyptern; der Sudan ist ein Teil, der es ergänzt, und Alleinberechtigter ist der mächtige Kalif, der Sultan (ʿAbdalḥamīd), der noch lebt und eine (starke) materielle und ideelle (māddī wa-maʿnawī) Armee hat, der in der Lage ist, jedes Hindernis und jeden Konflikt im Gebiet seines Reiches und in der islamischen Welt zu beseitigen."(185)
Im Verlauf seines weiteren Gesprächs mit dem Lord brachte al-Afġānī seine Zweifel über die Ehrlichkeit des englischen Vorhabens im Sudan zum Ausdruck. Außerdem stützte er seine Argumentation auf das Beispiel Irlands und bekräftigte damit seine Zweifel: "... und ich mache die englische Regierung und den Lord auf die Lage in Irland aufmerksam; und welche Katastrophen (balā') wurden diesem Land in seinem

---

rung wirklich die Sultanswürde angeboten hat, oder aber lediglich die Rede davon war, was al-Afġānī von einem selbständigen, vom osmanischen Reich unabhängigen sudanesischen Sultanat hielt. Um diesen wichtigen und interessanten Sachverhalt zu klären, bemühte ich mich persönlich im Fitzwilliam Museum in Cambridge sowie in mehreren Korrespondenzen mit den zuständigen Stellen leider erfolglos um die Memoiren von Sir Wilfrid Blunt, der alles arrangiert hatte. Bis dahin wurden die Memoiren noch nicht zur Veröffentlichung freigegeben.

(185) Maḫzūmī, Muḥammad, a. a. O., S. 27.

Verlangen nach Unabhängigkeit zugefügt! Mit dieser Unabhängigkeit wurde Irland die Möglichkeit zu einer wahrhaften Reform geboten. Warum gehen Sie nicht auf die Gesuche Irlands ein, um damit die Lage zu bessern, zumal sie (die Iren) Ihnen näher als Arterien sind?(186) Außerdem haben Sie mit ihnen doch so viele Gemeinsamkeiten, was auf Sie für Ägypten, Sudan und andere orientalische Königreiche nicht zutrifft."(187)

Diese Unterredung zwischen al-Afġānī und evtl. Lord Salisbury läßt seine totale Ablehnung der englischen Einmischung in die Angelegenheiten jener Länder, seine Loyalität gegenüber den islamischen Ländern und besonders gegenüber dem osmanischen Reich sowie sein standhaftes Ablehnen der englischen Angebote erkennen; denn weil er die englische Politik kannte, konnte er kein Interesse daran haben, England als "Galionsfigur" oder ähnliches im Sudan zu dienen.

Al-Afġānī ist offensichtlich von der Richtigkeit seiner Mission überzeugt, die man kurz mit dem Schlagwort "Islamische Länder den Muslimen!" kennzeichnen kann.

3. Rußland

Al-Afġānī war von seinen Ideen und Vorstellungen derart (manchmal bis an den Rand des Extremismus) überzeugt, daß er keine Gelegenheit vorübergehen ließ, den Versuch zu machen, für seine Gedanken zu werben.

---

(186) Es handelt sich hier um eine arabische Ausdrucksweise, die die extreme Nähe zum Ausdruck bringt.

(187) Maḫzūmī, Muḥammad, a. a. O., S. 28.

Nachdem er Frankreich Richtung England verlassen hatte, ging er auf Einladung des persischen Schahs nach Persien. Wegen verschiedener Differenzen und Auseinandersetzungen blieb er jedoch nicht lange und reiste (wahrscheinlich) auf Einladung eines bekannten russischen Zeitungsverlegers und Freundes des Zaren namens Katkov anschließend nach Rußland, wo er im Frühling 1887 eintraf.(188)

Rußland war für al-Afġānī das dritte europäische Land, in dem es ihm gelang, im Sinne seines Vorhabens relativ aktiv und produktiv werden zu können. Er kam mit ganz bestimmten Absichten nach Rußland:
Zunächst wollte er die Meinung der Russen zugunsten der muslimischen Länder beeinflussen und sie eventuell gegen England gewinnen.
Dieser Versuch mißlang al-Afġānī, weil Rußland zuvor (1853/56 "Krimkrieg") eine kriegerische Auseinandersetzung mit dem osmanischen Reich gehabt hatte und deshalb zu jener Zeit nicht bereit war, gegen irgendein anderes Land kriegerisch vorzugehen.(189)

Was al-Afġānī in Rußland auf politischer Ebene zugunsten der muslimischen Länder nicht erreichen konnte, gelang ihm für die muslimischen Einwohner Rußlands. Es wurde ihnen mehr Bewegungsfreiheit auf kulturellem und religiösem Gebiet zugestanden, d. h. aufgrund von al-Afġānīs Einwirken gab die russische Regierung ihren muslimischen Mitbürgern die Druckgenehmigung für den Koran und andere religiöse Schriften.

---

(188) Vgl. Keddie, Nikki R., a. a. O., S. 292 ff.
(189) Vgl. ʿAbdalmaǧīd, Muḥammad, a. a. O., S. 74.

Al-Afġānīs Besessenheit und sein "missionarischer" Eifer brachten ihn bei der russischen Regierung in Mißkredit, worauf er auch auf Wunsch des persischen Schahs gegen Mitte des Jahres 1889 Rußland verließ.(190)

Betrachtet man al-Afġānīs Aufenthalte in den verschiedenen europäischen Ländern, so kommt man zu dem Ergebnis, daß er kein Echo für seine Ideen und sein Vorhaben, besonders in England keinen Anklang fand. Ob diese Ablehnung auf sein Verhalten, seine Handlungsweise oder aber auf die Strategie der europäischen Politik zurückzuführen ist, wird sich noch zeigen.
Obwohl al-Afġānīs Absicht, jene europäischen Länder von der Nichteinmischung in islamische Angelegenheiten zu überzeugen, weshalb er versuchte, sie gegeneinander auszuspielen oder wenigstens ihre gegensätzlichen Interessen auszunutzen, mißlang, wurden doch positive Aspekte aus seinem Aufenthalt in Europa sichtbar. Sein Aufenthalt in Europa erweiterte nämlich nicht nur seinen Wissenshorizont, sondern ermöglichte ihm auch den Kontakt zur europäischen Zivilisation sowohl von der theoretischen als auch von der praktischen Seite her, was ihm Vergleichs- und Orientierungsmöglichkeiten vermittelte. Außerdem

---

(190) Ebenda. Al-Afġānīs offizieller Kontakt- und Gesprächspartner war von seiten der russischen Regierung Grigori Zinoviev, Leiter der asiatischen Sektion im russischen Außenministerium, wahrscheinlich aber auch der damalige Außenminister Nikolai Giers. Vgl. Keddie, Nikki R., a. a. O., S. 293 und 305. Auch hier ist nicht eindeutig, ob al-Afġānī eine Audienz bei Zar oder Zarin hatte. (Die Dokumente aus Rußland in diesem Zusammenhang sind nicht vorhanden.)

bestätigten ihm seine Kontakte zur europäischen geistigen und politischen (auch religiösen) Elite und seine Beobachtungen der europäischen Gesellschaftsstruktur im 19. Jahrhundert seine Erkenntnis, wie dringend die Reform und Entwicklung der islamischen Gesellschaft(en) auf der Grundlage humaner, religiöser Moralethik war.

F. Al-Afġānīs Lehre

I. Diagnose

Al-Afġānīs Lehre erstreckt sich auf Reform und Modernisierung der islamischen Gesellschaftsstruktur, die zur Einheit der "islamischen Nation" in einem Staat führen sollen. Er strebt einen islamischen Staat an, der lebensfähig ist, den Fortschritt bejaht und sich den Großmächten(191) angleicht.(192) Al-Afġānīs Lehre hat zwei Haupttendenzen, nämlich eine religiöse und eine sozialpolitische.

1. Religion

Al-Afġānī mißt der Religion, insbesondere für die Weiterentwicklung der islamischen Nation, eine große Bedeutung bei. So sagt er: "Die wahren religiösen Prinzipien (al-uṣūl ad-dīnīya al-ḥaqqa), die frei (mubarra'a) von den Ursachen der Abweichung (bidʿa) sind, lassen für die Nationen die Kraft der Einheit, das Zueinanderfinden der Menschen und die Bevorzugung der Ehre vor der Süße des Lebens (laḏḏat al-ḥayāt) entstehen. Ferner bewirkt die Religion das Aneignen von Redlichkeiten (faḍa'il, Sing. faḍīla), die Erweiterung des Wissens und erweckt in ihnen (den Nationen) einen extremen Wunsch nach Zivilisation (aqṣā ġāya fī l-madanīya)."(193)

---

(191) Damit sind England, Frankreich, Deutschland und Rußland gemeint.

(192) Vgl. Maḫzūmī, Muḥammad, a. a. O., S. 40.

(193) Al-Afġānī, Al-ʿUrwa al-wuṯqā, a. a. O., S. 21.

Daraus ist zu ersehen, daß die Religion die Gruppengemeinschaft stärkt und das Individuum zum Edlen hin, zur Ethik und Ästhetik sowie zum Gemeinwohl führt.

Als Beispiel führt al-Afġānī die Nomadenstämme an. Er weist auf ihre Lebensweise vor der Entwicklung des Islams hin und darauf, wie ihr Leben durch den Islam umstrukturiert wurde und sie in verschiedenen Wissenschaften und Lebensbereichen zu einer gewissen Größe gelangten.

Al-Afġānī hält die Religion für eine göttliche Offenbarung, die ihre Lehrer und Verbreiter in den Menschen findet, die missionarischen Geist besitzen. Die Offenbarung betrifft seiner Meinung nach in erster Linie die Menschen, die Gott nicht - wie die Propheten - durch Inspiration auserwählt hat. Sie ist vielmehr das, was am tiefsten im Innern des Menschen verankert ist, und wirkt sich auch auf sein Handeln aus. Die Offenbarung beherrscht Seele und Geist - und daher auch das Handeln.

Er vergleicht den Menschen in seinem ersten Stadium mit einem Steinblock, in den als erstes Bild die Religion eingraviert wird. Durch dieses Bild der Religion wird der Mensch in seinem Handeln bestimmt.(194)

Er erläutert seine Theorie weiter, indem er meint, daß ein Mensch selten durch irgendwelche Einflüsse außerhalb seines Religionskreises geprägt wird. Demnach hinterläßt die Religion, gleichgültig, wie man sich verhält, stets ihre Spuren, sei es auf die Denk-

---

(194) Ebenda, S. 21 ff.

weise, das Handeln oder was auch immer. "... und was an die Seele von außerhalb der Religion herankommt, wäre eine seltene Ausnahme, so daß ein Abtrünniger (māriq), der seiner Religion abtrünnig wird, die durch sie verursachten Eigenschaften nicht leugnen kann; die Einprägung (der Religion) bleibt vielmehr in ihm, wie die Narben einer Wunde nach der Genesung."(195)
Das heißt mit anderen Worten, daß die Religion den Aufbau der Persönlichkeit eines Individuums stark beeinflussen wird, vor allem bei entsprechender Erziehung und entsprechendem Milieu. All dies wird an der Verhaltens- und Handlungsweise des Individuums sichtbar, d. h. das Individuum wird von seiner "Umwelt" geprägt.
Diese Ansicht al-Afġānīs bezieht sich auf alle Religionen, denn seiner Meinung nach ergänzen die drei Religionen Judentum, Christentum und Islam einander in bezug auf das absolute Wohlwollen diesseits und jenseits.(196)
Al-Afġānī ist zu der Überzeugung gelangt, jede dieser drei genannten Religionen habe zwei Bereiche, nämlich die Anbetung (ʿibāda) und das Handeln (muʿāmala).(197) Alle Anbetung führt den Menschen zu Gott. Jeder hat seinen Glauben, aber Gott ist für alle Menschen da und nicht nur für Juden, Christen oder Muslime.
Al-Afġānī versucht zwar in seiner Lehre eine Vereinigung der drei Religionen; aber seine Untersuchungen und Beobachtungen führen ihn zu dem Ergebnis, daß gerade die Religionen die Völker entzweit haben. So versucht er nun aufgrund der gemeinsamen Prinzipien

---

(195) Ebenda, S. 25.
(196) Vgl. Maḫzūmī, Muḥammad, a. a. O., S. 47.
(197) Vgl. ebenda, S. 138.

und Ziele der drei Religionen, das Mißverständnis unter den Menschen zu beseitigen und sie zusammenzuführen. Durch die Vereinigung der Menschen in der Religion würde ein großer Schritt zum Frieden in diesem Leben getan. Diese Haltung zeigt al-Afġānī als Universalisten und Idealisten.
Wegen des tiefen Risses jedoch, den manche Würdenträger der verschiedenen Religionsgemeinschaften mehr und mehr dadurch vertiefen, daß sie einen regelrechten Handel zu ihrem Vorteil betreiben, gibt al-Afġānī mit bitterer Enttäuschung sein Vorhaben wieder auf.(198)

Das Handeln, das die menschlichen Beziehungen untereinander regelt, wird nach al-Afġānī von den Religionen bestimmt, d. h. während Judentum und Christentum die "Zehn Gebote" haben, gilt für den Islam das "göttliche, islamische Gesetz" (šarʿ oder šarīʿa).(199) Speziell auf die islamische Religion bezogen, sagt er in diesem Zusammenhang: "Die Prinzipien der islamischen Religion beschränken sich nicht nur darauf, daß die Menschen zur Aufrichtigkeit angehalten werden und sie aus der Sicht der Seele, die von dieser niederen (ʿālam adnā) zu einer höheren Welt (ʿālam arfaʿ) berufen wird, anzusehen, sondern sie (die Prinzipien) sind hierfür ein Garant und brachten (auch) in vollkommenem Maß Verhaltensregeln in die Beziehungen der Menschen untereinander, zeigen die Rechte insgesamt und en detail auf und legen die funktionelle

---

(198) Vgl. ebenda, S. 47.
(199) Vgl. ebenda, S. 138.

Herrschaft fest, ... die dieses überwacht, nämlich in Person eines Herrschers, der nur aufgrund der islamischen Gesetze handelt, ... so daß der wirkliche Herrscher über die Muslime ihr heiliges, göttliches Gesetz ist, das keinen Unterschied unter den Rassen macht und die Nation eint. Diesem Herrscher (der Person) wird keineswegs mehr zugestanden als den Laien, er ist lediglich Hüter des islamischen Gesetzes."[200]

Für al-Afġānī sind die Religionen in ihrem Ursprung und Kern große Gesetzgeber und eine vorzügliche und nützliche Medizin für viele Krankheiten der Menschen. Wenn ihre "Ärzte" (d. h. die Würdenträger der Religionen) diese Medizin nicht für den Körper an sich, sondern entsprechend der Aufnahmefähigkeit des Geistes dosieren und geeignete Aufklärung betreiben würden[201], so könnte man sehen, wie wichtig die Religion einerseits für die Beeinflussung der Entwicklung des menschlichen Geistes ist und andererseits für die Menschen als soziales Gebilde beim Aufbau der menschlichen Struktur. Al-Afġānī sieht, daß Juden- und Christentum hinsichtlich des Diesseits nur in groben Zügen Leitlinien für das Verhalten und Handeln eines Individuums geben. Der Islam dagegen gibt nicht nur allgemeine Prinzipien schlechthin, er verweist vielmehr konkret auf die soziale Rolle, Partizipation usw. Außerdem gibt er auch eine auf "demokratischer" Grundlage basierende soziale Kontrolle.

---

(200) Al-Afġānī, Al-ʿUrwa al-wuṯqā, a. a. O., S. 10.

(201) Vgl. Maḫzūmī, Muḥammad, a. a. O., S. 139.

Nach al-Afġānī können die islamischen Länder nur mit Hilfe der Religion einen Fortschritt erzielen, nur sie kann aus dem Elend des Rückstandes herausführen. Er sagt dazu: "Wenn wir unseren Fortschritt und unsere Zivilisation nicht auf unserer Religion und dem Koran aufbauen, so ist es sinnlos, daß wir uns von dem Joch des Rückstandes und des Niedergangs zu befreien suchen."(202)

Al-Afġānī führt die Schwäche der islamischen "Nation" auf zwei Faktoren zurück:

a. "Die Schwäche und der Untergang der islamischen Gemeinschaft begannen mit der Trennung des wissenschaftlichen Ranges von dem Kalifat. Das geschah, seitdem sich die abbasidischen Kalifen mit dem Titel eines Kalifen zufriedengaben, ohne aber die Ehre des Beherrschers des Wissens (ʿilm), des Rechts (fiqh) und die eigenständige Forschung (iǧtihād) in den Ursprung der Religion und ihre Zweige zu besitzen, wie etwa "al-ḫulafāʾ ar-rāšidūn" (die rechtgeleiteten Kalifen).(203) Dadurch mehrten sich die Sekten, und die Auseinandersetzungen nahmen seit Beginn des 3. Jahrhunderts nach der Hedschra (also im 10. Jahrhundert nach Christus) zu."(204)

---

(202) Riḍā, Rašīd, Tārīḫ al-ustāḏ al-imām aš-šaiḫ Muḥammad ʿAbduh, Kairo 1931, 1. Band, S. 82.

(203) Sie sind die direkten 4. Kalifen nach dem Propheten. Der Reihenfolge nach sind es Abū Bakr (gest. 634), ʿUmar b. al-Ḫaṭṭāb (gest. 644), ʿUṯmān b. ʿAffān (gest. 656) und ʿAlī b. Abī Ṭālib (gest. 661).

(204) Al-Afġānī, Al-ʿUrwa al-wuṯqā, a. a. O., S. 34. Zu jener Zeit gab es viele "Häretiker", denen es gelungen war, in der islamischen Religion vieles durcheinanderzubringen und "bidaʿ" zu verursachen, die man nicht mit der ursprünglichen Religion (Urislam) vereinbaren kann. Die Frage ist natürlich auch, ob das nicht eine notwendige Entwicklung war.

b. Aus Mangel an Wissen versteht der Muslim seine Lehre falsch und verhält sich infolgedessen nicht ihr gemäß. Hier gibt al-Afġānī die Schuld den islamischen Gelehrten, weil sie die Masse nicht genügend aufgeklärt und belehrt haben: "Wenn schon die Masse keine Entschuldigung für den Mangel an Wissen um das, was Gott ihr befahl, besitzt, welche Entschuldigung gibt es dann für die Gelehrten? Wie steht es mit denjenigen, die das islamische Gesetz beherrschen, und sich in seine Erkenntnisse vertieft haben?"(205)

Al-Afġānī wirft den Gelehrten vor, daß es ihnen an Interesse mangele, den Muslimen zu einer Einheit zu verhelfen und sie auf den richtigen Weg zu führen. Sie denken mehr oder weniger nur an ihre eigenen Interessen.(206)

Ferner kritisiert al-Afġānī an den Gelehrten ihre mangelnde Bereitschaft zur Behebung der religiösen, wenn schon nicht der politischen Teilung. Man könnte sich in den Moscheen und Schulen dafür einsetzen. Die Gelehrten sollten solange dafür agitieren, bis die Muslime zueinanderfinden. "Die Gelehrten sind gemäß ihrem ehrenhaften Erbe dazu verpflichtet, sich daranzumachen, dem religiösen Band zur Wiederbelebung zu verhelfen. Sie sollen die Auseinandersetzungen ... meiden. (Dies geschieht) durch die Befestigung der Einigkeit, wozu die Religion ruft. Die Plätze für diese Einigung sollten ihre Moscheen und Schulen sein, damit jede Moschee und Schule Zentrum des Geistes oder der Seele für das Leben der Einheit ist. Jede Moschee und Schule ist wie das Glied einer

---

(205) Ebenda, S. 86.
(206) Vgl. ebenda.

Kette. Wenn das eine Ende der Kette geschüttelt wird, wird das andere Ende davon erschrecken."(207)

Al-Afġānī schlägt den Gelehrten eine Art Koordinierung vor. Es sollten in verschiedenen Orten Zentren errichtet werden mit dem Hauptsitz in Mekka, um so die Religion vor Verfälschungen zu bewahren und den Muslimen besonders in Gefahrenzeiten zu helfen. Außerdem sei eine bessere und einfachere Verbreitung der religiösen Tatsachen und Interpretationen gewährleistet. Al-Afġānī bedauerte es sehr, daß die Gedanken (ḫawāṭir, Sing. ḫāṭira) der muslimischen Gelehrten und Weisen nicht auf diese Vorstellungen gerichtet sind.(208)

Seine Beobachtungen verstärken seine Abneigung gegenüber manchen muslimischen Gelehrten und steigern seine Kritik, besonders am Wissen der Gelehrten bezüglich der Erfordernisse und Bedürfnisse des diesseitigen Lebens, obwohl der Koran vollkommen ist und diese Bedürfnisse diesseits und jenseits befriedigt. "Die Unwissenheit (ǧahl) ist total, die (geistige) Stagnation (ǧumūd) breitet sich unter vielen von denen, die das Amt des Gelehrten bekleiden, aus, bis sie übermütig werden und behaupten, der Koran widerlege feststehende wissenschaftliche Tatsachen. Der Koran ist erhaben über das, was sie sagen."(209) Al-Afġānī tritt für eine zeitgemäße, von der Nachahmung losgelöste Interpretation (taʾwīl) der Reli-

---

(207) Ebenda, S. 34 ff.

(208) Vgl. ebenda, S. 35.

(209) Maḫzūmī, Muḥammad, a. a. O., S. 100. Zum Beruf des Gelehrten, wie al-Afġānī ihn versteht, vgl. Anmerkung 147 dieser Arbeit.

gion ein, um sie der Notwendigkeit des modernen Zeitalters anzupassen. Er erstrebt die Erforschung der Religion und lehnt jede "blinde Nachahmung", wie sie früher zum Prinzip erhoben wurde, strikt ab.

So äußert sich al-Afġānīs religiöses Bestreben in dem Aufruf zur Reform, zur Erforschung und zur Reinigung der Religion von ihren "falschen" Auslegungen (wie Heiligenverehrung und "bidaʿ") sowie zur Einigkeit bzw. Koordinierung der muslimischen Gelehrten. Das gilt als Aufforderung, an dem Entwicklungsprozeß des Weltgeschehens teilzunehmen. Die Religion soll auch zu Fortschritt und Schöpfergeist inspirieren.(210)
Al-Afġānī ist der Auffassung, daß sowohl das bewußte als auch das unbewußte Mißverstehen der Lehre zu Abweichungen und zur "bidaʿ" führen. Daraus folgen dann falsches Handeln und falsche Verhaltensweisen. "... einer, der oberflächlich ist, glaubt, daß diese Taten, die auf Abweichungen basieren, auf dem Glauben an jenen Ursprung und jene Prinzipien (der Lehre) beruhen. Bei solcher Abweichung des Verständnisses dringen meistens Fehlinterpretationen (taḥrīf) und Veränderungen (tabdīl) in den Ursprung der Religionen. ... Häufig war diese Fehlinterpretation und was ihr an bidaʿ folgte Ursache eines verdorbenen Charakters und schlechter Handlungsweise (qabāʾiḥ al-ʿamal)."(211)

---

(210) Vgl. Qalʿaǧī, Qadrī, a. a. O., S. 21.

(211) Al-Afġānī, Al-ʿUrwa al-wuṯqā, a. a. O., S. 49.

Ferner bemängelt al-Afġānī das Mißverstehen mancher Tradition (ḥadīṯ = Überlieferung), die den Untergang der Welt oder ihre Verdorbenheit anzeigt, aber keinen Mut zum Streben nach Fortschritt verleiht. Die Reform kann nur durch Wiederbelebung des "echten" Islamsdurchgeführt werden, d. h. durch den Rückgriff bzw. die Rückkehr zum Ursprung (ar-ruǧūʿ ilā(mabdaʾ) as-salafīya), und zwar durch die Verbreitung seiner Lehre und die Richtigkeit seiner Interpretation, wodurch die Zufriedenheit der Menschen im Diesseits und Jenseits gesichert wird.

Schließlich sind die Kultivierung der Wissenschaft und das Aussondern komplizierter, unverständlicher Werke hinsichtlich Text und Lehre ein weiterer Schritt zur Reform.(212) "Sodann können wir mit Hilfe der Bücher und der Wissenschaften, die sie enthalten, Fortschritt und Erfolg erreichen."(213)

Die Wissenschaften sollen jedoch nicht abstrakt um ihrer selbst willen betrieben werden (maqṣūda li-ḏātihā), sondern müssen als Mittel zum Zweck dienen wie Grammatik und Logik, so daß man nicht etwa, nachdem man sich ein Leben lang mit ihnen beschäftigt hat, am Ende das, was man denkt, nicht in Wort und Tat umsetzen kann.(214)
Offensichtlich denkt also al-Afġānī als Praktiker mehr an die praktischen Dinge als an reine Theorie und passives Wissen.

---

(212) Vgl. al-Maġribī, ʿAbdalqādir, a. a. O., S. 102.

(213) Ebenda

(214) Vgl. ebenda.

Seiner Ansicht nach kann das alles erreicht werden, wenn sich die Machthaber der Muslime auf die Grundlage der "echten" Gesetze des Islam besinnen und sich mit den Charakteristika, die "al-Ḫulafā' ar-rāšidūn" vorgetragen haben, identifizieren. Dann gibt Gott ihnen in kurzer Zeit Größe und Macht.(215)

Das alles war al-Afġānīs religiöse Grundtendenz und schließlich seine Aufforderung zur Reform des Islams. Es ist daraus zu erkennen, daß al-Afġānī unter der Religion (besonders der islamischen) nicht nur ein zusammenhängendes, sich auf das "Heilige" beziehendes System gefühlsbetonter Überzeugungen versteht, sondern auch das, was sich in der Regel im Praktizieren der Moralethik, die in der sozialen Verhaltens- und Handlungsweise des Individuums und der Gemeinschaft zu erkennen ist, zeigt. Darüberhinaus garantiert die Religion den sozialen Zusammenhalt und die Möglichkeit, jene Gefühle zu "rechtfertigen", zu "rationalisieren" und "sinnvoll" zu machen, die der Gemeinschaft Solidarität und Fortschritt verleihen. In diesem Sinn sollen die islamischen Würdenträger nach al-Afġānīs Willen handeln, d. h. sie sollen zwar nicht "säkulare Kleriker" sein, aber sich wenigstens mehr für das soziale Wohlbefinden der Muslime engagieren.
Aus al-Afġānīs Sicht beweisen strikter "Konformismus" und Ablehnung, ja sogar Ächtung allen abweichenden Verhaltens nur, wie sehr die islamische Gemeinschaft bedroht ist und wie dringend sie der Verteidigung bedarf.

---

(215) Vgl. al-Afġānī, Al-ʿUrwa al-wuṯqā, a. a. O., S. 34.

2. Politik

Die politische Botschaft al-Afġānīs konzentriert sich auf drei Gebiete:

a. Befreiung der islamischen Länder vom englischen Einfluß und zwar mit Hilfe der Zusammenarbeit aller Muslime,

b. Abschaffung des autoritären Systems (der absoluten Autorität),

c. Ersatz dieses Systems durch das "šūrā"-System, das islamische Herrschaftssystem.

Im allgemeinen ist al-Afġānīs politische Botschaft eine Kampfansage gegen die Einmischung aller Fremdmächte in die Angelegenheiten der islamischen Länder; aber seine politische Aktivität konzentriert sich in erster Linie auf die Bekämpfung des englischen Einflusses. Diese seine Antipathie resultiert aus persönlicher Erfahrung, der feindseligen Haltung Englands gegenüber den orientalischen Ländern sowie aus ihrem Versuch, diese Länder, wenn irgend möglich, zu unterjochen.

Al-Afġānī charakterisiert den Engländer als wenig klug (qalīl aḏ-ḏakā'), sehr standhaft (ʿaẓīm aṯ-ṯabāt), sehr habgierig (kaṯīr aš-šašaʿ), hartnäckig (ʿanūd), geduldig (ṣabūr) und arrogant (mutakabbir). Seiner Meinung nach kommen die Europäer, speziell die Engländer, mit der Vorstellung in den Orient, der Orientale sei faul, unwissend und fanatisch; es gebe im Orient fruchtbare Böden, viele Rohstoffe, ein günstiges Klima und schließlich große Möglichkeiten, das alles auszunutzen. Außerdem ist der Engländer in der Vorstellung befangen, ihm stehe alles zu.[216]

---

(216) Vgl. Maḫzūmī, Muḥammad, a. a. O., S. 80 ff.

Die Europäer, die mit solchen Vorstellungen in den Orient kommen, nützen sämtliche Mittel und Wege, um zu ihrem Ziel zu gelangen. "Sie treten in den Ländern auf, wie die Wölfe im Schafspelz (oder wie bestialische Löwen in der Schlangenhaut). Sie bieten sich als treue und glaubwürdige Diener und Ratgeber an, doch sie sind nur daran interessiert, (für eigenen Nutzen), Ordnung, Ruhe, die Herrscher, das System und die Gesetze zu unterstützen und aufrechtzuerhalten und zwar durch Tricks, Listen und Intrigen."(217)
Haben die Engländer dann Fuß gefaßt, so verfolgen sie einen Plan, um zur Macht zu gelangen. Sie beseitigen jeden frei und national Denkenden, der offen für nationale Errungenschaften eintritt. Daneben unterstützen sie jene, die weniger Mut haben, kein Interesse an Diskussionen haben oder nicht ausdrücklich danach verlangen. Sie versuchen, das Volk in Sekten und Gruppierungen zu zersplittern, es gegeneinander aufzuhetzen, bis es einander bekämpft und sich selbst schwächt. Außerdem versuchen sie, die arabische Sprache zurückzudrängen, um die Kultur zu verfremden.

In mancher Hinsicht ist al-Afġānī Realist und scheut keine Kritik, wo es zu kritisieren gibt.
So übt er nicht nur an den Engländern bzw. Europäern Kritik und versucht sie zu charakterisieren, sondern auch an den Orientalen, indem er sie folgendermaßen beschreibt: "Der Orientale ist klug und labil (kaṯīr aḏ-ḏakāʾ wa-ʿadīm aṯ-ṯabāt), genügsam und ängstlich

---

(217) Ebenda, S. 168.

(qanūʿ wa-ǧazūʿ), ungeduldig und bescheiden (qalīl aṣ-ṣabr wa-mutawāḍiʿ); er beharrt nicht auf seinem Standpunkt und seinen Rechten. Dank der Charaktermerkmale des Engländers (bzw. Europäers) und des Orientalen erlangt ersterer die besten Ergebnisse aufgrund der Tugend der Standhaftigkeit; letzterer verliert gerade wegen der mangelnden Standhaftigkeit und wegen seiner Ungeduld."(218) (Geduld ist nicht im Sinne von Fatalismus gemeint.)
Dazu zitiert al-Afġānī mehrere Verse aus dem Koran, in denen sehr häufig die Geduld gepriesen und zur Geduld gemahnt wird. Al-Afġānī mißt der Geduld eine große Rolle zu, nicht nur, weil der Koran dazu auffordert, sondern auch aufgrund seiner Beobachtung, wie die Orientalen falschen und leeren Versprechungen folgen.(219)

Al-Afġānīs Definition des "Kolonialismus" (istiʿmār) ist von seinen Erfahrungen und Beobachtungen in Afghanistan und Indien und den "bekannt" gewordenen Plänen für Ägypten (vor und nach dem ʿUrābī-Aufstand) geprägt.

Seiner Meinung nach hat die "Kolonialisierung" mehr zerstört als aufgebaut, und sie versklavt und unterdrückt die Menschen in den kolonialisierten Ländern. Infolgedessen haben die mächtigen "zivilisierten" Länder die Oberhand über die schwachen "unzivilisierten" Länder.(220)

---

(218) Ebenda, S. 80.

(219) Vgl. ebenda.

(220) Vgl. ebenda, S. 199.

All das kann durch richtige Erziehung und Aufklärung, die auf den Prinzipien der Religion beruhen, die den Weg erleuchten, dem Volk Kraft verleihen und es von seinem Zustand erlösen, beseitigt werden. Viel wichtiger noch ist aber die Einigung auf einen gemeinsamen Nenner.(221)

Al-Afġānī hat erkannt, daß die Einigung der islamischen Länder, also des osmanischen Reiches (mit dem Hauptsitz der Kalifen in Istanbul), Persiens und Afghanistans in politischer Hinsicht kaum zu verwirklichen ist, weil verschiedene Faktoren diese Entwicklung erschweren:

a. der Egoismus der islamischen Herrscher, deren Liebe zum Absolutismus sowie ihre bewußte oder unbewußte Schwäche in Regierungsgeschäften, wobei es ihnen hauptsächlich auf den Titel ankommt;(222)
b. der Einfluß der Großmächte und deren Interesse an den islamischen Gebieten;(223)
c. der starke Einfluß Fremder innerhalb eines Herrschaftsgefüges (Das gilt besonders für das osmanische Reich und hat nach al-Afġānīs Meinung nichts mit Entgegenkommen gegenüber Fremden und ihrer Gleichstellung mit Einheimischen in hohen Funktionen zu tun. Aber, "wenn es einem nicht gleichgesinnten Fremden (ġarīb munāwiʾ) gelingt, die höchsten und wichtigsten Ämter im Staat zu bekleiden, dann kannst du für diesen Staat auf das Schlimmste gefaßt sein."(224));

(221) Vgl. ebenda, S. 82.
(222) Vgl. ebenda, S. 171 ff.
(223) Vgl. ebenda, S. 210.
(224) Ebenda, S. 166.

d. das mangelnde Interesse der Muslime an gegenseitigen Verbindungen sowie ihre Ignoranz hinsichtlich der Ereignisse und Geschehnisse in den verschiedenen muslimischen Ländern;(225)
e. die Gefahr, die von der im Ausland studierenden Elite ausgeht. Diese Elite vertritt mehr oder weniger, direkt oder indirekt, bewußt oder unbewußt die Interessen jener Länder, in denen sie ihre Ausbildung genossen hat. Diese im Ausland studierenden Leute laufen Gefahr, nach ihrer Rückkehr ihre Heimat zu unterschätzen und zu diffamieren, das Ausland dagegen blindlings zu achten und zu loben. Es gelingt ihnen häufig nicht mehr, sich restlos in ihre heimatliche Gesellschaft zu integrieren(226), bzw. sich von der Gesellschaftsform ihres Studienlandes zu lösen. Dabei übersah Al-Afġānī wohl das Reintegrationsproblem der in die Heimat zurückkehrenden Studenten.

Diese Faktoren führen nach al-Afġānī nicht nur zur Schwächung und Uneinigkeit, sondern darüberhinaus auch zur Stagnation, wenn nicht gar zum Niedergang der Muslime.

Seiner Meinung nach ist die Zusammenarbeit der islamischen Länder eine Grundbedingung für die Abschaffung des fremden Einflusses. Darum tritt er für eine Einheit ein, die föderalistisch aussehen kann und auf die Religion zurückgeführt werden soll.

---

(225) Vgl. ebenda, S. 208.
(226) Vgl. ebenda, S. 210.

Der Orient ist schwach bzw. krank und uneinig. Diese Situation muß geändert werden, und dafür setzt sich al-Afġānī ein. Er vergleicht den Orient mit einem Kranken, für den die Medizin zu teuer ist und für dessen Erkrankung man auch noch keine genaue Therapie kennt.
"Wie kann man die Ziele aufeinander abstimmen, die so weit auseinanderklaffen, weil jeder mit seinen eigenen Problemen beschäftigt ist? Oh Gott, wenn jemand überhaupt Probleme hat, die ihn in diesem Ausmaß beschäftigen, dann würde er sich gewiß nicht von seinem Bruder trennen, der ihm so fest beisteht und ihm so nahe ist. Stattdessen beschäftigt er sich mit Dingen, die anderen gehören, und glaubt dabei, es seien die eigenen Probleme."(227)
Damit will al-Afġānī sagen, daß die islamischen Herrscher fremden Interessen (eventuell auch noch den eigenen) dienen, ohne Rücksicht auf das Gemeinwohl zu nehmen.

Al-Afġānī ist der Überzeugung, daß es für jede Krankheit einen Erreger gibt. Darum versucht er, die Symptome der Krankheit des schwachen Orients zu erkennen und die Diagnose zu stellen, um dann die Ursachen dafür zu erforschen und zu beseitigen.
"Der Orient, der Orient! Und ich konzentrierte (ḫaṣṣaṣ = spezialisieren) das System meines Verstandes (dimāġ) darauf, die Krankheit zu diagnostizieren und ihre Heilmittel zu erforschen! Ich fand die tödlichsten Krankheiten; und was die Einheitlichkeit des Zieles behindert, ist die Uneinigkeit seiner (des Orient) Völker und die Zersplitte-

---

(227) Ebenda, S. 212.

rung ihrer Gedanken. Sie sind uneinig darüber, ob sie einig sein müßten, und einig darüber, daß sie uneinig sein wollen. Sie kommen (also) überein, daß sie nicht übereinkommen wollen (ittafaqū ʿalā an lā yattafiqū), und so wird es für keine Nation eine Auferstehung geben."(228)

Die Krankheit und ihre problematische Heilung führt al-Afġānī auf zu wenig Mut, Willen und Strebsamkeit und zu große Illusionen und Angst zurück.

Selbstverständlich liegt die Schuld an dieser mißlichen Lage für al-Afġānī nicht beim einfachen Muslim oder in der Religion als solcher, sondern es gibt, wie bereits erwähnt, eine Reihe von Faktoren, die die Entwicklung der islamischen Nation stagnieren lassen: die falsche Interpretation der Religion, die "Passivität" der Gelehrten, den Egoismus mancher Herrscher und nicht zuletzt die Einmischung und den zunehmenden Einfluß der europäischen Großmächte. Trotz alledem gibt al-Afġānī nicht auf und versucht, nachdem er die Diagnose gestellt hat, ein Heilmittel zu finden.

II. Heilung

Nach al-Afġānīs Überzeugung ist eine Heilung mit Hilfe verschiedener Maßnahmen möglich.

a. Korrekte Erziehung, Belehrung und Aufklärung werden zu einem positiven Ergebnis führen und der Nation Vorteile bringen.

---

(228) Ebenda, S. 48.

Also können demnach die Werte der Erziehung, der Belehrung und Aufklärung nur anhand des Erfolges bzw. Mißerfolges, den sie bewirken, gemessen werden.(229)

Al-Afġānī mißt der Erziehung und Belehrung eine große Bedeutung bei und sieht, daß für die islamische Nation ohne richtige Aufklärung keine Möglichkeit besteht, ihre Stagnation zu überwinden, oder besser gesagt, aus ihrem Schlaf zu erwachen. Er sieht seine Mission im Zusammenführen der orientalischen, respektive islamischen Völker, und der Weg, der zu diesem Ziel führt, ist die Aufklärung.

"Al-Afġānī lehrte an jedem Ort und jeder Stelle, in seinem Haus, im Hause seiner Freunde, in Kaffeehäusern und bei verschiedenen Veranstaltungen"(230), ohne Rücksicht auf Herkunft oder Rangordnung, Stellung oder Position der Anwesenden.(231)

Demzufolge beschreitet al-Afġānī zwei Wege. Einerseits lehrt er täglich bei sich zu Hause, wo er regelrechte Schüler hat, die permanent an seinen Sitzungen teilnehmen. Andererseits versucht er als Politiker, überall dort, wo er hinkommt, politische Aufklärung zu betreiben.(232)

---

(229) Vgl. Ṭūqān, Qadrī, Ǧamāladdīn al-Afġānī, ārā'uh wa-kifāḥuh wa-aṯaruh fī nahḍat aš-šarq, Nablus/Palästina 1947, S. 34.

(230) Ebenda, S. 15

(231) Vgl. ebenda, S. 15 ff.

(232) Vgl. al-Midliǧī, Ṯābit, Ar-Raǧul al-aʿṣār Ǧamāladdīn al-Afġānī, Beirut 1954, S. 127 und 134.

Die Durchführung korrekter Erziehung und Belehrung ist nach al-Afġānī komplex.
Sie geschieht für die ältere Generation in Aufklärungsvorträgen, die sich mit wichtigen Lebensbereichen und dem Aufbau des Landes befassen.
Da die staatlichen Schulen entweder unter ausländischer Aufsicht stehen, Missionsschulen sind oder unnütze Fächer lehren, sollten die Jugendlichen in privaten oder nationalbewußten Islam- oder Koranschulen (kuttāb) unterrichtet werden, in denen neben dem theoretischen, vergleichbar mit Berufsschulen, auch praktischer Unterricht erteilt werden muß. Der Lernprozeß soll systematisch ablaufen.
Im Gedanken an die Kinder wiederum muß man deren Mütter gut ausbilden. Das bedeutet, daß die Mutter ihr Kind zunächst im Hinblick auf die Hygiene pflegen muß. Außerdem kann sie es die Liebe zu seiner Heimat lehren und ihm stufenweise Wissen beibringen.(233)
Dazu ist die Mutter aber nur dann fähig, wenn sie erstens, wie oben angeführt, selbst ausgebildet wurde und sich zweitens ihrer Rolle als Frau und Mutter bewußt ist. Deshalb sollen hier die "Emanzipation" der Frau und ihre Rolle in der Gesellschaft, wie al-Afġānī sie sieht, etwas genauer erörtert werden.

Die Familie ist für al-Afġānī ein Element und eine bedeutende Einheit der Gesellschaft.

(233) Vgl. Maḫzūmī, Muḥammad, a. a. O., S. 87 ff.

Gott schuf Mann und Frau verschieden, damit jeder seine spezielle Aufgabe erfüllen kann. Da aber die Familie aus Mann, Frau und Kindern besteht, ist die Aufgabe der Frau das Heim. Will die Frau, genau wie der Mann, außerhalb des Hauses arbeiten, was geschieht dann mit den Kindern?
Al-Afġānī bezeichnet die Frau als die Königin des Hauses, die die Kinder Tugenden, Tapferkeit und dergleichen lehrt. Sie kann es körperlich nicht verkraften, wenn sie gleiche oder ähnliche Arbeit wie der Mann verrichtet. Mag ihre Arbeit auch gewisse materielle Vorteile bringen, die Nachteile für ihr Heim und ihre Kinder sind größer.
Al-Afġānī tritt für die Respektierung der Frau und ihrer Rolle als Mutter ein. Er akzeptiert sogar im Rahmen ihrer Möglichkeiten und "Moral" ihre Tätigkeit außer Haus, sofern es notwendig ist und sie dem Mann damit hilft.

Bemerkenswerterweise ist al-Afġānī von der Rolle und dem Verhalten der deutschen Frau sehr beeindruckt und hofft, daß die orientalische Frau bzw. Mutter ihr ähnlich wird.(234)

---

(234) Vgl. ebenda, S. 68 ff. In Paris soll es zwischen al-Afġānī und einer deutschen Frau freundschaftliche Beziehungen gegeben haben. Vgl. Afshar, Iraj und Mahdavi, Asghar, a. a. O., S. 72 und Photo 141 - 146. Hier handelt es sich um Briefe an al-Afġānī und zwei Bilder von ihr. Ferner vgl. Pakdaman, Homa, a. a. O., S. 339 ff und Keddie, Nikki R., a. a. O., S. 268 ff.

Zusammenfassend sagt er: "Die Kraft der Frau lieg in ihrer Schwäche und die Tugend des Mannes in seiner Stärke und der Fähigkeit, gegenüber der Frau und Mutter schwach zu sein. Nach meinem Glauben ist der Rollentausch eine Abweichung von der Weisheit der Schöpfung und gegen die Natur gerichtet."(235)
Diese Aussagen zeigen, daß al-Afġānī doch in gewisser Hinsicht ein wenig dem Herrschaftsanspruch des Mannes in einer männlichen Gesellschaft ausweicht, um der Frau gewisse Aufgaben und Funktionen im Aufbau der Gesellschaft zuzugestehen.

b. Tapferkeit und Opferbereitschaft sind ein schnell wirkendes und absolutes Heilmittel, allerdings sehr gefährlich und beängstigend für die Feigling Es kann nur durch richtige Erziehung, d. h. richtige Belehrung der heranwachsenden Generation, und neue Interpretation der Religion und ihrer Bedeutung für die Seele erreicht werden. Dazu müssen aufrichtige Organisationen und Vereine, die an den Idealismus glauben, beitragen.(236)

c. Die Presse ist nach al-Afġānīs Meinung für eine Mithilfe am Heilungsprozeß ungeeignet, da die Zeitungen weder einen guten Stil haben, noch etwas Neues bringen.(237) Außerdem gibt es zu viele Analphabeten. Ebenso wenig geeignet für den Heilungsprozeß sind die Parteien. Sie können gegebenenfalls

---

(235) Maḫzūmī, Muḥammad, a. a. O., S. 74.

(236) Vgl. ebenda, S. 84.

(237) Vgl. al-Afġānī, Al-ʿUrwa al-wuṯqā, a. a. O., S. 15 ff.

eine Hilfsfunktion ausüben, jedoch nicht in der Art und Weise, wie sie im Orient existieren.(238)

d. Die orientalischen Herrscher könnten zwar das ihrige zum Heilungsprozeß beitragen; sie sind dazu aber nicht in der Lage, weil sie nicht bedenken, daß Titel Verpflichtung bedeutet. Stattdessen berauschen sie sich nur am Klang des Wortes und an der majestätischen Bezeichnung. Wenn der orientalische Herrscher seines Reiches, seines Hab und Gutes und seiner Rechte beraubt wird, aber seinen Titel und was dazugehört behält, so ist er damit glücklich und weiß nicht, was ihm verloren ging. Diese Schwäche haben die Engländer bei jedem orientalischen Herrscher schnell erkannt. Deshalb streuen sie ihnen mit der Beibehaltung des Titels, obwohl dieser längst seine Bedeutung verloren hat, Sand in die Augen. Die Engländer sehen nicht die geringste Veranlassung, die Herrscher ihrer Titel zu berauben und sie damit zu beunruhigen.
"Der große Titel ist eine Festung, in der der orientalische Herrscher gefangen ist, oder eine tiefe Grube, in die er gestoßen wird, und er glaubt, er sei im Paradies, das so groß ist, wie Himmel und Erde."(239)
Al-Afġānī versucht, den Orient vom allgemeinen Übel zu erlösen. Er plädiert für eine gesunde Erziehung,

---

(238) Vgl. Maḫzūmī, Muḥammad, a. a. O., S. 49 ff.

(239) Ebenda, S. 172.

sieht aber auch, daß die Zeit eilt und die islamische Nation von Gefahren umgeben ist.(240)
Deshalb zieht er schnellere Methoden vor:

a. Er akzeptiert Machtwechsel durch ein politisches Attentat oder durch einen Putsch. Dazu meint er, wenn der Herrscher schlecht sei und die Nation noch Leben in sich habe und Gott es gut mit ihr meine, dann würden sich die Mutigsten aus ihren Reihen zusammenschließen und diesen kranken Baum absägen und entwurzeln, bevor seine tödlichen Gifte unter das Volk verbreitet würden und den Heilungsprozeß zunichtemachten. Er wundert sich, daß es niemanden gibt, der auf den ägyptischen Ministerpräsidenten Nubar Pascha (armenischen Ursprungs und zu jener Zeit Ministerpräsident von Ägypten), der mit den Engländern "kollaboriert", ein Attentat verübt.(241) Weiterhin befürwortet er ein politisches Attentat auf den Khedive Ismā'īl, weil sich dieser zu sehr für die englischen Interessen engagiert. Diese Zusammenarbeit mit den Engländern könne sich nur negativ auf Ägypten auswirken. Darum überredet al-Afġānī seinen Schüler und Mitstreiter Muḥammad 'Abduh, den Khedive zu ermorden. Das Attentat kommt allerdings nicht zustande, weil der betreffende Khedive am 26. Juni 1879 durch seinen Sohn abgelöst wird.(242)

b. Um sein Ziel, einen schnelleren Heilungserfolg, zu erreichen, bejaht al-Afġānī nicht nur politische Morde, sondern auch eine Volkserhebung. Sogar eine

---

(240) Vgl. al-Afġānī, Al-'Urwa al-wuṯqā, a. a. O., S. 19 ff.

(241) Vgl. ebenda, S. 389.

(242) Vgl. ebenda, S. 31 (der Einleitung).

Revolution ist ihm willkommen. In einem Appell an die ägyptischen Bauern in Alexandrien sagt er: "Du armseliger Bauer (miskīn) öffnest den Schoß der Erde gerade nur, um deinen Hunger und den deiner Kinder zu stillen. Warum durchbohrst du nicht das Herz deiner Unterdrücker? Warum durchdolchst du nicht das Herz derjenigen, die die Früchte deiner kargen Arbeit ernten?"(243)
Natürlich findet al-Afġānī mit seinen impulsiven Ideen und Gedanken keinen Widerhall bei der breiten Masse. Seiner Meinung nach sind die Leute nicht bereit, sich zu opfern, sondern ziehen unpolitisches und einfaches Leben, wenn auch unter schlechten Bedingungen, einer Revolution vor. "Diejenigen, die das Leben lieben, verbringen das Leben aus Angst vor der Erniedrigung in der Erniedrigung; die Menschen leben aus Furcht vor der Unterdrückung in der Unterdrückung und trinken in jedem Moment die Bitternis des Todes aus Furcht vor dem Tod."(244)

Betrachtet man diese Grundpfeiler der Ideen und Taten al-Afġānīs, so erkennt man, daß er zur Erreichung seiner Ziele die politische Erhebung bejahte(245) und den Anstoß dazu gab, weil sein Glaube an das Recht eines jeden Volkes, sich selbst zu befreien bzw. zu regieren, und an die Gerechtigkeit, Gleichheit etc., tief in ihm verwurzelt war.(246)

---

(243) Ebenda, S. 28 (der Einleitung).
(244) Ebenda, S. 389.
(245) Vgl. Abū Rayya, Maḥmūd, a. a. O., S. 52.
(246) Vgl. Ṭūqān, Qadrī, a. a. O., S. 33.

Al-Afġānīs Engagement zugunsten der unteren Schichten läßt unübersehbar seine sozialrevolutionäre Einstellung als Pionier im islamischen Raum des 19. Jahrhunderts erkennen.

III. Staats- und Gesellschaftstheorie

1. Regierungsform

Für al-Afġānī gibt es drei Arten der Regierungsform(247):

a. Im "harten" System sind Rang und Funktionen der Herrscher trotz ihrer adligen Herkunft denen der Gesetzlosen ähnlich (quṭṭaʿ aṭ-ṭuruq). Sie rauben das Geld der Menschen und nehmen ihnen mit Gewalt Ländereien und andere Güter fort.

b. Die Urheber des "Tyrannenstaates" sind unmenschlich und versklaven die Menschen, die in Freiheit geboren sind. Diese Herrscher behandeln ihre Untertanen wie Sklaven. Sie lassen sie Tag und Nacht Zwangsarbeit leisten und unterjochen sie unter den schlimmsten Bedingungen. Zu diesem System gehören die orientalischen Regierungen der Vergangenheit und Gegenwart und die meisten europäischen Regierungen der Feudalzeit sowie die englische Regierung in Indien.

---

(247) Vgl. Riḍā, Rašīd, Al-Manār, Kairo 1903, Bd. III, S. 579 ff.

c. Der "barmherzige" Staat untergliedert sich in zwei Formen:

1. Im "unwissenden" Staat mit seinem gutwilligen, aber unfähigen Herrscher wollen die Herrscher für ihre Untertanen das Beste in Handel, Wirtschaft, Bodenbearbeitung usw., ohne aber dafür die Grundvoraussetzungen zu schaffen, wie etwa den Bau von Schulen, Rationalisierung der Bürokratie und dergleichen. Sie sind wie ein barmherziger, aber absolut unfähiger Vater.

2. Beim "wissenden" Staat handelt es sich einerseits um den Staat, dessen Herrscher zwar mit guten Absichten, aber ohne Konzept und Kenntnis der genauen Lage das Volk regiert. Andererseits ist damit die Regierung der Gelehrten (al-ḥukūma al-mutanaṭṭisa) gemeint. Diese wissen, daß das Fundament des Staates und das Leben des Volkes auf Agrarwirtschaft, Industrie und Handel basieren, und es ist ihnen bewußt, daß das gute Funktionieren des Staates nur durch gezielte Erziehung erreicht werden kann, die sowohl im theoretischen als auch im praktischen Bereich in den entsprechenden Schulen geboten wird. Außerdem wird der Einsatz von Landmaschinen, der Aufbau von Fabriken, die Verbesserung der Handelsmethoden und dergleichen notwendig. Die Gelehrten haben genau erkannt, daß Zivilisation und ein gut funktionierendes gesellschaftliches System nur durch Gleichberechtigung und Gerechtigkeit geschaffen werden können.

Nach al-Afġānīs Meinung können die Staaten nur existenzfähig und mächtig werden aufgrund

a. einer gemeinsamen Rasse (ǧins), die Einheit und Überlegenheit bewirkt;

b. der Religion, die an die Stelle der Rasse treten kann; sie vereinigt die Rassen und macht sie mächtig;(248)

c. der Tatsache, daß die Macht in einem Staat nicht von einem Ausländer ausgeübt wird, sondern nur von einem Einheimischen auf der Grundlage der Gerechtigkeit und Demokratie;

d. eines gut funktionierenden Verteidigungsapparates, der auch in Friedenszeiten von Nutzen sein kann.(249)

In diesen genannten Faktoren sieht al-Afġānī die idealen Voraussetzungen für eine optimale Regierungsform.

2. Gesellschaft

Al-Afġānī vergleicht die Zivilisation und Kultur einer Gesellschaft mit einer Burg, die durch die Religion auf sechs Grundpfeiler aufgebaut ist, d. h. auf drei Glaubensbekenntnisse (ʿaqāʾid, Sing. ʿaqīda) und drei Charakteristika (ḫiṣāl, Sing. ḫiṣla). Er bezeichnet sie als die "Burg der menschlichen Glückseligkeit", die die "Materialisten" zu zerstören suchen.

---

(248) Vgl. Maḫzūmī, Muḥammad, a. a. O., S. 163 ff.

(249) Vgl. al-Afġānī, Al-ʿUrwa al-wuṯqā, a. a. O., S. 40 ff.

Damit sinkt dann die menschliche Zivilisation auf die niedrigste Stufe der Animalität. Von diesen sechs Grundpfeilern, die durch die Religion entstanden sind, ist die menschliche Seele tief durchdrungen.(250)

2.1. Glauben

Der erste Grundpfeiler ist die Tatsache, daß der Mensch ein Lebewesen ist, das sich von der übrigen Natur unterscheidet. Der Mensch könnte Herr über alles sein, da Gott ihn bevorzugte, indem er ihm Verstand gab und ihn über die Animalität erhob.

Der zweite Grundpfeiler besteht in dem Gedanken, jeder religiöse Mensch solle glauben, sein Glaube sei der wahre Glaube. Der feste Glaube an die Religion und an sie als Fundament der Zivilisation sollte kein Fanatismus sein, sondern eine Art Stolz und Ehre auf eine Lehre. Darin muß ein Anlaß für jedes Mitglied einer religiösen Gemeinschaft bestehen, diese hervorzuheben und zu ihrer guten Entwicklung beizutragen.

Der dritte Grundpfeiler resultiert aus den beiden vorherigen.
Wenn der Mensch glaubt, er sei wertvoller als das Tier und sein Glaube sei der einzig wahre, dann läuft sein Denken letztlich darauf hinaus, daß die Vollkommenheit, die er in diesem kurzen irdischen Leben erwirbt, nur eine Vorstufe für ein vollkommeneres und glücklicheres Leben im Jenseits ist.

---

(250) Vgl. al-Afġānī, Ǧamāladdīn, Ar-Radd ʿalā ad-dahriyīn, 6. Auflage, Kairo 1960, S. 51, und vgl. Qāsim, Maḥmud, a. a. O., S. 134 ff.

Dieses Ideal hat stärkeren Einfluß auf die Seele als die beiden vorhergenannten Werte, weil es die Konsequenz beider ist und zum Ewigen Leben führt.

2.2. Charakteristika

Das Schamgefühl, den vierten Grundpfeiler, definiert al-Afġānī als eine innere Stimme der Seele.
Dieses Schamgefühl ist stärker als irgendein äußerer Einfluß, sei es die Gesellschaft oder das Gesetz.
Das Individuum, das frei von negativen Eigenschaften ist, schämt sich nicht aus Furcht vor seiner Umgebung oder irgendeiner Kritik, sondern vielmehr, weil die Seele sein beschämendes Handeln verurteilt. Deshalb kann man nicht zwischen den Ergebnissen einer menschlichen Handlungsweise, die auf der inneren Stimme, d. h. dem Schamgefühl beruht, und einer Handlungsweise, die nur von der Furcht vor der Umgebung und Kritik gelenkt ist, Vergleiche ziehen.
Zum Schamgefühl gehört u. a. eine ehrenhafte Seele, die die Grundlage des Verhaltens und der Handlungsweise eines Menschen ist.(251)
Al-Afġānī weist dem Schamgefühl eine Bedeutung im Sinne von Erhabensein und Wetteifern zu. Das Erhabensein und das Wetteifern dienen den Völkern als treibende Kraft beim Erlangen von Fortschritt. Was die Gesellschaft anbetrifft, so ist das Schamgefühl das Bindeglied zwischen den einzelnen Individuen der Gesellschaft, d. h. es stattet das Individuum mit all den Eigenschaften aus, die es gesellschaftsfähig machen.

---

(251) Vgl. al-Afġānī, Ar-Radd ʿalā ad-dahriyīn, a. a. O., S. 57 ff.

Außerdem spielt das Schamgefühl bei der Erziehung der Kinder eine Rolle, und zwar wird es durch Tadel geschult. Das Schamgefühl führt nun zu den beiden letzten Grundpfeilern.

Die Redlichkeit (amāna) ist nach al-Afġānīs Meinung eine weitere Voraussetzung der menschlichen Beziehungen (ṣilāt iǧtimāʿīya), d. h. für das gegenseitige Verhalten. Deshalb ist es für eine Gesellschaft unmöglich, funktionsfähig, geschweige denn existenzfähig zu sein, wenn die Elite einer Nation unredlich ist. Das wäre ein Verrat an der Nation. Auch wenn nicht jeder, dem eine Aufgabe anvertraut ist, sie mit Redlichkeit ausführt, wird die Nation in einen Zustand der Dekadenz verfallen, der einer Fremdherrschaft alle Türen öffnet.
"Die Redlichkeit ist ein Eckpfeiler der Existenz des Menschen, der Etablierung von Regierungen, der Träger der Macht und Erhabenheit, ist Gewähr für Sicherheit und Ruhe und ist Seele der Gerechtigkeit. Ohne Redlichkeit kann nichts existieren."(252)

Man kann also sagen, die Redlichkeit ist die Barriere (ḥāǧiz), die die Gesellschaft gegen Krankheiten immun macht.(253)

Die Ehrlichkeit schließlich als letzter Grundpfeiler ist für das Leben des Individuums und der Gesellschaft unentbehrlich. Al-Afġānī betont die Bedeutung dieser Eigenschaft, indem er darauf hinweist, daß der Mensch seine Bedürfnisse nicht allein

---

(252) Ebenda, S. 61.

(253) Vgl. Qāsim, Maḥmūd, a. a. O., S. 144 ff.

befriedigen kann. Wird er ohne Hilfe gelassen, so mag es sein, daß seine Sinnesorgane ihm helfen können. Sie reichen aber nicht für seine Entwicklung aus.
Darum ist er gezwungen, seinesgleichen aufzusuchen, damit sie sich gegenseitig Hilfe leisten. Belügen bzw. betrügen sie nun einander, so sind sie verloren, d. h. sie sind auf gegenseitige Ehrlichkeit angewiesen.
Diese Hilfeleistung ist wiederum unerläßlich für das Erhalten und die Weiterentwicklung der Gesellschaft und ihrer Kultur.(254)

Al-Afġānīs Ideen von der menschlichen Glückseligkeit lassen die Vermutung zu, daß er sich dabei an die Glückseligkeit bei Aristoteles anlehnt.(255)
Aus all dem ist zu entnehmen, daß eine Basis für die zwischenmenschlichen Beziehungen und den Aufbau einer Gesellschaft, die nicht auf religiöser Moralethik und Tugenden beruht, al-Afġānīs Erwartungen von einer islamischen, dynamischen Gesellschaft nicht erfüllt.

---

(254) Vgl. al-Afġānī, Ar-Radd ʿalā ad-dahriyīn, a. a. O., S. 62 ff.

(255) Vgl. Aristoteles, Nikomachische Ethik, Buch I, 1095 a ff., übersetzt von Schoningh, Ferdinand, Paderborn 1956, S. 20 ff. Es handelt sich hier um eine Übersetzung und Erläuterung der nikomachischen Ethik sowie eine kurze Einleitung dazu.

3. Soziale Phänomene (Untugenden und Tugenden zur Beeinflussung des Verlaufs der Gesellschaft)

3.1. Untugenden

In seiner Sezierung der islamischen Gesellschaft im allgemeinen und jener der zweiten Hälfte des 19. Jahrhunderts im besonderen erkennt al-Afġānī, daß die Individuen solange nicht zu einer sich positiv auswirkenden zwischenmenschlichen Beziehung gemäß der Moralethik der islamischen Lehre gelangen werden, wie die Gedanken des Absolutismus mit ihren negativen Begleiterscheinungen im Staatsgefüge herrschen. Denn der Islam kennt und erkennt nach al-Afġānī einerseits in seinem Urbild keinen Absolutismus als Herrschaftssystem an, sondern basiert vielmer auf"šūrā" (Rat) und "iǧmāʿ" (Konsesus). Andererseits fehlt ein gerechtes Herrschaftsbild, das als soziales Leitbild für die Orientierung der Masse dienen soll, und es mangelt an Vollzugsfähigkeit, um die gesamtgesellschaftlichen Spannungen, Gegensätzlichkeiten und Konflikte zu überwinden. Es liegt also ein Mangel an sozialer Kontrolle, wie sie in der ersten islamischen Gesellschaft bestand, vor.(256)

Diese negativen Erscheinungen wurden dem Muslim mehr oder weniger aufoktroyiert, aber sie können überwunden werden, wenn sich das Individuum in seiner Attitude von bestimmten Eigenschaften,die negative Auswirkungen auf das soziale Gebilde einer Gesellschaft haben, distanziert und sich stattdessen positive Eigenschaften aneignet.

---

(256) Vgl. al-Afġānī, Al-ʿUrwa al-wuṯqā, a. a. O., S. 104 ff.

Diese Eigenschaften, die die soziale Verhaltens- und Handlungsweise des Individuums beeinflussen können, werden sich nach al-Afġānī, je nach dem Grad ihrer Ablehnung oder Aneignung, auf die Entwicklung der Gesellschaft hemmend oder fördernd auswirken können. Es gibt Phänomene, die die sozialen Wahrnehmungen des Individuums negativ beeinflussen und die angestrebte Ethik unerreichbar werden lassen. Denn al-Afġānī beabsichtigt, eine Entfaltung und Entwicklung des Geistes aufgrund dieser Ethik zu erreichen, frei von gewissen negativen Einflüssen und Visionen, die sich unweigerlich hemmend auf die Befreiung und Fortentwicklung der Gesellschaft auswirken werden.

3.1.1. Illusion (wahm)

In diesem Phänomen sieht al-Afġānī eine große, der Gesellschaft drohende Gefahr, besonders wenn die Individuen der Gesellschaft unwissend sind oder in Unwissenheit leben und ihr geistiges Fassungsvermögen nicht ausreicht. Dann nämlich wird dieses Phänomen im Gedankengut Fuß fassen und den Willen stark hemmend beeinträchtigen und dadurch ein Faktor unter anderen sein, der zu Resignation und Stagnation führt. Al-Afġānī definiert die Illusion folgendermaßen: "Die Illusion ist ein bösartiger Geist (rūḥ ḫabīṯa), der die menschliche Seele in der Schwärze (ẓalām) der Unwissenheit (ǧahl) begleitet. Denn wenn die Wahrheiten (ḥaqāʾiq, Sing. ḥaqīqa) verschwinden, wird die Illusion Einfluß auf den Willen (irāda) haben und die Menschen zur Wüste (baidāʾ = auch Öde) der Dunkelheit führen ... "(257)

---

(257) Ebenda, S. 135.

Ferner ist die Illusion eine Vorspiegelung, Trugwahrnehmung und Vergröberung der Dinge; gleichgültig wie sie scheinen, ob gut oder böse, schön oder häßlich, sie bleiben ein Schein. Sie lenkt vom Spürsinn (ḥiss) ab und veranlaßt Verstörtheit und anderes mehr. "Die Illusion ist in ihrer gesamten Vielfalt (ṭaur) eine Verschleierung (ḥiǧāb) der Wahrheit und eine Hülle (ġišā') über dem Auge des Sehens (baṣīra), ist aber als Erkenntnis anzusehen. Sie hat Macht über den Willen und Herrschaft über die Vitalität (ʿazīma). Sie bringt Böses und entfernt das Gute."(258)

In diesem Zusammenhang sieht al-Afġānī in der Illusion einen sozialpsychologischen Faktor, der nicht durch Veranlagung hervorgerufen ist, sondern durch Mangel an Wissen und Erkenntnis, die durch gesunde Aufklärung und Erziehung zu erlangen sind. Denn der Geist kann sich nur durch Erziehung und Aufklärung von der Illusion befreien und sich entfalten. "Die Früchte (ṯamarāt, Sing. ṯamara) des Geistes (ʿuqūl, Sing. ʿaql = Vernunft) können nur geerntet werden, wenn sie von den Fesseln der Illusion befreit werden."(259) Aber "die Fesselung des Geistes durch Illusionen ist schwerer als die durch Ketten."(260)

---

(258) Ebenda

(259) Maḫzūmī, Muḥammad, a. a. O., S. 282.

(260) Ebenda, S. 183. Die islamische Gesellschaft des vorigen Jahrhunderts war für al-Afġānī stark von der Illusion beeinflußt, besonders in ihrem militärpolitischen Verhalten gegenüber den Engländern. Seiner Meinung nach war England nicht so stark und mächtig, wie man vermutete und sich einbildete. Wer die Engländer genauer kennt, weiß, daß all diese Stärke nur eine oberflächliche Hülle ist, und durch

Die Illusion und die Angst setzt al-Afġānī auf die gleiche Stufe, und sie bewirken einander[261]. Außerdem ist die Illusion ein Produkt der Feigheit und wird weiter von der Feigheit ausgebaut und beeinflußt.[262]

3.1.2. Feigheit (ǧubn)

In der negativen Auswirkung auf das menschliche Handeln, das auf Anordnung des Geistes und der Vernunft basiert, um die Menschen zum Guten zu führen, wirken Illusion (wahm), Imagination (ḫayāl) und Feigheit (ǧubn) ungefähr gleich. Für al-Afġānī spielen Geist und Vernunft eine hervorragende Rolle. "Der Geist hat nichts, was ihn behindert, außer der Illusion und nichts, was ihn von seiner Aufgabe abhält, außer der Feigheit, die die Imagination bewirkt, das nicht Existierende (mafcūd) sei vorhanden (mawǧūd) und das Nahe sei fern (baʿīd)."[263]

Hier sieht man, daß al-Afġānī dem Geist eine dominierendere (wenn nicht sogar absolute) Stellung als das Wissen und Schöpfen an sich zuweist.[264]

Nach al-Afġānīs Definition ist die Feigheit "eine Scheuheit der Seele (rūḥ, nafs), die gegen kein Er-

---

diese angebliche Macht, die nicht auf Tatsachen beruht, verstärken sie die Illusionen der Orientalen und bauen sie durch demonstrative Aktionen hie und da aus. (Vgl. al-Afġānī, Al-ʿUrwa al-wuṯqā, S. 135.)

(261) Vgl. al-Afġānī, Al-ʿUrwa al-wuṯqā, a. a. O., S. 139 ff.

(262) Vgl. Maḫzūmī, Muḥammad, a. a. O., S. 177.

(263) Ebenda, S. 283.

(264) Siehe Anmerkung 71 und 73 dieser Arbeit.

eignis, das ihr unangenehm ist, Widerstand leistet. Die Feigheit ist eine seelische Krankheit (maraḍ rūḥī) und nimmt die Kraft, die die Existenz bewahrt, jene Kraft, die Gott zu einer der Stützen (rukn) des natürlichen Lebens (ḥayāt ṭabī'īya; damit ist das irdische Leben gemeint) machte."(265)

Al-Afġānī begnügt sich jedoch nicht mit der Definition des Begriffes "Feigheit" als solchem, sondern er gibt darüberhinaus eine philosophische Analyse, die anhand der Kausalitätsprinzipien zu der Erkenntnis führt, daß die Ursachen der Feigheit viele Aspekte haben, aber alle diese Ursachen in ihrer Substanz auf die Angst vor dem Tod zurückzuführen sind. Der Tod ist für ihn determiniert, er kann jederzeit und zu jeder Stunde eintreten, und nur Gott weiß, wann. Daher wird Feigheit nicht vor dem Tod schützen können.(266)

Al-Afġānī konstatiert, ein Individuum, das feig ist, wird in seinem Handeln äußerst passiv sein und keine aktive Rolle in der sozialen Partizipation übernehmen. Es bleibt selbst dann passiv, wenn ihm die geistigen und körperlichen Voraussetzungen, die als Beitrag zur Entwicklung der Gesellschaft von Nutzen sein können, nicht fehlen. "Die Angst vor dem Tod wird sehr heftig sein, bis zu der Grenze, daß die Seele diese tötende Krankheit (nämlich die Feigheit) erbt. Die Angst wird durch die Unwissenheit vor dem

---

(265) Al-Afġānī, Al- 'Urwa al-wuṯqā; a. a. O., S. 144.

(266) Vgl. ebenda.

determinierten Schicksal (maṣīr maḥtūm) und der Nichtbeachtung dessen, was Gott an Güte diesseits (ḫair ad-dunyā) und Glück jenseits für den Menschen vorbereitete, verursacht. ... Der Mensch geriet in Unwissenheit über sich selbst, denn er glaubt, daß das, was Gott als Schutz für das Leben - Tapferkeit (šaǧāʿa) und Mut (iqdām) - schuf, die Ursache des Untergangs ist. Der Unwissende bildet sich ein, in jedem Schritt (ḫaṭwa) (lauere) Gefahr, und denkt, jeder Schritt bedeute den Tod, obwohl ein einziger Blick auf das, was er an menschlichen Überlieferungen (āṯār insānīya) in Händen hält und was diejenigen, die nach edlen Dingen verlangen (ṭullab al-maʿālī), an Erfüllung ihrer Erwartungen erreicht haben und wieviele Hindernisse sie auf ihrem Weg beseitigten, ihm sichtbar machen wird, daß jene Ängste nur Illusionen (und ähnliches) sind!"(267) Al-Afġānī führt die Feigheit u. a. auf die Ignoranz, ja sogar auf "ignoramus, ignorabimus et nolimus ignorare" zurück; manche Menschen glauben, durch die Feigheit das determinierte Schicksal (das bestimmte Ableben) verschieben zu können, wenn nicht gar, ihm zu entkommen. Diese Einstellung beeinträchtigt die soziale Verhaltens- und Handlungsweise des Individuums in starkem Ausmaß, und zwar gemäß gegebenen sozialen Normen, Werten und der Ethik, die als Grundelemente für die Erhaltung und Fortentwicklung der menschlichen Gesellschaft dienen sollen.

Al-Afġānī unterscheidet zwischen Angst und Furcht (ḫauf und ruʿb). Die Angst und die Illusion beeinflussen sich gegenseitig. Dabei ist die Angst eine

---

(267) Ebenda, S. 144.

Art Stimmung und hat politische und soziale Ursachen, kann aber auch durch Mangel an Geborgenheit und Sicherheit jeglicher Art entstehen.
Die Furcht dagegen basiert auf der Feigheit, die letzten Endes auf der Angst vor dem Tod beruht. Man kann also al-Afġānī so verstehen, daß die Angst eine gegenstandslose Stimmung, die Furcht dagegen ein gegenstandsgebundenes, d. h. intentionales Gefühl ist. Es mag sein, beide Phänomene, Angst und Furcht, sind in ihren Absichten verschieden, in ihren Auswirkungen auf die sozialen Gebilde aber sind sie gleich. Man kann ihnen einerseits durch Wissen und Vernunft, andererseits durch Mut und Tapferkeit entkommen, bzw. sie beseitigen.(268)

Obwohl al-Afġānī diese beiden Phänomene nicht ausführlich darlegt(269), kann man ihn dennoch dahingehend verstehen, daß sich das Individuum nach seinem Willen über diese Phänomene (in dieser Hinsicht auch über das Ego) erhebt oder sich im Ausblick auf die Schöpfungsordnung und im Vertrauen auf Gott,

---

(268) Vgl. ebenda, S. 320 und 389.

(269) Bemerkenswerterweise war al-Afġānī der erste islamische Gelehrte des 19. Jahrhunderts, der auf diese Aspekte einging, ihre Auswirkung auf die Sozialisierung und die Gesellschaft erkannte und (kurz) behandelte. Es ist bedauerlich, daß er keine hermeneutische Interpretation oder Hinweise auf die Darlegung der Furcht und Angst in der frühen und späten Antike, in der christlichen, mittelalterlichen Philosophie oder in der Philosophie des 19. Jahrhunderts abgegeben hat, nicht einmal in der islamischen Philosophie.

Solidarität und Gruppenidentität befreit, die das Individuum in der islamischen Gesellschaft (für den Muslim besonders deshalb, weil die Offenbarung Strebsamkeit, Mut und Tapferkeit in jeder Hinsicht, vor allem aber für das Anliegen des Islams und die islamische Lehre überhaupt, fordert) findet.(270)

Nach al-Afġānīs Meinung kann man sich von der Feigheit loslösen, bzw. die virtutes Strebsamkeit, Mut und Tapferkeit aneignen und sie bis zur Vollkommenheit erreichen, wenn man sich innerhalb der islamischen Lehre spezifisch der Charakteristika "al-qaḍā' wa-l-qadar" (Schicksal und Prädestination) als geistiger und religiöser Plattform bedient.(271)

3.2. Tugenden

3.2.1. Al-qaḍā' wa-l-qadar (Schicksal und Prädestination

In "al-qaḍā' wa- l-qadar" sieht al-Afġānī ein außerordentliches, soziales Phänomen der Ethik der islamischen Lehre, allerdings unter der Voraussetzung, daß man dieses Phänomen von den Aspekten der "ǧabrīya" (Lehre von der Unabänderlichkiet des verhängten Geschicks, Fatalismus)(272), die in ihrer Substanz nicht identisch ist und sein kann, befreit.

---

(270) Vgl. al-Afġānī, Al-ʿUrwa al-wuṯqā, a. a. O., S. 50 und 145 ff.

(271) Vgl. ebenda, S. 56.

(272) Die "ǧabrīya" war eine Lehrmeinung der islamischen Philosophie, hauptsächlich im 10. Jahrhundert. Der Begriff "ǧabrīya" stammt von der Wurzel "ǧabr",

Al-Afġānī führt nämlich die Resignation und Stagnation der islamischen Gesellschaft, besonders der zweiten Hälfte des 19. Jahrhunderts, u. a. einerseits auf das Mißverstehen (wegen Mangels an Wissen) der islamischen Lehre im allgemeinen und der " qaḍā' wa-l-qadar" im besonderen zurück. Andererseits liegt aber auch die Ursache im Verhalten mancher Gruppen, die sich "al-qaḍā' wa-l-qadar" unbewußt oder zweckrational als politischer und gesellschaftlicher Herrschaftsmittel bedienen, um die Gegenwart als zwangsweise von Gott verhängtes Schicksal zu erklären und damit den Status quo im eigenen Interesse aufrechtzuerhalten.(273)

In seiner Auslegung der "qaḍā' " (wa-l-qadar) kommt al-Afġānī zu der Feststellung, daß er unter der von den Aspekten der "ǧabrīya" befreiten "qaḍā'" (wa-l-qadar) folgendes versteht: "Der Glaube an die " qaḍā'" wird von einem messerscharfen Beweis (dalīl qāṭiʿ) bekräftigt, ja sogar die Veranlagung (fiṭra) führt dahin, und es ist für jeden, der Denkvermögen hat (man

---

was Zwang oder Nötigung bedeutet. Die Vertreter dieser Lehre waren der Meinung, das Individuum sei in seinem Verhalten und seiner Handlungsweise willenlos und von Gott gezwungen (Ob es gut oder böse ist, alles ist Gottes Wille.), d. h. der Mensch wird in seinen Entscheidungen gelenkt und ist nicht frei (musayyar wa-laisa muḫayyar). Damit wird der größte Teil des freiheitlichen Willens, der in der islamischen Lehre vorhanden ist, besonders in Hinsicht auf den Erwerb (kasb) in allen Lebens- und Wissensbereichen,negiert. Diese Lehre hinterließ, obwohl sie gegen Ende des 10. Jahrhunderts unterging, dennoch ihre Spuren. Vgl. al-Afġānī, Al-ʿUrwa al-wuṯqā, a. a. O., S. 51 ff und EI², S. 365.

(273) Vgl. al-Afġānī, Al-ʿUrwa al-wuṯqā, a. a. O., S. 28 ff. und S. 49 ff.

lahu fikr), einleuchtend, nämlich daß jedes Ereignis (ḥādiṯ) eine Ursache (sabab) hat, die ihm (dem Ereignis) im Zeitablauf (zamān) ähnlich wird (yuqārib = näherkommen). Er (der Denkende) sieht von den Ketten der Ursachen nichts, als das, was er (unmittelbar) vor sich hat, und keiner, außer dem Schöpfer ihres Systems, erkennt ihr Präterium (māḍī) und (die Tatsache), daß jedes Glied (der Kette) im nächstfolgenden als Initiation (madḫal) sichtbar wird. Der Wille (irāda) der Menschen ist ein Glied dieser Kette (der Ursachen) und nichts anderes als eine Spur (aṯar, womit Prägung gemeint ist.) der Eindrücke der Wahrnehmung (idrāk). Die Wahrnehmung ist eine Reaktion (infiʿāl) der Seele auf das, was an die Sinne (ḥauwās) herankommt (yaʿruḍ), und ihre Empfindsamkeit (šuʿūr) ist das, was in der Veranlagung an Bedürfnissen (ḥāǧāt, Sing. ḥāǧa gespeichert (wadaʿa) wurde. Die Erscheinungen des Universums (ẓawāhir al-kaun, in diesem Zusammenhang sind Umwelteinflüsse gemeint) haben auf das Denkvermögen und den Willen einen Einfluß, den kein Dummer (ablah), geschweige denn ein Vernünftiger (ʿāqil) negieren kann. Das Prinzip (mabdaʾ = Anfang) dieser Ursachen, deren Erscheinungen einflußreich sind, liegt in Händen des mächtigen Weltordners (mudabbir al-kaun = Gott) ... Er ließ jedes Ereignis aus einem ähnlich gearteten folgen, als ob es ein Teil davon sei, besonders im menschlichen Bereich."(274)

Nach diesem Zitat gelangt man zu folgenden Erkenntnissen:

---

(274) Ebenda, S. 52.

(1) Al-Afġānī versteht speziell unter "qaḍā'" nichts anderes als eine Art sozialen Determinismus, wobei er in einer (wenn auch kurzen) Analyse darzulegen versucht, daß soziale Geschehnisse (z. B. Vergesellschaftungsprozesse und -formen) nur durch (ähnliche) soziale Geschehnisse oder Tatsachen bestimmt werden, vor allem durch biologische und geographische Faktoren, also simile e similibus.

(2) Al-Afġānī versucht den beiden Faktoren "psychische Veranlagung" und "Wahrnehmungen durch physische, Anpassungsverhalten auslösende Reize", die zum "Behaviourismus" führen, einen gleich dominierenden Einfluß auf den Willen zuzuerkennen, denn er mißt dem Voluntarismus zur Entfaltung des Geistes, was nicht im Widerspruch zum wahren Islam steht, große Bedeutung bei.
Obwohl er den Arbeits- und Wissensbereichen die Rolle der ständigen prima causa zuweist und die unilineare Deutung der sozialen Entwicklung innerhalb der prima-causa-Theorie vertritt, läßt er der "Liberté humaine" einen gewissen Spielraum, der anhand der Merkwelt festzustellen ist. "Nehmen wir an, ein Unwissender (ǧāhil) erkennt (iʿtirāf = Anerkennung) die Existenz (wuǧūd) eines Gottes bei der Schöpfung der Welt nicht an, so kann er doch die Anerkennung der Einflüsse der Naturfaktoren (fawāʿil ṭabīʿīya) und materiellen Geschehnisse (ḥawādiṯ māddīya) auf den menschlichen Willen nicht leugnen."(275) Denn hinter dieser Weltordnung steht eine unsichtbare Macht, die für die religiöse Offenbarung die Macht

---

(275) Ebenda

Gottes ist. Reichen aber die Erkenntnisse eines Individuums nicht so weit, so ist das nicht schlimm, denn das Individuum akzeptiert das Vorhandene und seine physikalischen Beweise, aber dies alles geschieht doch auf Gottes Geheiß.

Al-Afġānī zeigt damit auf, daß das Individuum durch seine Anerkennung der sichtbar vorhandenen Dinge unbewußt den ersten Schritt auf dem Weg zur Anerkennung der Wahrheit macht. Hier sieht man, wie sehr er sich darum bemüht, der "Liberté humaine" innerhalb der unilinearen prima-causa-Theorie einen möglichst weiten Spielraum zu geben, bzw. Verständnis und Überlegung für das selbstverständliche Konvergieren von Geist und Dogma zu zeigen.

Abgesehen davon, daß al-Afġānī versucht, sich der richtig verstandenen "qaḍā'" (wa- l-qadar) als sozialem Determinismus zur Erhellung besonderer, wissenschaftlich (noch) nicht geklärter Wirkungszusammenhänge zu bedienen, sieht er darin auch eine Anschauung bzw. Lehrmeinung, die ganz allgemein ein wirksames Faktum in den sozialen Beziehungen darstellt. Er benutzt diese Anschauung und Lehrmeinung auch ganz gezielt, um der islamischen Nation zu einem politischen (möglichst auch kämpferischen) Ausbruch aus ihrer Resignation und Stagnation zu verhelfen. Denn die von "ğabrīya" befreiten "qaḍā'" (wa- l-qadar) erzeugen von selbst die virtutes, wie Mut, Strebsamkeit, Tapferkeit, Opferbereitschaft, Großzügigkeit, Standhaftigkeit usw. "Demjenigen, der daran glaubt, daß der Zeitpunkt seines Todes (ağal) bestimmt ist, daß sein Lebensunterhalt (rizq) gesichert ist und alle Dinge in Gottes Hand liegen, gibt er (Gott) sie nach seinem Willen. Wie könnte er dann das Sterben zur Verteidigung seiner Rechte und zur Hebung des Ansehens seiner Nation (islamische Nation) oder seines Volkes ... fürchten? Wie würde er Armut scheuen, wenn er sein Hab und Gut zur Unterstützung der Wahrheit und zum Aufbau des Ruhmreiches (maǧd) gemäß den göttlichen Befehlen (awāmir ilāhīya) und den Prinzipien (uṣūl) der menschlichen Vergesellschaftlichung(-sprozesse) (al-iǧtimāʿ al-bašarī) ausgäbe?"(276)

Darüberhinaus basieren nach al-Afġānīs Meinung die kriegerischen Siege sämtlicher Feldherren der Geschichte und auch die Siege der Muslime unbedingt auf deren Glauben an "qaḍāʾ" (wa-l-qadar). Der Möglichkeit, diese Siege post festum als selbstverständlich anzusehen, begegnet al-Afġānī mit dem Argument, das Individuum hänge von Natur aus am Leben und bange darum und um sein Dasein. Deshalb werde es nicht ohne weiteres mit dem Leben spielen und sich in voraussehbare Gefahren begeben, sofern es nicht an "al-qaḍāʾ wa-l-qadar" glaubt.(277)

Nach al-Afġānīs Überzeugung gelangt man nicht nur durch richtiges Verstehen und richtige Interpretation, sondern auch manche islamischen Philosophen gelangen zu der Feststellung, daß die islamische Lehre, die vom Menschen verlangt, sich auf "al-qaḍāʾ wa-l-qadar" zu verlassen, sich nur auf die Leistung (ʿamal = Tun) und nicht auf das Nichtstun und Faulheit bezieht. "Denn Gott hat uns nicht befohlen, unsere Aufgaben zu vernachlässigen und unsere Pflicht

(276) Ebenda, S. 53.
(277) Vgl. ebenda, S. 53 ff.

(wāǧib) mit dem Argument (huǧǧa) des Fatalismus (tawakkul = auf Gott bezogen) zurückzustoßen. Dies ist nämlich die Argumentation der Religion Abtrünniger (māriq)."[278]

Ganz offensichtlich interpretiert al-Afġānī die "qaḍā'" (wa-l-qadar) als eine Art sozialen Determinismus. Er beabsichtigt jedoch, die wahre Substanz dieses Begriffes deutlich und unmißverständlich hervorzuheben. Er soll ein positiver Faktor für die dynamische Entwicklung der islamischen Gesellschaft sein und nicht, wie bisher, als hemmender Faktor dienen. Damit wird "al-qaḍā'" für ihn zur Tugend.

3.2.2. Taʿaṣṣub[279] ("Gemeinsinn")

Der Begriff "taʿaṣṣub" hat für al-Afġānī zwei Seiten, nämlich eine positiv wirkende (gemäßigte) und

---

(278) Ebenda, S. 56.

(279) Die Begriffe "taʿaṣṣub" und "ʿaṣabīya" entstammen der gleichen Wurzel "ʿaṣaba" = zusammendrehen, zusammenbinden (z. B. von Zweigen). Vgl. Lane, Edward, Arabic English Lexicon, London 1874, reprinted USA 1955, Bd. I. In diesem Zusammenhang bezieht sich "taʿaṣṣub" als terminus technicus für das Verhalten und Handeln eines Individuums oder einer Gruppe (nicht im grammatischen Sinn) auf die "ʿaṣabīya." Die "ʿaṣabīya" ist eine Tugend des vorislamischen Nomadentums, die Verbundenheit mit der Stammesgruppe, durch die das Denken, Verhalten und Handeln des Individuums (unter bestimmten Umständen auch umgekehrt) bestimmt wird. Im engeren Sinn ist "ʿaṣabīya" ein Zusammengehörigkeitsgefühl, das zwei Verwandtschaftsaspekte umfaßt:

(a) die Verwandtschaft der Patrilinearität ist im engeren, soziologischen Sinn endogen;

eine negativ wirkende.(280).

(b) die kollaterale Verwandtschaft ist im weitesten Sinn exogen (d. h. sie wird durch Sklaven, schutzsuchende, hilfsbedürftige Individuen und ähnliche vergrößert).
Beide Aspekte, einzeln oder gemeinsam, führen zur Eigengruppe (in-group), zum Wir-Bewußtsein. Je nach Stärke oder Schwäche der "ʿaṣabīya" eines Stammes variiert die Eigenposition in der Gesellschaft. Vgl. Rosenthal, Franz, Ibn Khaldun, The Muqqadima (An Introduction to History), New York 1958, Bd. I (hauptsächlich) S. 263 ff. (Es handelt sich hier um eine Übersetzung aus dem Arabischen mit Einleitung.)

Der Prophet lehnt die ethnozentrische "ʿaṣabīya" ab, um die Verbreitung der islamischen Lehre unter den verschiedenen Völkern, Stämmen und Rassen nicht zu behindern, damit sie nicht als fremde Lehre einer fremden Gruppe (out-group) aufgefaßt wird. "The prophet condens ʿAṣabīyya as contrary to spirit of Islam." EI², Bd. I, S. 681. Die "ʿaṣabīya" spielte in den Gedanken Ibn Ḫaldūns über die Gesellschaftstheorie und ihren Einfluß als treibender Faktor in der Gesellschaft, besonders im Nomadentum, eine dominierende Rolle. Heinrich Simon faßt den Begriff "ʿaṣabīya" bei Ibn Ḫaldūn wie folgt zusammen: "Die ʿaṣabīya ist die geistige Widerspiegelung einer objektiv vorhandenen, gesellschaftlichen Situation und als solche von ihr abhängig." (Simon, H., Ibn Ḫaldūns Wissenschaft von der menschlichen Kultur, Leipzig 1959, S. 52) Daher stimme ich nach dieser kurzen Darstellung der "ʿaṣabīya" mit Simon überein, wenn dieser sagt: "... Daher erscheint es doch als zweckmäßig, den arabischen Terminus ʿaṣabīya, der letztlich nicht adäquat übersetzbar ist, beizubehalten." Simon, Heinrich, a. a. O., S. 52. Meiner Meinung nach gilt das auch für den Terminus "taʿaṣṣub", denn die Interpretation Fanatismus, Schwärmerei usw. wäre nur für einen Aspekt des taʿaṣṣub angebracht, kann aber nicht für den ganzen Terminus als soziologischen Begriff gelten. Taʿaṣṣub bedeutet darüberhinaus Parteigeist oder Stammesbewußtsein.

(280) Vgl. al-Afġānī, Al-ʿUrwa al-wuṯqā, a. a. O., S. 41.

Die positive Wirkung beschreibt er folgendermaßen: "Taʿaṣṣub ist eine Eigenschaft der menschlichen Seele, die (die Seele) zum Schutz desjenigen, der mit ihr verbunden ist, und zur Verteidigung seiner Rechte anspornt. Die Art und Weise der Verbundenheit ergibt sich aus den Urteilen (aḥkām) der Seele aufgrund ihrer Wahrnehmung (maʿlūmātihā) und Erkenntnis (maʿrifa). Taʿaṣṣub ist das Bindeglied (ʿaqd ar-rabṭ) in jeder Nation, ja sogar mehr, er ist die richtige Stimmung, die zerstreuten Individuen einer Gemeinschaft auf einen gemeinsamen Nenner (ism wāḥid = einen Namen) zu bringen... Taʿaṣṣub ist eine Kollektivseele (rūḥ kullī), seine Wiege (mahbaṭ) ist die Gestalt (haiʾa) und das Erscheinungsbild (ṣūra = Bild) der Gemeinschaft, und seine Sinne und Gefühlsorgane sind die Seelen sämtlicher Individuen. Stößt einem dieser Gefühlsorgane durch einen Fremden etwas zu, was ihm unangenehm ist, so erregt sich die Kollektivseele und mobilisiert (ǧāšat) ihre Natur, es abzuwehren. Deshalb ist taʿaṣṣub der Anreiz (maṯār) zu allgemeinem Eifer (ḥamīya) und die treibende Kraft des Nationalbewußtseins"(281)

Aus obiger Definition und Beschreibung des gemäßigten Aspekts des Begriffs "taʿaṣṣub" ist zu entnehmen, daß er im Prinzip eine Verhaltens- und Handlungsweise initiiert, die auf einer gemeinsamen Gesinnung der Gemeinschaft beruht, d. h. der innere Zusammenschluß einer Gemeinschaft und der Zustand innerer Verbundenheit überbrücken durch gemeinsame, sozialmoralische und -kulturelle Leitideen die Kluft,

---

(281) Ebenda, S. 41.

die die Individuen voneinander trennt und auseinanderhält. Außerdem vermittelt das Gefühl des Betroffenseins der Gemeinschaft besonders das Erleben von Ehre und (oder) Unehre, wenn einem oder mehreren ihrer Mitglieder durch die Außenwelt etwas zustößt, genauso, wie der einzelne davon betroffen ist, wenn der Gemeinschaft etwas zustößt. Diese Art von "Esprit de Corps" bietet nämlich den Individuen im Falle der Gefahr Rückhalt und Schutz.
Diesen gemäßigten Aspekt von "taʿaṣṣub" kann man als einen Zustand auffassen, in dem sich eine Vielheit als Einheit verhält. Dieses Verhalten bewirkt auch einen Sinn für das Praktische, ja sogar Wirtschaftliche, der von außen angeregt oder gestört werden kann.(282) Demnach kann man also unter dem gemäßigten, positiven Aspekt von "taʿaṣṣub" eine Art Solidarität verstehen.

Die negative Seite des "taʿaṣṣub" untergliedert sich wiederum in zwei Aspekte, die Untertreibung (tafrīṭ = Nachlässigkeit) und die Übertreibung (ifrāṭ). Nach al-Afġānīs Ansicht hängen Aufrichtigkeit der Charaktere und Festigkeit der Tugenden sowie die daraus entstehende Verhaltens- und Handlungsweise einer Gemeinschaft entsprechend der gegebenen Werte vom Grad des "taʿaṣṣub" innerhalb der Gemeinschaft ab. Je geringer die Gemeingesinnung der Individuen untereinander ist, desto schwächer und lockerer wird die Intergruppenbeziehung. Es entsteht passives Verhalten gegenüber der sozialen Partizipation, so daß es zum Zerfall des Kollektivsinns kommen wird. Die Individuation und das Ego (falsche Bewußtsein) schreiten

(282) Vgl. ebenda, S. 40.

infolgedessen fort bis zur Desorientierung. Daraus folgt die Möglichkeit der Heuchelei, der Unterwerfung oder der (Zwangs-) Anpassung, ja sogar der Assimilation an eine Fremdgruppe, bzw. als "Randseiter" weiterhin zu existieren.(283) "Je geringer die Bindekraft (quwwat ar-rabṭ) unter den Individuen einer Gemeinschaft wegen der Schwächung des "ta assub" ist, desto nachlässiger werden ihre Glieder ... , und der Bau (binā') der Gemeinschaft zerfällt (inḥilāl) ... Danach stirbt die Kollektivseele, und das Gemeinschaftsgebilde (hai'at al-umma) wird zunichtegemacht. Existieren die Individuen dieser Gemeinschaft weiterhin, so sind sie nichts anderes als zerstreute Teile (ağzā' mubaʿṯara). Auf Grund der Notwendigkeit des Universums werden sie sich entweder mit anderen Gliedern verbinden, oder sie werden in der Faust des Todes (qabḍat al-maut) bleiben, bis ihrer Seele die Wiederauferstehung (an-naš'a al-uḫrā) eingeblasen wird ... "(284)

Damit will al-Afġānī die Schädlichkeit, Gefährlichkeit und Verantwortungslosigkeit hervorheben, die in der Untertreibung von "taʿaṣṣub" liegen, und wohin ein derartig extremer Mangel an Solidarität innerhalb einer Gesellschaft führen wird. Genau das traf nämlich auf die politische Lage der islamischen Länder in der zweiten Hälfte des vorigen Jahrhunderts zu.

---

(283) Für al-Afġānī war die Verhaltens- und Handlungsweise der Naturalisten auf dem indischen Subkontinent prototypisch dafür, besonders gegenüber den Engländern. Vgl. ebenda, S. 45 ff.

(184) Ebenda, S. 41.

Der zweite Aspekt der negativen Seite von "ta'aṣṣub" ist genau im anderen Extrem, nämlich der Übertreibung (ifrāṭ), zu suchen, welche der Koran expressis verbis verbietet. Diesen Aspekt definiert al-Afġānī wie folgt: "Die Übertreibung im "ta'aṣṣub", die zu Tyrannei (ǧaur) und Aggression (i'tidā') führt, ist tadelnswert (maḏamma). Wer in seinem "ta'aṣṣub" übertreibt (mufriṭ), verteidigt gerechter- und (auch) ungerechterweise (bi-ḥaqq wa-bi-ġair ḥaqq) denjenigen, der mit ihm verbunden (multaḥim) ist. Der Übertreiber sieht seine Stammesgenossen (Gesinnungsgenossen) als einzig und allein berechtigt, Edelmut (karāma) zu haben. Er blickt auf den, der ihm fremd ist, wie auf ein vagabundierendes Wesen, erkennt ihm keine Rechte zu und nimmt keine Rücksicht auf seine (des Fremden) Sicherheit für Leib und Leben. Durch dieses Verhalten weicht der Übertreiber (mufriṭ) vom gerechten Weg (ǧāddat al-'adl) ab, so daß die Nützlichkeit des "ta'aṣṣub" in Schädlichkeit umfunktioniert wird, der Glanz der Gemeinschaft erlischt und sogar ihr Ruhmreich zerfällt. Denn die Gerechtigkeit ist die Grundlage (qiwām) der menschlichen Gesellschaft (iǧtimā' insānī), und auf ihr beruht das Leben der Nationen. Das Schicksal jener Macht, die sich nicht der Gerechtigkeit unterordnet, wird der Untergang sein."(285)

Diese Definition der Übertreibung als zweitem, negativem Aspekt von "ta'aṣṣub" meint also eine permanente, extreme Parteinahme für die Eigengruppe. Dadurch wird praktisch eine soziale Verhaltens- und Handlungsweise aufgrund nichtkognitiver Vorurteile gegenüber den Fremdgruppen verursacht, die unweigerlich in Xenophobie und unter Umständen in Aggression

---

(285) Ebenda, S. 41.

ausartet, wobei die potentiellen Faktoren für eine Neutralisierung der Xenophobie untergegangen sind. Ferner kann man herauslesen, daß das Individuum Vernunft vermissen läßt und deshalb die Welt auf der Basis des Wertsystems der Eigengruppe sieht. Daraus ist zu entnehmen, daß auch dieses soziale Verhalten gegenüber der Eigengruppe aus nichtkognitiven Vorurteilen resultiert.
Demnach gibt es zwei Arten von Vorurteilen: das eine ist negativ und bezieht sich auf die Fremdgruppe, das andere ist positiv und bezieht sich auf die Eigengruppe.

Da nichtkognitive Vorurteile nicht gerecht (und nicht gerechtfertigt) sein können, führen sie im allgemeinen zur Desorientierung und Fehleinschätzung der Lage. Denn in einer desorientierten Gesellschaft wird man das Phänomen der sozialen Kontrolle als gerechten Aspekt der sozialen Organisation vermissen. Bei Andauern einer solchen Situation wird die Gesellschaft systematisch zerstört.

Im allgemeinen unterscheidet al-Afġānī zwischen zwei dominierenden Einflußbereichen des "ta'aṣṣub", einem ethnozentrischen und einem universal religiösen Einflußbereich. Obwohl in beiden hohe Kulturen entstanden, plädiert er (vorerst) für den gemäßigten, universal religiösen "ta'aṣṣub"(286), denn dieser führt zu einer viel größeren Verbundenheit, einem viel besseren Einvernehmen und mehr gegenseitiger Hilfe unter verschiedenen Gruppen, Völkern und Rassen als der ethnozentrische "ta'aṣṣub", der seinerseits die Gefahr von Vorurteilen gegenüber Fremdgruppen in sich birgt.

---

(286) Vgl. ebenda.

Darum ist "der gemäßigte, religiöse ta assub eine der erhabensten, menschlichen Tugenden, das am meisten nutzbringende, ja sogar das höchste und heiligste Band (aqdas rābiṭa) überhaupt."(287)

Obwohl sowohl der ethnozentrische als auch der religiöse "ta'aṣṣub" in gewisser Hinsicht auf ähnlichen Interdependenzen beruhen, baut der religiöse "ta'aṣṣub" jedoch wegen seiner universellen Funktion Hindernisse, Spannungen und dergleichen ab. Zwischen den verschiedenen Rassen, Völkern und ähnlichem ist er ein Förderer positiver Intergruppenbeziehungen und ein Garant für Homogenität und Einhalten sozialer Ethik in der Gemeinschaft.(288)

Die Tugenden sind für al-Afġānī "charakteristische Eigenschaften für die Seele, deren Aufgaben die Harmonie (ilfa) und die Übereinstimmung derjenigen, die sie sich aneignen, sind. Die Tugenden sind das Band der Einheit in der menschlichen Gesellschaft und die Verbindung ('urwat al-ittiḥād) der Individuen."(289)
Außerdem vergleicht al-Afġānī die Tugenden einer Gesellschaft mit der Lebenskraft (quwwat al-ḥayāt) eines Körpers, die die Aufgabe hat, die Funktionen jedes Körpergliedes zu dirigieren, und mit der Anziehungskraft (ǧaḏibīya) im Weltall, die das System

---

(287) Ebenda, S. 42.

(288) Vgl. ebenda. Hier weist al-Afġānī auf die frühen Muslime hin und auf ihre Toleranz und ihr Verhalten gegenüber anderen Gruppen und Andersdenkenden, wie es die Offenbarung lehrt, die mit Hilfe ihres gemäßigten "ta'aṣṣub" zu Stärke gelangten.

(289) Ebenda, S. 59.

der Planeten bestimmt.(290) Mit anderen Worten, die Tugenden sind die zentralen Gedanken al-Afġānīs Gesellschaftslehre, denn für ihn sind sie unerläßliche, dominierende Faktoren für die aktive Rolle der Individuen einer Gesellschaft in ihrer sozialen Partizipation und damit für eine positive Entwicklung der Gesellschaft.

Durch die Wiederbelebung der wahren Substanz der Tugenden im allgemeinen und der politisch orientierten, die im Laufe der Zeit falsch interpretiert und verstanden worden waren, im besonderen beabsichtigt al-Afġānī nicht nur, abstraktes Wissen zu verbreiten und sich an der Diskussion um Wertentscheidungen zu beteiligen, sondern er will vielmehr soziale Verhaltens- und Handlungsweise gemäß den gegebenen, religiösen Werten und sozialen Normen der ersten islamischen Gesellschaft erzwingen. Dies ist sein erstrebtes Ziel, weil er sieht, wie Gemeinschaftsmoral und -sinn der Muslime nachgelassen haben, und die Notwendigkeit erkennt, die islamische Gemeinschaft, die sich gerade während der zweiten Hälfte des 19. Jahrhunderts in einer politisch-kulturellen Krise befand, gegen Übergriffe abzuschirmen, ihr neue Durchsetzungs- und Widerstandskräfte zu gewinnen und eine ideologische und geographische Einheit zu etablieren; denn al-Afġānī ist sich durchaus bewußt, daß es im Körper der islamischen Gemeinschaft noch lebende Zellen gibt, die ihm Hoffnung und Entschlossenheit verleihen.(291)

---

(290) Vgl. ebenda, S. 60.

(291) Vgl. ebenda, S. 29. Auf S. 61 zählt al-Afġānī weiter die Tugenden, die für die Gemeinschaft zur Aneignung in Frage kommen, auf S. 62 auch

4. Einheit

4.1. Nationalbewußtsein

Es ist äußerst schwierig, al-Afġānīs Gedanken und seine konkrete Meinung zum Nationalismus bzw. Nationalbewußtsein zu definieren, da er einerseits kein Systematiker war, andererseits aber auch seine panislamischen Vorstellungen mit seinen Gedanken über nationales Bewußtsein vermischte.
Es ist deshalb nützlich, die stufenweise Entwicklung seiner Gedanken (in persischer Sprache in Haidarabad/Dekkan über Nationalismus nachzuvollziehen.

Man kann diese Entwicklung in drei Phasen einteilen(292):

a. Zunächst lehnt al-Afġānī jegliche Überbewertung des Nationalismus und seiner Gegebenheiten ab. Er hält ausschließlich an religiösen Bindungen fest. Seiner Ansicht nach ist der Nationalismus, vom Islam abgelehnt, eine vorübergehende Erscheinung, die notgedrungen in manchen Phasen der Entwicklung der menschlichen Kultur auftritt.
Sie kann durch kluge "Erziehung" abgebaut werden, womit eine Übertreibung des Nationalismus (was zu

---

die Untugenden (raḏāʼil, Sing. raḏīla = lasterhafte Eigenschaft), die niederträchtig sind. Man soll sie sich nicht aneignen, denn dadurch ist der Untergang der Gesellschaft unvermeidlich.

(292) Vgl. ʿAmāra, Muḥammad, Al-Aʿmāl al-kāmila li-Ǧamāladdīn al-Afġānī, Kairo 1968, S. 41 ff.

Feindseligkeiten führen würde) verhindert wird.[293] "In Verbindung mit der Verteidigung der Rechte (ḥuqūq), dem Schutz von Menschen, Besitz und Ehre wurde von Gott keinerlei Stolz auf die Zugehörigkeit zu einem Stamm und keinerlei Vorurteil durch die Sippe (ansāb) erwähnt. Vielmehr wurde jede Bindung (rābiṭa) außer der Bindung der gerechten "šarīʿa" (= islamisches Gesetz) von der Zunge des Propheten verabscheut; und jeder, der sich darauf (auf die anderen Bindungen) verläßt, wird mißbilligt, und wer ihre Partei ergreift, ist tadelnswert."[294] Weiterhin zitierte al-Afġānī aus der islamischen Tradition (ḥadīt): (Der Prophet sagt:) "Keiner von meiner Gemeinschaft ... setzt sich für die ʿaṣabīya ein, kämpft für ʿaṣabīya oder ruft nach ʿaṣabīya."[295]

Ferner trifft al-Afġānī anhand der islamischen Herrschaftsgeschichte die Feststellung, daß kein Muslim jemals aus Stolz auf seine Nationalität (im engeren Sinne) die Herrschaft eines anderen Muslims ablehnte, sofern dieser Herrscher im Rahmen des Islams regierte. "... dies ist es, was in der Biographie der Muslime seit dem Tag der Entstehung ihrer Religion bis heute aufgezeigt wurde. Sie (die Muslime) sind nicht auf Volksbande und Rassenzugehörigkeit stolz, sondern sie schauen auf die Bindungen der Religion. Deshalb siehst du, daß der Araber die Türkenherrschaft nicht ablehnt, der Perser die Obhut der Araber akzeptiert.

---

(293) Vgl. al-Afġānī, Al-ʿUrwa al-wuṯqā, a. a. O., S. 9.

(294) Ebenda, S. 10.

(295) Ibn Ḥanbal, Al-Musnad, Beirut 1969, Bd. II : 306.

und der Inder (der indische Muslim) sich der afghanischen Obrigkeit fügt (ṭadʿan), ... solange der Inhaber der Herrschaft Bewahrer der Anliegen der šarīʿa ist und ihren Prinzipien folgt."(296)
Für al-Afġānī ist sogar ein islamischer Herrscher, der die Grundsätze der "šarīʿa" nicht einhält, selbst dann, wenn er ein nationalbewußter Mensch ist, ein größeres Übel als ein fremder Herrscher.(297)
Er betont deshalb wiederholt die Wichtigkeit der religiösen Bindung und die Selbstverständlichkeit, mit der ein Muslim an den religiösen Banden festhalten wird. "... Das Geheimnis der Muslime besteht darin, daß sie trotz ihrer verschiedenen Nationalitäten diese Nationalitätszugehörigkeit nicht akzeptieren. Die Muslime lehnen jegliche Art von ʿaṣabīya außer ihrer islamischen Zugehörigkeit ab, denn derjenige, der an die islamische Religion glaubt, sieht von seiner Rasse und von seinem Volk ab, wenn er festen Glaubens ist, und wendet sich vom internen Bündnis ab der generellen Beziehung zu; und dies ist die Beziehung des Glaubens."(298); denn nach al-Afġānīs Ansicht erfüllt und koordiniert die islamische Religion das Leben diesseits und jenseits.(299)

Trotz seiner ablehnenden Haltung gegenüber der Nationalitätenzugehörigkeit und dem Nationalbewußtsein muß in dieser (etwa zu Beginn der achtziger Jahre des vorigen Jahrhunderts) gedanklichen Phase al-Afġānīs

---

(296) Al-Afġānī, Al-ʿUrwa al-wuṯqā, a. a. O., S. 11.
(297) Vgl. ebenda.
(298) Ebenda, S. 10.
(299) Vgl. ebenda.

zwischen Feindseligkeit gegenüber dem Nationalismus und Verzicht darauf unterschieden werden.

b. In der zweiten Phase seines gedanklichen Entwicklungsprozesses wird deutlicher, daß er Verzicht meint, wenn er versucht, das Nationalbewußtsein, das auf Zugehörigkeit zu einer Nation und Rasse basiert, durch die Bindung und Zugehörigkeit zum Islam zu ersetzen. Hier erkennt er nämlich neben der überregionalen islamischen Religion die Besonderheiten (Charakteristika = ḫaṣā'iṣ) des (regionalen) Nationalismus an. Schrittweise tastet er sich auf dem Weg zum Nationalismus voran, indem er zunächst der Sprache allein als Faktor des Nationalbewußtseins zwar keine Bedeutung für die Muslime beimißt;(300) gemeinsam mit der Religion aber bewirkt nach seiner Meinung die Sprache eine stärkere Verbundenheit als die Rasse.(301)

Folgt man al-Afġānīs Gedankengängen, so findet man bei ihm verschiedene Formulierungen, die die Bindungen des Nationalismus denen des islamischen Glaubens gleichsetzen, worin er einen dominierenden Faktor für die Erhaltung der Herrschaft sieht: "Wenn der Herrscher einer Nation ... seine Aufgabe ein-

---

(300) Al-Afġānī meint in diesem Zusammenhang die arabische Sprache, die Sprache des Korans, die für alle Muslime maßgebend ist. Im Koran heißt es nämlich: "Wir haben sie (die Schrift) zu einem arabischen Koran gemacht. Vielleicht würdet ihr verständig sein." Paret Rudi, Der Koran 43 : 3 . Ferner wird in verschiedenen Suren darauf hingewiesen, daß der Koran in arabischer Sprache offenbart wurde.

(301) Vgl. Maḫzūmī, Muḥammad, a. a. O., S. 267.

mal mißbraucht, wird er von selbst durch die innere Stimme der religiösen oder nationalen Zugehörigkeit aufgerüttelt ... und was in religiöser und nationaler Beziehung sein Herz gefühlsmäßig tief berührte, wird ihn weiterhin dazu drängen, von Zeit zu Zeit auf diese Beziehungen zu blicken und sie zu berücksichtigen. Es zieht ihn, zu denen zu tendieren, die ihm auf Grund jener Beziehungen nahestehen, selbst wenn sie ihm (ansonsten) fern stünden."(302) Benötigt der Herrscher einen Vertrauten, so soll dieser mit ihm entweder durch die Zugehörigkeit zur gleichen Nation oder durch gemeinsamen Glauben, was die Zugehörigkeit zur gleichen Nation ersetzen würde, verbunden sein.(303)

Al-Afġānī versuchte nun, alle Möglichkeiten der Beweisführung auszuschöpfen, um zu zeigen, wie wichtig religiöse Verbundenheit und (oder) nationale Zugehörigkeit für die Erhaltung einer Herrschaft sind. "Die Ausländer, die mit dem Herrscher nicht durch nationale Zugehörigkeit oder Religion, deren Bindung an die Stelle der nationalen Zugehörigkeit treten kann, verbunden sind, sind innerhalb eines Staates einem Arbeiter am Bau eines Hauses vergleichbar. Nichts als sein Lohn interessiert ihn, und darüberhinaus ist es ihm gleichgültig, ob das Haus erhalten bleibt, von einem Strom mitgerissen wird oder durch ein Erdbeben einstürzt. So ist es, wenn die Ausländer, was ihre Aufgaben anbetrifft, ehrlich sind, wenn sie ihre Aufgaben so erfüllen, wie sie dafür bezahlt werden."(304)

(302) Al-Afġānī, Al-ʿUrwa al-wuṯqā, a. a. O., S. 91.
(303) Vgl. ebenda, S. 89 ff.
(304) Ebenda, S. 90.

In dieser Phase tritt al-Afġānī also eindeutig für einen Nationalismus bzw. ein nationales Empfinden der Selbsterhaltung neben der Religion oder, sollte diese die Erwartungen nicht erfüllen, anstatt der Religion ein.

c. Die dritte Phase in al-Afġānīs gedanklichem Entwicklungsprozeß zeigt mehr und mehr die Bedeutung der Sprache als Hauptfundament des Nationalbewußtseins. Jedoch tritt sie nicht an die Stelle der Religion oder ihr zur Seite, sondern nimmt ihren bedeutenden Platz innerhalb des Islams ein. (Das besagt, daß der Islam in dieser Phase für al-Afġānī den Oberbegriff darstellt).

Da es äußerst schwierig ist, die Muslime auf einen gemeinsamen Nenner zu bringen, sind al-Afġānīs Agitationen nun mehr oder weniger auf die regionale Ebene bzw. ethnische Gruppierung gerichtet. So sollen die verschiedenen islamischen Völker das Nationalbewußtsein erlernen, wobei er sich auf die in diesem Zusammenhang unentbehrliche Rolle der Sprache konzentriert.

Al-Afġānī unterscheidet zwischen nationalen Prinzipien und den geistigen Grundbegriffen des Islams. Anhand des Beispiels der deutschen, christlichen Nation führt er vor Augen, wie die Deutschen zu einer Einheit gelangten, nachdem sie davon überzeugt wurden, daß nationale Gegebenheiten etwas anderes sind als Religion und Glauben. "Die Deutschen hatten innerhalb der christlichen Religion Differenzen untereinander. ... Da diese nebensächlichen (religiösen) Differenzen die politische Einheit beeinflußten, wurde die Schwäche innerhalb der deutschen Nation sichtbar. Die Feindseligkeiten ihrer Nachbarn häuften sich, und in der europäischen Politik hatten sie nichts zu sagen. Als sie aber zu sich selbst zurückfanden und ihrem Deutschtum entsprechend handelten und die nationale Einheit bei den Anliegen gemeinsamen Interesses berücksichtigten, gab ihnen Gott soviel Macht und Stärke zurück, daß sie dadurch zu Mitherrschern Europas wurden und in ihrer Hand die Waage der europäischen Politik lag."(305)

Diese obengenannten Prinzipien sieht al-Afġānī als notwendige nationale Merkmale, die in dieser Phase auf den Entwicklungsprozeß seiner Gedanken Einfluß nehmen.(306) Er bedauert, daß die Orientalen von ihren Feinden des Wissens um die Bedeutung und Notwendigkeit eines Nationalbewußtseins beraubt worden sind, damit sie nicht auf dessen Grundlage zu Stärke gelangten. Den Orientalen "bleibt die Wonne, verursacht durch den Schutz der nationalen Zugehörigkeit, und die Freiheit, die der Seele Freude bereitet, verwehrt."(307)

Noch deutlicher betont al-Afġānī die Rolle der nationalen Zugehörigkeit, als er sich über die damaligen ägyptischen Volksvertreter äußert. Er bedauert den Mangel an Plädoyers der ägyptischen Parlamentarier zugunsten des Vaterlandes, obwohl sie Ägypter sind, und ihre Ablehnung einer nationalen Zugehörigkeit. Der Parlamentarier verachte vielmehr das Zuge-

---

(305) Ebenda, S. 109.

(306) Vgl. ʿAmāra, Muḥammad, a. a. O., S. 61.

(307) Maḫzūmī, Muḥammad, a. a. O., S. 84.

hörigkeitsgefühl zur Nation.(308)

Darüberhinaus versucht al-Afġānī einem Nationalbewußtsein der verschiedenen islamischen Völker im Rahmen des Islams als Oberbegriff bzw. unter einem islamischen Kalifat Ausdruck zu verleihen und ihm ein besonderes Symbol und Charakteristikum zu geben.

Obwohl al-Afġānī eindeutig die Forderung "Ägypten den Ägyptern" aufstellt,(309) hat er doch kein Empfinden dafür, daß er sich selbst widerspricht und nicht im Einklang mit seinen vorherigen Vorstellungen ist, als er ohne Verwirrung ergänzend fortfährt, das islamische Kalifat gelte als Oberbegriff für die regionale, nationale Zugehörigkeit.

Trotz seines Mangels an Systematik sind aus al-Afġānīs Gedanken zum Nationalbewußtsein, zur nationalen Zugehörigkeit und ihren Faktoren, sowie ihren Beziehungen zur überregionalen Gemeinsamkeit und zum menschlichen Miteinander folgende Schlüsse zu ziehen:

a. Das Individuum ist ein Glied des gesamtmenschlichen Daseins.
b. Das Individuum ist Mitglied einer Nation.
c. Das Individuum gehört einer Religionsgemeinschaft an. (Die Menschen, die eine gemeinsame Religion haben, bilden im Sinne des Korans auch eine Nation = umma.)

---

(308) Vgl. ebenda, S. 23.

(309) Siehe Anmerkung 185 dieser Arbeit.

"Dem Menschen steht als Heimat nicht mehr zu als diese kleine Erdkugel, d. h. die Einheit (waḥda) der Art (nauʿ) verlangt die Einheit des Ortes, da der Mensch, solange er nicht im Wasser leben kann, auf dem Festland seßhaft (mauṭin) ist. Zusammengefaßt bedeutet das, der Mensch eignet sich ein ganz bestimmtes Gebiet an und kein anderes; die Weisheit (ḥikma) veranlaßte (qaḍat), daß fünf Merkmale eines Gebietes die Völker und Stämme, die Gott aus einer Seele (nafs) schuf, voneinander unterscheiden; und sie (die Weisheit) teilt das Universum (maʿmūr) in sogenannte Königreiche und Heimatländer."(310)

Wie man sieht, versucht al-Afġānī,das soziale Verhalten des Individuums und die Beziehungen der Menschen untereinander auf fünf Faktoren (mūʾaṯṯirāt) zurückzuführen, die die nationale Zugehörigkeit und das nationale Bewußtsein prägen, wodurch sich die ethnischen Völkergemeinschaften voneinander unterscheiden. Vier dieser fünf Faktoren sind irdischer Beschaffenheit, nämlich die Sprache (lisān), der Charakter (ḫuluq), die Sitten (ʿādāt, Sing. ʿāda) und die Region (iqlīm), die allerdings Einfluß auf die übrigen hat. Das fünfte Merkmal aber ist überirdischer Natur. Es ist die Religion, die ebenfalls äußerst wirksam ist und ebenfalls von der Region abhängig ist.(311)
Al-Afġānī erläutert die Wirkung der genannten fünf Faktoren auf den Selbsterhaltungstrieb des Menschen, indem er sagt: "Durch diese Faktoren bekamen die Sippschaften (aqwām, Sing. qaum) ein charakteristi-

---

(310) Maḫzūmī, Muḥammad, a. a. O., S. 54 und vgl. ʿAmāra, Muḥammad, a. a. O., S. 62.

(311) Vgl.Maḫzūmī, Muḥammad, a. a. O., S. 54.

sches Merkmal, in ihnen verwurzelte sich die Liebe zum Beharren auf das ihnen Vertraute und zu seinem Schutz. Derjenige, der sich nicht zu dem ihm Vertrauten bekennt, wird von ihnen nicht anerkannt, er ist vielmehr anders als sie im Sinne des absoluten Andersseins (ġairīya)."(312)

Al-Afġānī weist der Religion als Faktor zwar offensichtlich große Bedeutung zu, aber erst in Verbindung mit den übrigen Faktoren prägt sie das Individuum in jeder Hinsicht. Außerdem versucht er, eine elastische Beziehung zwischen dem Grundelement des regionalen Nationalbewußtseins und dem überregionalen Glauben herzustellen, indem er behauptet, die Religion ergänze die irdischen Faktoren, keineswegs widerspreche sie ihnen.

Folglich ist es al-Afġānīs Bestreben, in den verschiedenen islamischen Ländern das regionale Nationalbewußtsein zu wecken und zu verbreiten.
Die dazu notwendigen Aufklärungs- und Erziehungsmaßnahmen wurden jedoch von den Europäern hintertrieben. Er selbst sagt dazu: "Die Westler (Damit sind vor allem die Westmächte England, Frankreich und Rußland gemeint.) verhindern zweifellos und hinterlistig, daß die Orientalen nach ihren eigenen Methoden eine nationalbewußte Erziehung erhalten..."(313) Er bezweifelt ferner die Ehrlichkeit und Wahrhaftigkeit der Erziehung zur Heimatliebe in den staatlichen Schulen sowie in den Schulen,

---

(312) Ebenda, S. 55.

(313) Ebenda, S. 87.

die direkt unter ausländischer Aufsicht stehen (mehr oder weniger die Missionarschulen), weil sie seiner Ansicht nach die späteren Folgen fürchten.(314)

Obwohl al-Afġānī selbst keine Heimat im engeren Sinne kannte, sind bei ihm in der Methode, wie er die damaligen Mißstände und ihre negativen Begleitumstände in den verschiedenen islamischen Gesellschaften beseitigen will, zwei Arten von Nationalismus zu unterscheiden:

a. Er ist islamischer Nationalist, glaubt an die "umma"(islamische Nation) und bekennt sich zu der "Universalität" des islamischen Glaubens sowie zur islamischen Einheit, als seien sie ein homogenes Gebilde.

b. Dennoch propagiert er die regionale, nationale Zugehörigkeit und betont die Bedeutung des Nationalbewußtseins mit einer Überzeugung, als gehöre er selbst zu dieser oder jener nationalen Einheit. In Ägypten fordert er "Ägypten den Ägyptern". Außerdem sagt man ihm nach, er strebe ein ägyptisches bzw. arabisches Kalifat unter dem Kalifen ʿAbbās II. an (315) (Sinngemäß äußerte sich al-Afġānī gegenüber Sultan ʿAbdalḥamīd II.(316)), und die Gründungsväter des türkischen Nationalismus sehen ihn als einen der Ihren.(317) In persischer Sprache

---

(314) Vgl. ebenda, S. 87 ff und ʿAmara, Muḥammad, a. a. O., S. 63.

(315) Vgl. Stoddard, Theodor Lothrop, a. a. O., Bd.II, S. 294; Maḫzūmī, Muḥammad, a. a. O., S. 74 ff ; ʿAmāra, Muḥammad, a. a. O., S. 72 ff.

(316) Vgl. Maḫzūmī, Muḥammad, a. a. O., S. 154

(317) Vgl. al-Ḥuṣrī, Sāṭiʿ , Mā hiya al-qaumīya, Beirut 1963, S. 229 ff.

verfaßt er für Perser und die Muslime auf dem indischen Subkontinent einen Artikel, in dem er die Wichtigkeit des Nationalbewußtseins für eine Nation hervorhebt.[318] Diese komplexen Gedanken und Verhaltensweisen al-Afġānīs beruhen einerseits auf dem Wunschtraum von einem großen islamischen Reich, dessen Grundlage der "Urislam" ist, andererseits auf der Erkenntnis der Realität, in der sich die islamische Welt befand.

Unter den genannten Faktoren, die nach al-Afġānī das Nationalbewußtsein eines Individuums prägen, spielt die Sprache offensichtlich eine bedeutende Rolle. Bei seiner Analyse der geschichtlichen Entwicklung der menschlichen Kultur kommt er schließlich zu der Überzeugung, daß die Sprache nicht nur als ein Faktor unter mehreren anzusehen ist. Vielmehr räumt er der Sprache eine dominierende Stellung ein.
Es gibt "keine Glückseligkeit (saʿāda) ohne die Zugehörigkeit zur gleichen ethnischen Gemeinschaft (Damit ist kein Rassenbewußtsein gemeint.). Es gibt keine Zugehörigkeit zur gleichen ethnischen Gemeinschaft ohne die Sprache und keine Sprache, solange diese nicht alles das enthält, was den Schichten der Handwerker (Praktiker) und Theoretiker nützt und damit nutzbringend wirkt."[319] Dies weist auf ein Programm der modernen Sprachpolitik hin.

---

(318) Vgl. Pakdaman, Homa, a. a. O., S. 216 und al-Ḥuṣrī, Sāṭiʿ , a. a. O., S. 225.

(319) Pakdaman, Homa, a. a. O., S. 216 und vgl. al-Ḥuṣrī, Sāṭiʿ , a. a. O., S. 225 und Keddie, Nikki R., a. a. O., S. 157.

Al-Afġānīs Verständnis des Nationalbewußtseins (qaumīya) basiert hier also bereits nahezu ausschließlich auf der Sprache. Die Sprache nämlich ist für ihn Bewährer der Identität. Negiert man die Sprache, so bedeutet das die Negation der Identität. ("Man sollte die englische Sprache nicht als Nationalsprache annehmen; es wäre die Verneinung der indischen Nation."(320))

Für al-Afġānī ist die Sprache kein bloßes Verständigungsmittel, sondern er ordnet ihr kulturelle, materielle und moralische Funktionen zu.
Die kulturell-materielle Funktion der Sprache belegt al-Afġānī damit, daß schon vor dem Islam mancher Araber mit Hilfe der genauen Kenntnis der arabischen Sprache Ruhm und damit materiellen Vorteil erlangt habe. Auch ein Dichter, der berühmt war, wurde trotz niedriger Herkunft (z. B. Sohn einer Sklavin und eines Arabers) von dem Stamm aufgenommen und als einer der ihren anerkannt. Man zeichnete ihn mit Geschenken und dergleichen aus, und er vertrat sogar die Sippe nach außen. Ähnliche Beispiele finden sich in der islamischen Geschichte, wo mancher, "der zur politischen Elite der islamischen Gesellschaft gehörte, seine hohe Position nur seinen literarischen Fähigkeiten verdankte."(321)

Was die moralische Funktion der Sprache anbelangt, so vertritt al-Afġānī die Meinung, es sei eine ihrer großen Aufgaben, einem Volk als Bindeglied(322)

---

(320) Pakdaman, Homa, a. a. O., S. 217.
(321) Maḫzūmī, Muḥammad, a. a. O., S. 61.
(322) Vgl. ebenda, S. 61.

und Bewahrer seiner Kultur zu dienen. "... wenn sie (die Völker und Nationen) ihre Sprache verlieren, so verlieren sie ihre Geschichte (tārīḫ = Vergangenheit), vergessen ihre Glorie und bleiben unterjocht, solange Gott will."(323)

Durch die Sprache (speziell durch die arabische Sprache) kommt die "ādāb" eines Individuums, einer Gruppe oder einer Nation zum Ausdruck, d. h. die harmonische Ausbildung der wertvollen Bildungs- und Gemütsanlagen, der menschenwürdigen Daseinsgestaltung als ethische und ästhetische Entfaltung, die den Charakter prägt.

Es gibt "keine Einheit für Menschen (qaum), die keine (gemeinsame) Sprache haben, und keine Sprache für Menschen, die keine 'ādāb" haben."(324)
"Jede Sprache hat "ādāb", und aus diesen "ādāb' resultiert die Prägung des Charakters."(325)

Weil die Sprache, wie al-Afġānī sie versteht, ein wichtiger Aspekt des menschlichen Daseins ist und das Nationalbewußtsein formt, stuft er sie, wegen ihrer Rolle als wichtiges Element in der Bildung des Nationalbewußtseins und in der Erhaltung des nationalen Erbes, vor der Religion ein. Beides sind Gemeinsamkeiten, die stark genug sind, eine erhebliche Anzahl von Menschen einen zu können.

---

(323) Ebenda, S. 62 und vgl. al-Ḥuṣrī, Sāṭiʿ, a. a. O., S. 227 und ʿAmāra, Muḥammad, a. a. O., S. 68.

(324) Maḫzūmī, Muḥammad, a. a. O., S. 86.

(325) Ebenda, S. 58.

Ferner ist die Einheit derSprache nach al-Afġānīs Auffassung wichtiger als die der Religion, weil sie dauerhafter und im Gegensatz zur Einheit der Religion keinen schnellen Veränderungen unterworfen ist. "Aus diesem Grund haben wir erlebt, daß Nationen zweimal, ja sogar dreimal innerhalb von tausend Jahren ihre Religion wechselten, ohne daß die Einheit ihrer Sprache oder ihr Nationalbewußtsein darunter litten. Deshalb können wir sagen, die sprachliche Einheit ist in dieser Welt stärker als die religiöse Einheit."(326)

Da die Sprache eine so große Bedeutung für die Existenz und Entwicklung einer Nation hat, bemüht sich al-Afġānī, die orientalischen Sprachen vor Verfremdung zu bewahren.
Zu diesem Zweck weist er, wie wir bereits sahen, auf die gezielten Methoden zur Schwächung dieser Sprachen hin, die er im westlichen, kulturellen Einfluß auf das Schulwesen erblickt. Die Einheimischen, die ihre Muttersprache kritisieren und verleugnen, werden vom Westen unterstützt. "Wir müssen wissen, daß es fremdartige, vernichtende Faktoren sind, die auf den ersten Blick leicht wiegen und einfach hinzunehmen sind. Es schadet (angeblich) nichts, wenn man ihnen entgegenkommt. Diese Faktoren sind: eine merkwürdige Methode, die Sprache des Volkes zu schwächen; die stufenweise Abtötung der nationalen Lehrmethode; die Unterstützung all jener Orientalen, die sagen, ihre arabische, persische

(326) Ebenda, S. 85.

oder Urdu-Sprache enthalte keine bemerkenswerte "ādāb" und keinen nennenswerten Ruhm (mağd)."(327)

Er bezieht sich damit auf die Europäer, wie sie versuchen, in allen Lebensbereichen des islamischen Orients Fuß zu fassen und ihnen wohlgesinnte Orientalen zu fördern. Es sei gleichzeitig zum Lachen (muḍḥik) und zum Weinen (mubkī), wie sich manche Orientalen im eigenen Land gegenüber den Europäern liebedienerisch verhalten. "Diese Orientalen erkannten ihrem Volk und ihrer Sprache jegliche Tugend ab; sie sangen mit westlichen (für westliche Ohren bestimmten) Sätzen und Klängen ein Loblied auf die Europäer."(328)
Daraus ersieht man al-Afġānīs Stolz und seine Wehmut, als er die Erniedrigung und Kollaboration mancher Orientalen zum eigenen Nutzen auf Kosten des Volkes konstatieren muß, wobei doch die Europäer allen Grund hätten, sich um das Wohlwollen der Orientalen zu bemühen.
All diese Mißstände können nach al-Afġānīs Meinung nur durch einen nationalen Lernprozeß, dessen Anfang das Vaterland (waṭan), dessen Mitte das Vaterland und dessen Ziel das Vaterland ist, beseitigt werden.(329)
Er fürchtet, die orientalischen Sprachen könnten mit der Zeit von den europäischen Sprachen zurückgedrängt werden und ihre Charakteristika verlieren. Seine Aufklärungsarbeit, um diesen Einfluß zu unterbinden, läßt ihn jedoch nicht die Tatsache übersehen,

---

(327) Ebenda und vgl. ʿAmāra, Muḥammad, a. a. O., S. 66.

(328) Maḫzūmī, Muḥammad, a. a. O., S. 85 und vgl. ʿAmāra, Muḥammad, a. a. O., S. 66.

(329) Vgl. Maḫzūmī, Muḥammad, a. a. O., S. 86 und ʿAmāra, Muḥammad, a. a. O., S. 64.

daß es auch arme Sprachen gibt, die manche Begriffe der modernen Entwicklung, speziell der Wissenschaft, nicht ausdrücken können. Für diesen Fall empfiehlt al-Afġānī die Anreicherung der ausdrucksarmen Sprachen mit Begriffen anderer, reicher, möglichst aus dem gleichen Kulturkreis stammender Sprachen, um die nutzbringenden europäischen Bücher zu übersetzen. "Man sollte versuchen, das Urdu mit Wörtern anderer indischer Sprachen zu bereichern (Sanskrit, Bengali). Ebenso sollte man die europäischen Bücher in die Nationalsprache übersetzen und so herausgeben, damit sie jedem nützen können."(330)

Anscheinend ist al-Afġānī nach dieser Analyse des (regionalen, ethnischen) Nationalbewußtseins davon überzeugt, daß sich dieses Bewußtsein auf das Verhalten der Orientalen dahingehend auswirken könnte, ihnen wenigstens soviel politisches Selbstbewußtsein zu verleihen, daß ihre Heimatländer dem permanent drohenden europäischen Einfluß entrinnen können. Dann könnten die Orientalen einen Entwicklungsprozeß durchmachen, der ihren eigenen Vorstellungen und ihrer Kultur entspricht.

Als er jedoch sehen muß, daß dieses (regionale) Nationalbewußtsein nicht aufkeimt, wendet er sich offensichtlich dem Panislamismus auf der Grundlage der Transformierung der islamischen Religion in eine Ideologie zu.

---

(330) Pakdaman, Homa, a. a. O., S. 217.

4.2. Islamische Einheit (Panislamismus)

Einer der Grundgedanken al-Afġānīs ist die Einheit, eine Einheit der Gläubigen (des Islams), die von Tugenden hervorgebracht wird, aber ihrerseits wiederum Tugenden entstehen läßt.
Außerdem ist es für ihn selbstverständlich, daß Einheit stark macht und abschreckend wirken kann[(331)], denn der Prophet sagt: "Der Gläubige ist für den Gläubigen ein Bau, der (durch die einzelnen Teile) zusammengehalten wird"[(332)], d. h. ein Muslim empfindet den anderen Muslim wie einen Teil des gleichen Körpers. Stößt dem einen Körperteil etwas zu, so erstrecken sich die Schmerzen auch auf die anderen Körperteile.[(333)]

Weil also der Prophet die Einheit der Gläubigen ausdrücklich betont, die Haltung und die gesellschaftliche und politische Situation der Muslime zu al-Afġānīs Zeiten aber keineswegs dem Urislam entsprechen, setzt sich al-Afġānī intensiv für eben diese Einheit ein, führt ihre Vorteile und die sich daraus entwickelnde Stärke und Macht vor Augen, um das religiöse Selbstbewußtsein der Muslime zu wecken und

---

(331) Vgl. al-Afġānī, Al-ʿUrwa al-wuṯqā, a. a. O., S. 59 und 74 ff. Auf S. 76 führt al-Afġānī als Beispiel ein Schäfchen an, das seine Herde verließ und dadurch für den Wolf eine leichte Beute wurde. Wäre es in der Einheit der Herde geblieben, dann hätte ihm nichts zustoßen können.

(332) Ibn Ḥanbal, a.a.O., Bd. IV : 404, 405 und 409.

(333) Vgl. al-Afġānī, Al-ʿUrwa al-wuṯqā, a. a. O., S. 76.

eine politische Aktivität der islamischen Gesellschaft zu verwirklichen oder wenigstens in Bewegung zu setzen. Dieser Dynamisierungsprozeß der Gesellschaft soll der Erhaltung der Gesellschaft vor Stagnation oder gar Zerfall, der Entwicklung und dem Schutz vor der permanent von außen drohenden Gefahr dienen.

Dennoch erkennt al-Afġānī die Tatsache, daß es in diesem Augenblick zwecklos wäre, einen territorialen bzw. geographischen Zusammenschluß aller islamischen Länder unter einem Herrscher erzwingen zu wollen, da in der zweiten Hälfte des 19. Jahrhunderts mehrere islamische Gebiete in die Hände der europäischen Mächte gefallen waren, bzw. seitdem unmittelbar ihrem Einfluß unterlagen, so die Muslime Indiens und später Ägyptens Großbritanniens, Nordafrikas, Frankreichs und die der kaukasischen Gebiete Rußlands.(334) Die islamischen Gebiete, die von den militärischen Aktionen der Europäer nicht unmittelbar betroffen wurden, wie Persien und Afghanistan(335), waren dennoch ihrem Einfluß und politischen Druck ausgesetzt.

Jene Muslime, die sich ihrer Lage bewußt waren, erwarteten von den Panislamisten nun eine Antwort auf

---

(334) Vgl. Keddie, Nikki, R., An Islamic Response to Imperialism, a. a. O., S. 41 und Ḥūrānī, Albert, a. a. O., S. 135.

(335) Vgl. Maḫzūmī, Muḥammad, a. a. O., S. 176 und Keddie, Nikki R., An Islamic Response to Imperialism, a. a. O., S. 41.

diese Herausforderung und den wachsenden westlichen und russischen Druck auf sie.(336)

Unter den genannten Umständen ist demnach ein Zusammenschluß der Muslime nicht nur schwer, sondern völlig unmöglich.
Und es besteht in dieser Situation die Gefahr, daß sich eine Art Selbstentfremdungsprozeß vollzieht.
Trotzdem will sich al-Afġānī nicht entmutigen lassen und ist nicht bereit, sich mit den gegebenen Fakten (Okkupation und Einfluß der Europäer) abzufinden. Den einzigen Ausweg aus diesem Dilemma sieht er in dem einheitlichen Glauben aller Muslime(337).

Al-Afġānīs Strategie, dieses Ziel zu erreichen, ist die Transformation des Islams in eine politische Ideologie, eine Ideologie des islamischen Nationalbewußtseins bzw. des islamischen Nationalismus.
Al-Afġānī beabsichtigt, mit dieser Ideologisierung die Muslime soweit wie möglich zu mobilisieren und ihnen zu einer (geistigen und gefühlsmäßigen) Einheit zu verhelfen, in der sie ihr Identitätsbewußtsein wiedererlangen. Letztlich ist es das Ziel, die totale geistige Reintegration jener Muslime zu erzwingen, die sich unter fremder Herrschaft befinden, wenigstens aber ihre Bindungen an die islamische "umma" (Gemeinschaft) aufrechtzuerhalten und dann zu stärken.(338) "Denn der Angriff, den der

---

(336) Vgl. Toynbee, Arnold, The Ineffectivness of Panislamism, a. a. O., S. 692.

(337) Vgl. Bāmātī, Ḥaidar, Maġālī al-islām, Kairo 1956, S. 502.

(338) Vgl. Haim, Sylvia, Arab Nationalism, California 1962, S. 6.

Islam im 19. Jahrhundert verkraften mußte, hatte zwei Gesichter. Zunächst bestand er in militärischen Angriffen auf islamische Staaten oder in ihrer Unterwerfung durch verschiedene europäische Mächte; zweitens in der Kritik am Islam als einem Glaubenssystem und einer Lebensart, einer Lebensart, die gering geschätzt und lächerlich gemacht wurde, die im Vergleich zu den Errungenschaften westlicher Gelehrsamkeit, Philosophie und technischem Fortschritt rückständig und barbarisch erschien. Der letzte Angriff ist vielleicht noch gefährlicher und verräterischer als politische Unterwerfung; denn dieser Angriff könnte in die geistige Rechtfertigung der islamischen Gemeinschaft und ihrer geistigen Führer Eingang finden und dabei eine Auflösung des Islams verursachen, wie sie selbst eine Fremdherrschaft kaum zustandebringen könnte."(339)

Al-Afġānī erkennt, wie ernst und bedrohlich die Lage ist, in der sich die Muslime und die islamische Lehre befinden. Deshalb konzentriert er seine Strategie nicht nur auf den Zusammenschluß der Muslime, um dadurch eine potentielle Kraft zur Selbstverteidigung zu entwickeln. Vielmehr verteidigt er auch die islamische Lebensart und betont mit Argumenten und Beweisen, daß die islamische Lehre den Fortschritt in allen Lebensbereichen nicht nur bejaht, sondern die Muslime sogar dazu anspornt.(340)

---

(339) Ebenda

(340) Daß die islamische Lehre den Fortschritt in allen sozialen Bereichen (auch den Wissenschaften) bejaht, beweist al-Afġānī in seinem Dialog mit Ernest Renan anhand des vorislamischen Nomadentums (der Araber) und der Kultur, die diese Araber im Orient und Okzi-

4.2.1. Idee der islamischen Einheit

Ein Interesse an der islamischen Einheit war schon, wenn auch nicht konkret, vor al-Afġānī vorhanden, und zwar bei dem letzten osmanischen Kalifen, Sultan ʿAbdalḥamīd II.(341) Nach al-Afġānīs Auffassung

---

dent auch durch Assimilierung anderer Kulturerben und Gelehrter verbreiteten. "... Denn im Zeitraum eines Jahrhunderts hat es fast sämtliche griechische und persische Wissenschaften, die sich während mehrerer Jahrhunderte auf ihrem heimischen Boden langsam entwickelt hatten, angeeignet und assimiliert, gerade so rasch, wie es seine Herrschaft über die arabische Halbinsel bis zu dem Himalaya-Gebirge und den Pyrenäen ausdehnte. Man kann sagen, daß während dieser ganzen Periode die Wissenschaften erstaunliche Fortschritte bei den Arabern und in allen ihrer Herrschaft unterworfenen Ländern machten ... Die Araber, bei aller Unwissenheit und Barbarei, in welcher sie ursprünglich sich befanden, nahmen das auf, was von gesitteten Nationen aufgegeben worden war, sie belebten die erloschenen Wissenschaften wieder, entwickelten sie und verliehen ihnen einen Glanz, den sie vorher nie besessen hatten." (Al-Afġānī, "Response à Renan" in: Zur Religionsgeschichte, Kap. Islam und die Wissenschaft, herausgegeben von M. Bernhard, Basel 1883, S. 37.) Al-Afġānī will Renan hier deutlich machen, daß es den Arabern, obwohl sie zwar vor dem Islam Ansätze zu verschiedenen Wissenschaften machten, erst mit dem Islam gelungen ist, sich in allen Kulturbereichen zu entfalten, d. h. einen "Kulturwandel" zu vollziehen. Durch den Islam hat die Gemeinschaft, bestehend aus Arabern und den mit ihnen im Islam assimilierten Völkern, eine "cultural mobility" durchgemacht.

(341) Al-Afġānī war mit ʿAbdalḥamīds panislamischer, politischer Strategie deshalb nicht einverstanden, weil dieser die panislamische Idee lediglich als ein Werkzeug betrachtete, um die labile Macht der Türkei (bzw. der Türken, was nicht im Sinne aller islamischen Gebiete bzw.

kann jedoch eine so geringe Aktivität und Produktivität gegenüber der Idee einer islamischen Einheit nicht wirksam genug sein, um die erstrebte Einheit der Muslime zu verwirklichen und aufrechtzuerhalten, denn wenn Pseudoaktivität nur auf abstrakter Gläubigkeit beruht, kann das erstrebte Ziel nicht erreicht werden. "Was den Muslimen am meisten als Einheit bleibt, ist der '(passive) religiöse Glauben', bar dessen, was er an Handlungen folgen läßt. Aber nur durch die Handlungen werden nutzbringende Dinge erreicht, und das Schädliche wird abgewehrt. Dieses aber macht Bekanntschaften, Verbindungen (oder Verbundenheit), Austausch von Gefühlen und Empfindungen notwendig."(342)

---

des gesamten osmanischen Reiches war) zu stabilisieren und nicht umgekehrt, d. h. anstatt alle Kraft der Türkei zugunsten des Panislamismus einzusetzen. Außerdem störte ihn der mangelnde Reformwille ʿAbdalḥamīds. Reformen hätten die Gebiete des osmanischen Reiches enger aneinandergekettet. Im Hinblick auf diese Lage war die Verteidigung des osmanischen Reiches vorrangig für al-Afġānī, weil der europäische Druck immer stärker wurde und die Gefahr des Zerfalls groß schien. (Für die Zurückstellung der erstrebten Reformen setzte sich al-Afġānī in einem Dialog mit einem osmanischen Araber ein.) Man kann also sagen, daß ʿAbdalḥamīd in al-Afġānīs Augen, selbst wenn er die genannten Ziele anstrebte, dies nicht energisch genug im Sinne des Panislamismus vorantrieb. (Vgl. Toynbee, A.; The Ineffectivness of Panislamism in a Study of History, a. a. O., S. 694.) sowie Keddie, Nikki R.,"Pan-Islam as Proto-Nationalism" in: Journal of Modern History, Band 41, Nr. I, Los Angeles 1969, S. 25.

(342) Maḫzūmī, Muḥammad, a. a. O., S. 207.

Al-Afġānī ist sehr beunruhigt über das politische Verhalten des osmanischen Kalifats, das nicht mit seinen politischen Vorstellungen übereinstimmt, nicht zuletzt wegen des Versuchs einer systematischen Türkisierung der osmanischen Araber, anstatt umgekehrt die Türken zu "arabisieren", wie es zur Zeit der Gründerjahre im Rahmen des Islams und der arabischen Sprache, der Sprache des Korans, war.(343)
Obwohl al-Afġānī mit dem politischen Verhalten ʿAbdalḥamīds nicht völlig einverstanden ist, gibt er nicht auf, den osmanischen Herrscher für seine Ziele gewinnen zu wollen und den Blick aller Muslime auf das osmanische Reich zu lenken. Er tut dies alles, um Unterstützung für die islamischen Völker zu bekommen, die unter europäischer Herrschaft stehen, sowie auch, um die Einheit der Muslime doch noch verwirklichen zu können.(344)
Dabei kann er das osmanische Reich weder direkt noch indirekt übergehen, weil, wie Toynbee feststellt, "das osmanische Reich der einzige politische Sammelpunkt war, auf den die mohammedanischen Opfer des westlichen und russischen Imperialismus ausweichen konnten, weniger auf Grund seines zweifelhaften und lang vernachlässigten Anspruchs auf

---

(343) Unter anderem deshalb schlug al-Afġānī dem Sultan ʿAbdalḥamīd II. eine Autonomie der arabischen Wilayat (Provinzen) innerhalb des osmanischen Reiches vor, ohne damit ein "Heiliges Islamisches Reich Arabischer Nation" schaffen zu wollen.

(344) Keddie, Nikki R., Syyid Jamāl ad-Dīn, a. a. O., S. 133 ff.

das Erbe des Kalifats, sondern weil es trotz seiner schwachen Stellung im 19. Jahrhundert weitaus am stärksten und wirksamsten war und den mohammedanischen Staat in seiner Existenz geistig begründete."(345)

4.2.2. Al-Afġānīs Vorstellung von der Einheit

Al-Afġānīs Wunschvorstellung von einer Einheit ist die Vereinigung aller Muslime unter einem Kalifen, wie es im Frühislam der Fall gewesen war. Außerdem lehrt die Tradition u. a.: "Haltet allesamt fest an der Verbindung mit Gott, und teilt euch nicht (in verschiedene Gruppen)."(346) Ferner sagt der Koran : "Dies ist eure Gemeinschaft. Es ist eine einzige Gemeinschaft."(347)

Al-Afġānīs Idealvorstellung entsprechend dem, was die islamische Lehre lehrt, und die kümmerliche Verfassung, in der sich die islamischen Länder befinden, sind sehr weit voneinander entfernt, besonders im Hinblick auf die islamische Einheit. So kommt er denn auch anhand seiner Beobachtungen und Analysen zu der Erkenntnis, daß ein direkter Zusammenschluß (waḥda) der Muslime unter einem Kalifen, wie es im Urislam der Fall war, nicht möglich ist. Andererseits darf es aber auch nicht dabei bleiben, daß die Muslime stagnieren oder sich gar zurückent-

---

(345) Toynbee, Arnold, The Ineffectivness of panislamism, a. a. O., S. 693.

(346) Paret, Rudi, Der Koran, 3 : 103.

(347) Ebenda, 21 : 93.

wickeln und nicht am fortschreitenden Entwicklungsprozeß anderer Gesellschaften Anteil nehmen können.

Wie bereits früher gesagt, war ein islamischer Herrscher nicht bereit, auf sein Machtprestige und seine privaten Interessen zugunsten eines anderen islamischen Herrschers zu verzichten[348], eine Verhaltensweise, die weder den Lehren des Islams entspricht, noch im Interesse der Muslime liegt. Außerdem waren die Interessen der europäischen Mächte in der islamischen Welt nicht gerade zugunsten eines islamischen Zusammenschlusses.

Nach dieser Erkenntnis verzichtet al-Afġānī auf eine direkte islamische Einheit der Muslime. Aber seine innere Berufung zum Panislamismus gibt ihm neuen Antrieb, einen anderen Plan zu entwickeln, der die Muslime einander näherbringen soll. Diesen Plan kann man in drei Stufen gliedern:

1. Stufe: Eine Art islamisches Forum von Gelehrten verschiedener islamischer Gebiete soll mit Hauptsitz in Mekka gegründet werden. Zweck dieses Forums soll es sein, eine islamische Vereinigung (rābiṭa islāmīya) ins Leben zu rufen.[349]

---

(348) Vgl. al-Afġānī, Al-ʿUrwa al-wuṯqā, a. a. O., S. 77 ff.

(349) Nach al-Afġānīs Auffassung ist Mekka einerseits wegen der heiligen Stätten und andererseits wegen des jährlichen Pilgerzugs der Muslime dorthin ein sehr geeigneter Ort für die Zusammenkunft und den Sitz des Forums. Auf

2\. Stufe: In den verschiedenen islamischen Ländern sollen neben den Moscheen und Koranschulen (madrasa) religiöse, politische Zentren errichtet werden, die als Bindeglied und zur Annäherung der Muslime dienen sollen. Dieses Vorhaben soll von den verschiedenen Herrschern gefördert werden.(350)

Diese Zentren sollen als Kommunikationsmittel die Annäherung der Muslime herbeiführen, damit sie die vorhandenen Probleme kennenlernen, für ihre gegenseitigen Probleme Interesse entwickeln, versuchen, diesen Problemen gemeinsam zu begegnen und sie zu lösen (d. h. Solidarität entwickeln).

3\. Stufe: Die islamische öffentliche Meinung ist in diesem Sinn aufzuklären und zu mobilisieren, bis es schließlich zu einer Koordination der islamischen Länder kommen wird.

---

diese Weise können nämlich die Ideen der Einheit und des Panislamismus einfacher und schneller verbreitet werden und Fuß fassen. (Vgl. ebenda, S. 6 und 79) Dazu trägt nicht zuletzt die innere Überzeugung der Pilger von ihrer Gottes- und Prophetennähe bei. Dieser Gedanke al-Afġānīs diente als Ausgangspunkt der später gegründeten Vereinigung mit dem Namen "Umm al-qurā" (die Mutter der Dörfer), womit Mekka gemeint ist. (Vgl. Madkūr, Muḥammad S., Ǧamāladdīn al-Afġānī bāʿiṯ an-nahḍa al-fikrīya fī š-Šarq, Kairo 1937, S. 31).

(350) Vgl. al-Afġānī, Al-ʿUrwa al-wuṯqā, a. a. O., S. 34 ff und S. 66.

> Diese Koordination ist wiederum zu intensivieren und zu einer islamischen Konföderation (ittiḥād islāmī) auszubauen.(351)

Daß sich al-Afġānī von dem Gedanken der islamischen Einheit (waḥda islāmīya) unter einem Kalifen wie im Frühislam löste, um sich dem Gedanken einer Konföderation zuzuwenden, geht aus seiner Stellungsnahme zu dem Komplex der islamischen Einheit hervor: "Mit diesen meinen Äußerungen will ich nicht sagen, daß eine einzige Person über alle (Muslime) verfügen soll. Dies mag vielleicht schwer sein. Ich hoffe aber, daß ihr (der Muslime) Sultan der Koran und der Wegweiser ihrer Einheit die Religion ist. Jeder Herrscher (Machthaber) soll in seinem Reich mit seiner ganzen Kraft versuchen, die anderen Herrscher zu beschützen. Sein Leben und seine Existenz sind nämlich vom Leben und der Existenz der anderen abhängig."(352)

Außerdem setzt sich al-Afġānī deutlich und unmißverständlich für eine Konföderation ein, als er über seine Absichten bei den Muslimen auf dem indischen Subkontinent schreibt.(353) Eindeutig sagt er dort

---

(351) Vgl. Madkūr, Muḥammad S., a. a. O., S. 31 und Midliǧī, Ṯ., a. a. O., S. 72 ff.

(352) Al-Afġānī, Al-ʿUrwa al-wuṯqā, a. a. O., S. 72 und vgl. Riḍā, Rašīd, Al-Manār, a. a.O., Bd. II, S. 338 und Abū Rayya, M.; a. a. O., S. 51 ff.

(353) Al-Afġānī schreibt folgendes: "... Sie (die indischen Muslime) haben heutzutage keine Ahnung von der Lage (der Muslime im allgemeinen). Sie schlafen im Bett (firāš) der Unwissenheit (ǧahl),

nämlich, daß sie u. a. den Sinn einer Konföderation nicht erfassen und er deshalb eine Reise zu ihnen beabsichtige, um sie aufklären zu können.
Der schiitische Iran ist selbstverständlich in diese Konföderation einzubeziehen.(354)

Die islamische Konföderation, die sich nach al-Afġānīs Ansicht sozial- und kulturpolitisch positiv auswirken wird, beinhaltet auch einen wirtschaftlichen Aspekt. Die verschiedenen islamischen Wirtschaftszweige sollen nämlich dem europäischen Einfluß entzogen werden, d. h. die islamischen Reichtümer sollen nur den Muslimen gehören.(355)

Diese islamische Konföderation, die in al-Afġānīs Augen nur positive Wirkung haben kann, darf allerdings nicht als ein Faktor gegen Andersgläubige verstanden werden bzw. keine Nachteile für Juden und Christen bringen.

---

sie erfassen den Sinn der Konföderation (ittiḥād) und Kooperation (wifāq) nicht, und sie haben die Schädlichkeit (maḍārr) der Gegensätzlichkeit (ḫilāf) und Heuchelei (nifāq) nicht erkannt. ... Deshalb werde ich den Weg zu diesen Ländern (des indischen Subkontinents) beschreiten, werde alle ihre Führer, Prinzen und Gelehrten treffen. Ich werde ihnen die Ergebnisse des Bündnisses von Schädlichkeiten, aller Gegensätzlichkeiten und des Auseinanderstrebens deutlich machen, so wie ich diese Angelegenheiten klarstellen und die Geheimnisse des Wortes, daß alle Gläubigen Brüder sind, erläutern werde." Keddie, Nikki R., a. a. O., S. 134 ff.

(354) Vgl. Bāmātī, Ḥaidar, a. a. O., S. 502.

(355) Vgl. al-Afġānī, Al-ʿUrwa al-wuṯqā, a. a. O., S. 78 und ʿAmāra, Muḥammad, a. a. O., S. 36 ff und EI2, Bd. II, S. 416 ff.

Wie bereits festgestellt, gibt es für al-Afġānīs Gedankengut, Verhaltens- und Handlungsweise keine gravierenden Unterschiede zwischen den Religionen und Völkern, deretwegen sich jene Gemeinschaften gegenseitig befehden müßten. Man kann in al-Afġānī den Prototyp eines (Idealisten und) Universalisten sehen, und dieser Universalismus entspricht nicht zuletzt dem Geist der islamischen Lehre. In diesem Geist und in dem Gedanken an das Solidaritätsprinzip, daß Einigkeit stark macht, versucht al-Afġānī einen Weg zur Erlösung der Völker zu finden. Schließlich setzt er sich für eine Einheit auf verschiedenen Ebenen ein, d. h. er propagiert die Einheit der jüdischen, christlichen und islamischen Religionen, der Orientalen(356) und der Muslime untereinander.(357)

4.2.3. Einflußfaktoren auf eine Einigung

Bei al-Afġānī kann man innere und äußere Faktoren beobachten, die den Entwicklungsprozeß der (islamischen) Einigung positiv beeinflussen und vorantreiben werden.

Zu den inneren Faktoren gehören der einheitliche Glauben an die (islamische) Religion sowie dementsprechendes Handeln, die ablehnende Haltung gegen-

---

(356) Vgl. Anmerkung 198 und Amīn, ʿUṯmān, Ruwwād al-waʿī al-insānī fī š-šarq al-islāmī, Kairo 1961, S. 39.

(357) Vgl. Maḫzūmī, Muḥammad, a. a. O., S. 112 ff.

über einem nichtislamischen Herrscher und die Unterdrückung des Volkes durch despotische Herrscher, was nicht mit der islamischen Lehre übereinstimmen würde.
Als äußere Faktoren kann man die permanente Gefahr von außen und die Einmischung nichtislamischer Länder in die inneren Angelegenheiten der Muslime kennzeichnen.(358)
Diese Faktoren werden mit der Zeit eine Gegenreaktion hervorrufen.
Die Gegenreaktion kann aber nur aus der einheitlichen Kraft aller Orientalen bzw. Muslime entstehen und ergibt sich aus der bestehenden, erdrückenden Situation. Die Möglichkeit einer Erlösung (des Volkes) ist umso mehr gegeben, je erdrückender die Situation eines Volkes ist. "Die Notwendigkeit ist die Mutter des Erfindens (al-ḥāǧa umm al-iḫtirāʿ). Krise werde heftig, dann tritt die Erlösung ein (išṭaddi azma tanfariǧī). Die Krise gebärt Fleiß. Auf den Schwächeren ist nicht zu hoffen, es sei denn, er ist verzweifelt. Die Wohltat des Sonnenaufgangs (faǧr) kann nur nach der Schwärze der Dunkelheit sichtbar werden. Wie ich sehe, ist die Sonne beinahe (aušakat) am Aufgehen (inbiṯāq). Im Orient ist die Schwärze der Katastrophen sehr dunkel geworden, und nach all dieser Einengung kann nur die Erlösung folgen."(359)

Wenn sie auch nicht sofort Früchte trugen, so sind diese Gedanken al-Afġānīs als ein großer Beitrag im

(358) Vgl. ebenda, S. 81 ff.

(359) Ebenda, S. 84.

Rahmen des religiösen, politischen und sozialen Entwicklungsprozesses der islamischen Völker anzusehen. Darüberhinaus können sich diese Gedanken als eine Art geistiger Therapie für die Muslime auswirken, indem sie beginnen, sich über ihre Lage Gedanken zu machen. Wenn diese Gedanken im Geist der Muslime ausgereift sein werden, kann man das Erhoffte verwirklichen.

Wie wir sahen, entsteht für al-Afġānī die Einheit, die stark macht, durch Tugenden und ruft wiederum Tugenden hervor. Deshalb ist ihm jede Art von Einheit willkommen, und er setzt sich für sie ein, gleichgültig, ob sie religiösen Charakter hat oder auf gleicher Rasse, Sprache oder dem gleichen Ziel basiert.
Seine Weitsichtigkeit, seine Ablehnung jeglicher Differenzen zwischen den Orientalen, sei es auf politischer, sei es auf religiöser Ebene, sein Engagement in Wort und Tat und nicht zuletzt seine Opferbereitschaft für den Panislamismus lassen al-Afġānī zum Symbol für den Panislamismus werden[(360)] oder, wie Nikki Keddie es ausdrückt, zum "Ideologen des Panislamismus".[(361)]

---

(360) Vgl. Ḥūrānī, Albert, a. a. O., S. 146 ff. und ʿAmāra, Muḥammad, a. a. O., S. 36 und EI2, Bd. II, S. 416.

(361) Vgl. Keddie, Nikki R., an Islamic Response to Imperialism, a. a. O., S. 3.

5. Soziale Gerechtigkeit (oder islamischer Sozialismus)

Wie wir sahen, versuchte al-Afġānī, den islamischen Glauben in eine politische Ideologie zu transformieren, um zunächst die notwendige Dynamik für einen politischen Entwicklungsprozeß zu schaffen, der die islamische Identität vor "Verwestlichung", deren Ansätze schon sichtbar wurden, bewahren sollte.
Diese Ideologie und der darauf aufbauende Entwicklungsprozeß werden dann sehr wirksam sein, wenn sie ein sozialpolitisches Konzept nachweisen können, das zur sozialen Gerechtigkeit führt. Eine politisch emanzipierte Gesellschaft ist nämlich nicht unbedingt eo ipso eine Wohlfahrtsgesellschaft, sofern sie in ihrer Entwicklung nicht von Aspekten der sozialen Gerechtigkeit geleitet wird.

Al-Afġānī gelangte durch sein Studium und seine Beobachtung der umringten orientalischen Gesellschaft, die nicht mehr dem Urislam entsprach, durch seinen langjährigen Europaaufenthalt sowie seine Erfahrung mit den Entstehungsursachen, Motivationen, der Taktik und Strategie der sozialen Bewegung Europas zu dieser Einsicht. Infolge dieser Erkenntnisse sollte seine Ideologie auf sozialer Gleichheit und Gerechtigkeit basieren, damit die orientalische Gesellschaft bei ihrem Modernisierungs- und Entwicklungsprozeß vor jenen negativen Begleiterscheinungen, wie sie die Industrialisierung den europäischen Gesellschaften brachte, verschont blieb. Seine Ideologie sollte zumindest die soziale Diskrepanz lindern und im Laufe der Zeit beseitigen, ohne zu jenen sozialen Konflikten und den daraus entstehenden bewaffneten Konfrontationen der unteren mit den oberen Sozialschichten zu führen. Dabei ist die Orientierung an der ersten islamischen Gesellschaftsordnung selbstverständlich für al-Afġānī soziales Leitbild.

Als erster Orientale des 19. Jahrhunderts engagierte sich al-Afġānī dermaßen präzis und konkret zugunsten der schwächeren und unteren sozialen Gruppen. Darüberhinaus nahm er als erster zu allen Fragenkomplexen Stellung, speziell zu jenen sozialpolitischen Aspekten, die den Industrialisierungsprozeß Europas begleiteten, zu ihren Auswirkungen auf die Entwicklung einer Gesellschaft im allgemeinen und auf die Entwicklung der orientalischen Gesellschaft im besonderen. Im Zusammenhang damit und im Rahmen seiner gesellschaftspolitischen Aufklärungsbemühungen analysierte er sozialpolitische Aspekte wie Sozialismus (ištirākīya), Nihilismus (ʿadmīya) und Kommunismus (šuyuʿīya).[(362)]

5.1. Historischer Ausblick

Nach al-Afġānī sind diese genannten Aspekte Auswüchse der naturalistischen Philosophie[(363)], die

---

(362) Vgl. al-Afġānī, Ar-Radd ʿalā ad-dahriyīn, a. a. O., S. 90.

(363) Al-Afġānī setzt hier die philosophische Richtung der Naturalisten mit der der antiken Materialisten gleich. Leitgedanken dieser Philosophie sind die Annullierung der Religion (die doch Hauptpfeiler der Gesellschaft ist), Maß-

ihre Parallelen in der Geschichte der verschiedenen Kulturen finden, wo sie zu einer Schwächung des inneren Gesellschaftsgefüges führten, die ihrerseits den Untergang der betreffenden Kultur veranlaßte.
Anhand der philosophischen Richtung der Materialisten in der griechischen Antike versucht al-Afġānī eine geistige Verbindung zwischen ihnen und den Verfechtern der obengenannten Weltanschauung herzustellen.

Die materialistische Philosophie wurde im 4. und 3. Jahrhundert vor Christus von Demokrites und seinen Schülern in Griechenland vertreten und von Epikur (341 - 270 a. Chr.) und seinen Anhängern konsequent in die Tat umgesetzt. Diesen Materialisten und ihrer Philosophie lastet al-Afġānī die Hauptschuld an der Schwächung und späteren Zerstörung Griechenlands durch die Perser an.
Auch das persische Reich wurde in seiner Blüte von den Materialisten befallen, geführt von Mazdak (ca. 2. Hälfte des 6. Jahrhunderts p. Chr.). Sie verursachten die Schwächung der inneren Struktur des persischen Reiches, so daß es den Schlägen der islamischen Araber keinen Widerstand leisten konnte.

---

losigkeit hinsichtlich des Gemeingutes sowie die Feststellung, der Mensch sei ein Tier wie jedes andere. Deshalb sollte er sich nicht um einer besseren Zukunft willen anstrengen. Es gibt kein zweites Leben, weshalb das Individuum sich nehmen soll und kann, was es begehrt, also rein instinktiv handeln soll. Nach al-Afġānī führen diese Lehre und die daraus resultierende Verhaltens- und Handlungsweise zur Entblößung der Gesellschaft von Moral, Ethik, Strebsamkeit, Gemeinsinn und aller übrigen moralischen Werte. (Vgl. ebenda, S. 35 und 73 ff.)

Auch der Islam blieb vor der materialistischen Philosophie nicht verschont. Sie fand durch die "bāṭinīya"-Bewegung im 10. Jahrhundert p. Chr. Eingang.
Voltaire (1694 - 1774) und Rousseau (1712 - 1778) wirft al-Afġānī ebenfalls vor, nicht nur Materialisten, sondern vielmehr Verfechter der radikalen Richtung der Epikuräer zu sein. Ihr Gedankengut beeinflußte die französische Revolution von 1789 und war damit u. a. Ursache der verheerenden Ereignisse und ihrer Folgen sowie der Zersplitterung des französischen Gedankengutes. Napoleon I. gewann die verlorenen, religiösen Werte nicht für das Volk zurück, und es gelang ihm nicht, die Auswirkungen und Spuren der Revolution zu tilgen.

Ebenso ist die französische Kommune des Jahres 1871 ein Produkt der materialistischen Philosophie, und es wäre ihr beinahe gelungen, die französische Kultur zu zerschlagen.(364)
Aus dem gleichen Grund, d. h. des Materialismus wegen, lehnt al-Afġānī die Lehre der Mormonen(365) und die darwinistische Selektionstheorie ab.(366)

---

(364) Vgl. ebenda, S. 76 ff.

(365) Vgl. ebenda, S. 92. Diese Lehre entstand nach dem Buch Mormon des Religionsstifters Josef Smith (gest. 1844). Die Mormonen sind eine chiliastische Sekte Nordamerikas, deren Kirche "die Kirche Jesu Christi der Heiligen der letzten Tage" ist. Die chiliastische Lehre erwartet vor dem Weltende das Tausendjährige Reich Christi auf Erden.

(366) Vgl. ebenda, S. 42 ff. Diese Theorie wurde von dem englischen Naturforscher Charles Darwin (1809 - 1882) begründet. Es ist die Lehre von der stammesgeschichtlichen Entwicklung durch Auslese.

Nach dieser eindeutigen Stellungnahme al-Afġānīs zu bestimmten Ideologien ist seine Analyse des Sozialismus, des Nihilismus und des Kommunismus besonders interessant, da er, wie bereits festgestellt, stets die Anliegen der schwachen und mittellosen Schichten vertritt und sich die genannten Sozialgruppen gerade zu dieser Zeit zum Kampf formierten.
Drei Maßstäbe legt er seinem Werturteil über diese Sozialgruppen zugrunde:

a. Die Religionen sind göttliche Offenbarung.
b. Der Mensch ist eine göttliche Schöpfung und orientiert sich in seiner Verhaltens- und Handlungsweise an der religiösen Moralethik und nicht am Instinkt.
c. Der Mensch strebt in seinen physischen Leistungen, seinen psychischen Neigungen (oder seiner Veranlagung) und seinem Eifer stets nach Privateigentum, Privilegien, Privatsphäre und im allgemeinen immer zum Besseren. Diese Tatsache muß respektiert und garantiert werden, sie darf weder übersehen noch unterdrückt werden.

Auf der Basis dieser drei Maßstäbe verurteilt al-Afġānī zunächst die genannten naturalistischen Ideologien, wobei er keine Differenzierung zwischen Sozialisten, Nihilisten und Kommunisten vornimmt. Seiner Meinung nach sind alle drei Ideologien, trotz rein äußerlicher, namentlicher Unterschiede, von ihren Grundprinzipien her gleich. Alle drei haben das gleiche Bestreben und den gleichen Drang, die bestehende Gesellschaftsordnung zu zerstören und durch Anarchismus die menschliche Kultur zu untergraben. Unter dem Tarnziel, absolute Gleichheit und Gleichstellung zu erstreben, verlangen sie "die Abschaffung der menschlichen Privilegien (raf' al-imtiyāzāt al-insānīya), die Grenzenlosigkeit (Zügellosigkeit) des Grundsatzes "alles für alle" (ibāḥat al-kull li-l-kull) und die Teilhabe aller an allem (ištirāk al-kull fī l-kull)."(367)

Die absolute Gleichheit und Gleichstellung erscheinen al-Afġānī unmöglich, weil sie der Psyche des Menschen widersprechen würden. Denn das Individuum ist nur dann zur Enkulturation fähig, wenn man ihm die charakteristischen Merkmale und Prinzipien seines Daseins (die Grundelemente seiner psychischen Veranlagung) garantiert. Dabei handelt es sich u. a. um die bereits erwähnte Liebe zur Privatsphäre (ḥubb al-iḫtiṣaṣ), das Begehren von Privilegien (ar-raġba bi - l-imtiyāz) und die Förderung seiner Entfaltung zum Besseren hin. Nimmt man dies alles dem Individuum, so ist es nicht mehr zu "exzentrischer Positionalität" fähig. "... Beraubt man den Menschen dieser Charakteristika, so scheuen die Seelen vor der Bewegung zu höheren Zielen zurück, ihr Geist wird umnebelt, wodurch sie die Geheimnisse der Geschöpfe (kā'ināt) nicht entdecken und die wahre Existenz der Dinge nicht erfassen (iktināh) können. Und dann wird der Mensch in seiner Lebensweise den wilden Tieren gleich - sofern ihm das gelingt."(368)

---

(367) Ebenda, S. 90.

(368) Ebenda, S. 68.

Al-Afġānī ist der Überzeugnung, daß die ideologischen Erscheinungen des Sozialismus, des Nihilismus und des Kommunismus mit ihren Parolen und ihrem Engagement zugunsten der unteren Schichten nur einen scheinheiligen Eindruck erwecken wollen, um ihre obskuren, heimtückischen Ziele zu verschleiern; denn in Methoden, Charakter und Ziel stimmen sie mit denjenigen der Materialisten überein. Allen gelang es nämlich nicht und wird es nicht gelingen, ihr Ziel zu erreichen, solange die Gesellschaftsordnung, die u. a. auf den Hauptfaktoren Religion, Herrschaft und Privateigentum basiert, im Wege steht. Darum wollten sie diese realen Hindernisse beseitigen, wobei sie viel Blut vergossen und Zerstörung und Verderb brachten. "Sie (Sozialisten, Nihilisten und Kommunisten) behaupten, Religion und Königtum (Herrschaft) seien zwei große Hindernisse und starke Dämme, die zwischen den Söhnen der Natur und der Verbreitung ihrer (der Natur) "Heiligen Gesetze", wie Hemmungslosigkeit und Zügellosigkeit, eine Barriere bilden. Es gibt keine stärkeren Hindernisse als Religion und Königtum. Deshalb ist es Pflicht der Suchenden (ṭullāb) nach dem Recht, das die Natur gab (d. h. alles für alle), diese beiden Fundamente zu zerstören, die Könige und religiösen Oberhäupter zu liquidieren. Danach wenden sie sich den Privateigentümern und Wohlhabenden zu. Fügen sie sich in das Naturrecht ein - d. h. Verzicht auf Privilegien -, so geschieht ihnen nichts; andernfalls werden sie getötet, und ein Exempel wird statuiert, damit ihresgleichen nicht die Köpfe über die Rechte der Natur erhebt ..."(396)

---

(396) Ebenda, S. 91.

Daraus ist zu ersehen, daß al-Afġānī es ablehnt und verurteilt, den Austausch der Gesellschaftsrollen durch die unteren Schichten mit Gewaltanwendung erzwingen zu wollen, weil Gewalt Gegengewalt erzeugt und die unteren Gesellschaftsschichten mit Gewalt, sofern sie sich durchsetzen, die oberen Schichten unterdrücken werden und vice versa, so daß keine sozialpolitische Stabilität vorhanden sein wird und die ersehnte Gerechtigkeit und Gleichheit nicht werden entstehen können.

Einen Aspekt ihrer Agitation sieht al-Afġānī als große Gefahr. Es ist die konzentrierte und gezielte Aktivität im Erziehungs- und Aufklärungsbereich (im Schulwesen), in dem sie als Lehrer und Erzieher unter dem Vorwand agitieren, das Wissen und Lernen verbreiten zu wollen. In Wirklichkeit aber säen sie die Saat des Verderbs, und zwar nicht nur in einem Land, sondern in allen europäischen Ländern. Sie sind aktiv und gründen Schulen und können dadurch, vor allem in Rußland, einen gewissen Erfolg verbuchen.[370]

Al-Afġānīs Motive, die ihn zu seiner ablehnenden und unversöhnlichen Haltung den Materialisten gegenüber im allgemeinen und ihren sozialen Gruppen in der 2. Hälfte des 19. Jahrhunderts im besonderen

---

(370) Vgl. ebenda, S. 91 ff. Nach al-Afġānī werden diese Gruppen viel Unheil über die Menschheit bringen, wenn sie sich erst einmal stark und mächtig fühlen und nicht mehr im Untergrund arbeiten müssen, sondern öffentlich auftreten können. (Bemerkenswerterweise erfüllten sich al-Afġānīs Voraussagen ca. 35 Jahre später mehr oder weniger in Rußland.)

veranlaßten und ihn darin eine Gefahr wittern ließen, sind anscheinend nicht allein in ideologischer Verschiedenheit und im neomaterialistischen Zerstörungstrieb zu suchen. Beide Kontrahenten (al-Afġānī und die Naturalisten) entwickeln überregionale Aktivität, agitieren im Aufklärungsbereich und erkennen die hervorragende Bedeutung einer Erziehung der heranwachsenden Generation nach den eigenen Prinzipien, d. h. die Wichtigkeit zur Orientierung des Sozialisierungsprozesses. Zwischen al-Afġānīs Aktivität und der der Neomaterialisten läßt sich eine Parallelität erkennen, wenn sie auch durch geistige und seelische Überzeugung, Gesellschaftstheorie und ihre Analyse weltweit voneinander entfernt sind.

Speziell den orientalischen Neomaterialisten wirft al-Afġānī aber nicht nur vor, sie wüßten nicht, was sie tun, sondern er betitelt sie als "Bajazzo" (it. Bagliaccio), d. h. er sieht in ihnen nicht nur Possenreißer, sondern auch sehr schlechte (tragisch-komische) Imitatoren für schlechte, von außen eindringende Verhaltens- und Handlungsweisen.(371) Da-

(371) Vgl. ebenda, S. 92 ff. Diese geschichtliche Analyse der Materialisten aller Schattierungen sieht al-Afġānī als längst notwendige Antwort auf die Herausforderung der islamischen Gemeinde (besonders in Indien) durch die Neomaterialisten und deren Zusammenarbeit mit der englischen Kolonialmacht auf Kosten der eigenen Kultur und des eigenen Volkes. Darum auch gab er diesem seinem Buch den Titel "Ar-Radd ʿalā ad-dahriyīn", d. h. "Die Widerlegung der Materialisten", das er in Indien 1880 in persischer Sprache herausbrachte.

her wirken sie lächerlich, und al-Afġānī verachtet sie.(372)

Bemerkenswerterweise gab al-Afġānī nicht von sich aus eine Analyse der Materialisten, sondern erst ein verzweifelter, islamischer Lehrer aus Indien regte ihn dazu an. Auch seine zweite Analyse, vierzehn Jahre später (zwischen 1892 und 1897), wurde von außen provoziert, nämlich als eine Art Antwort und Widerlegung auf die Anfrage eines türkischen Gelehrten, der Europa bereist, ein wenig von Sozialismus gehört hatte und davon relativ beeindruckt war. (Namen und nähere Angaben über diesen Gelehrten sind nicht bekannt.)(373)

Dieses Buch war die Erwiderung al-Afġānīs auf den Brief eines indischen, islamischen Lehrers, in dem dieser fragte, was er (al-Afġānī) von Natur und Naturalisten halte. Hier bezieht sich al-Afġānī in seiner Widerlegung der Materialisten hauptsächlich auf bzw. gegen Sayyid Aḥmad Khan (1817 - 1898). Aḥmad Khan versuchte, die indische islamische Gemeinschaft zu reformieren und zu modernisieren. Seine Vorstellung war stark von der englischen ("Reform"-) Politik geprägt, um die er sich verdient gemacht hatte, so daß ihm die Engländer den Titel "Sir" verliehen. Außerdem kamen sie ihm auf kulturellem und gesellschaftlichem Bereich entgegen. Vgl. al-Afġānī, Al-ʿUrwa al-wuṯqā, a. a. O., S. 382 ff und Ḥūrānī, Albert, a. a. O., S. 156 und Cohen, Claude, Der Islam II, a. a. O., S. 280 ff. und EI², Bd. I, S. 287 ff. Auch die indischen Muslime hatten im 18. Jahrhundert eine "zelotische" Bewegung auf Initiative von Schah Waliyullāh (1703 - 1763) durchgemacht.

(372) Vgl. Qāsim, Maḥmūd, a. a. O., S. 108 ff.

(373) Vgl. Maḫzūmī, Muḥammad, a. a. O., S. 119.

Warum aber ging al-Afġānī nicht aus eigener Initiative auf diese Aspekte ein? Sollte er sie nicht bemerkt haben?
Wahrscheinlich überging al-Afġānī sie zunächst absichtlich, weil er innerhalb der islamischen Welt eine sehr berühmte und dominierende Persönlichkeit war und allem Anschein nach vermeiden wollte, seinen Namen - weder positiv noch negativ - mit solchen oder ähnlichen, abwegigen Theorien in irgendeiner Weise in Verbindung bringen zu lassen. Dadurch hätten diese Theorien nur an Popularität gewinnen können. Außerdem wurde er des öfteren mißverstanden oder falsch interpretiert, was wiederum seine "messianische" Berufung beeinträchtigte. Schließlich bedeuteten diese Theorien bis dahin weder im geistigen noch im materiellen Sinn eine nennenswerte Gefahr.
Wahrscheinlich ging al-Afġānī nur deshalb darauf ein, weil er glaubte, die Zeit für eine Entgegnung, Widerlegung und Bloßstellung sei gekommen, da die Materialisten bis dahin nur auf unerheblichen Widerstand gestoßen waren.

Letztlich fühlte sich al-Afġānī anscheinend durch die Bitte des islamischen Lehrers um Rat geistig in die Enge getrieben. Denn wie könnte er diesem Lehrer Rat und Antwort verweigern oder ihm ausweichen, wenn er selbst ein solches Interesse an der heranwachsenden Generation zeigt und für gesunde Aufklärung der Muslime agitiert? Deshalb verfaßt er eine ausführliche Antwort an diesen Lehrer in persischer Sprache.

Erwähnenswert ist nun wiederum die Tatsache, daß er seine Antwort in persischer Sprache abfaßte. Wahrscheinlich berücksichtigte er dabei die "Teilung" der islamischen Welt in zwei Kulturkreise, nämlich einen "arabischen" und einen "persischen", wobei die Türkei mehr oder weniger beiden angehört, während die indischen Muslime, deren Elite besser Persisch als Arabisch lesen und schreiben kann, dem persischen Kulturkreis zuzuordnen sind.

Andererseits war für al-Afġānī die größere Gefahr einer Anfälligkeit des persischen Kulturkreises für solche materialistischen Tendenzen als des arabischen Kulturkreises in geschichtlichen und religiös-politischen Gründen zu suchen sowie darin, daß der gesamte persische Kulturkreis dem englischen Einfluß unterlag.
Die Ursache dafür, daß sich al-Afġānī ungefähr vierzehn Jahre später, diesmal in arabischer Sprache, erneut mit dem Sozialismus auseinandersetzte, ist darin begründet, daß er über dieses Thema nicht einfach hinweggehen konnte, nachdem sehr viele Osmanen, aber auch christliche Araber(374) in Europa studierten, bzw. es bereisten und infolgedessen mit diesen Thesen in Berührung kamen.

---

(374) In diesem Zusammenhang ist auf einen christlichen Araber hinzuweisen, der einen Beitrag zum Säkularisierungsprozeß im arabischen Raum leistete, nämlich Šiblī Šumayyil (1850 - 1917). Er entstammte einer christlich-orthodoxen Familie aus Syrien. Zunächst studierte er an dem neu eröffneten, protestantischen, medizinischen College seiner Heimat Medizin. 1875 setzte er seine medizinische Ausbildung in

Darin witterte al-Afġānī eine sich anbahnende Gefahr der Verbreitung des europäischen Sozialismus. Darum entschloß er sich, diese Thesen erneut zu widerlegen und, als Alternative dazu, die islamische soziale Gerechtigkeit hervorzuheben.

5.2. Soziale Gerechtigkeit im Islam

Al-Afġānīs unversöhnliche Haltung gegenüber den Materialisten jeglicher Prägung und seine Analyse

---

Frankreich fort. Seine philosophisch-politische Heimat lag im Darwinismus. Er übersetzte die sechs Vorlesungen von Ludwig Büchner (1824 - 1899, Arzt und Philosoph aus Darmstadt) über die darwinsche Theorie 1885 unter dem Titel "Die Philosophie der Entstehung und Entwicklung" (falsafat an-nušū' wa-l-irtiqā') ins Arabische. Er übernahm ferner vieles aus Büchners Werken und übertrug es für Bücher und Zeitungsartikel in die arabische Sprache. Šumayyil beschäftigte sich auch mit Spencer. Er vertrat den "sozialistischen Materialismus" und ein republikanisches Herrschaftssystem. Vgl. Ḥūrānī, Albert, a. a. O., S. 297 ff und Hanna, Sami und Gardner, George, a. a. O., S. 289 ff und as-Saʿīd, Rifʿat, a. a. O., S. 89 ff und S. 261 ff und Mūsā, Munīr, Al-Fikr al-ʿarabī fī l-ʿaṣr al-ḥadīṯ - in Syrien vom 18. Jahrhundert bis 1918, Beirut 1973, S.64 ff. Letzterer Autor gibt einen anschaulichen, zusammenfassenden Überblick über die "all" - christlichen und muslimischen, syrischen Denker sowie ihre Denkrichtung in jener Epoche. Dazu ist zu bemerken, daß Šumayyil fünf Jahre nach al-Afġānīs Widerlegung der Materialisten 1885, wobei er u. a. auch den Darwinismus ablehnte und verurteilte, seine Ideen preizugeben begann.

ihrer Theorien erwecken den Eindruck, als stehe er nicht auf seiten der unteren Schichten, als setze er sich für eine kapitalistische Gesellschaftsordnung ein und könne keine Antithese entgegenstellen, sondern begegne den materialistischen Thesen mehr oder weniger rhetorisch.
Dieser Eindruck verschwindet jedoch sehr schnell, wenn man sich mit seiner Darlegung des "islamischen Sozialismus" (ištirākīya islāmīya = islamische Partizipation) befaßt.
Er sieht nämlich in den Prinzipien des islamischen Systems sozialgemeinschaftlicher Verantwortlichkeit (takāful igtimā'ī) nicht nur eine Antithese gegen die materialistischen Thesen, sondern erblickt in den Prinzipien der islamischen sozialen Gleichheit eine unersetzliche Alternative für eine humanitäre Wohlfahrtsgesellschaft.
Nach seiner ersten Analyse und seinem vernichtenden Urteil über die materialistischen und neomaterialistischen Thesen setzt er sich erneut mit den Lehren des Sozialismus auseinander. Innerhalb dieser vierzehn Jahre und vor allem während seines langjährigen Aufenthalts in Europa und des damit verbundenen Kontakts zu europäischen Kulturen und Gesellschaftsordnungen hat al-Afġānī neue Erkenntnisse und Wertungen gewonnen, die ihn neue Maßstäbe an den Sozialismus anlegen lassen.
Seine tiefgründige und weitsichtige Beobachtung der Sozialpolitik europäischer Länder, der sozialen Lage der unteren Schichten und ihrer ihnen von der Gesellschaft zugewiesenen Rolle gibt ihm Verständnis für die Motivation und das Bedürfnis der Soziali-

sten und ähnlicher Gruppen nach einer gerechteren Sozialpolitik gegenüber den unteren Schichten. Ihre materialistische Ideologie und Methode verurteilte er allerdings immer.

Der soziale Aspekt der europäischen sozialistischen Ideologie ist nämlich als eine extrem rachsüchtige Reaktion auf eine bestehende, extreme Sozialpolitik zu verstehen, die nicht die Interessen der Schwachen vertritt. Die Sozialisten wollen daher nicht nur diese extreme soziale Ungleichheit beseitigen, sondern vielmehr einen Rollentausch in der Gesellschaft erzwingen. Dieser Austausch der Rollen kann aber selbstverständlich nie zu sozialer Gerechtigkeit und Gleichheit führen, d. h. es werden wiederum untere und obere Schichten entstehen.
Außerdem fehlt der Ideologie der Sozialisten die Grundsubstanz in Form religiöser Moralethik, weshalb eine gerechte Kraft, die die Interessen aller wahrt, nicht existieren kann. "Im Vergleich zu dem, was man sich von dieser Ideologie erhofft, werden, wie man am Sozialismus im Westen sehen kann, die Ergebnisse des Sozialismus in seiner jetzigen Form, seinen Fundamenten und der Verwirrung derjenigen, die seine Prinzipien festlegten, verdreht. Anstatt der erwarteten Vorteile wird das Schädliche schlechthin herbeigeführt. Denn der "westliche Sozialismus" ist nur durch rachsüchtige Gefühle (ḥāsat al-intiqām) gegenüber der Tyrannei der Herrscher und Gesetze verursacht und hervorgerufen worden."[375]

---

(375) Maḫzūmī, Muḥammad, a. a. O., S. 119.

Daraus geht hervor, daß al-Afġānī im Prinzip nichts gegen den Sozialismus als solchen einzuwenden hat, sofern er eine religiöse Substanz enthält und eine gerechte Gleichheit für alle garantieren kann. Aber hält man sich die Fragen vor Augen "Wer sind die geistigen Väter des Sozialismus?", "Wo ist er entstanden?", "Warum ist er entstanden?" und "Wie ist er entstanden?", so gelangt man zu der Erkenntnis, daß al-Afġānī solchen europäischen, atheistischen Sozialismus nicht nur aus religiöser Überzeugung ablehnt, sondern in dieser sozialistischen Lehre keine logische Konsequenz und Vernunft sehen kann.

Die praktische Durchführung solcher Theorien kann nämlich nur zu Anarchismus und dadurch zur Schwächung des gesellschaftlichen Gefüges, wenn nicht gar zu seiner Eliminierung führen. Das soll nicht heißen, al-Afġānī akzeptiere die soziale Rolle der oberen Schichten und heiße sie gut. Er sieht sehr wohl im sozialen Handeln der oberen Schichten egoistische Züge, womit sie einen Teil der Verantwortung an der etablierten Sozialpolitik tragen, die ihrerseits wiederum eine Herausforderung für die unteren Schichten darstellt. "Die reichen Europäer lehnten die Rechte (ḥuqūq) der Arbeiter und der Armen (hinter ihnen) radikal ab, so daß die Arbeiter radikal gegen die Besitzer der Reichtümer und diejenigen, die auf Grund ihrer Funktionen und Stellung die Rechte des Volkes unterdrückten, opponieren, denn (es ist) keine religiöse Basis, zu der man zurückkehren könnte, und kein Herrscher, der im Interesse aller Härte ausübte, (vorhanden). Deshalb ist ihr Verhalten (ihre Sache) im Rahmen des Sozialismus durcheinander geraten (anarchistisch), und das Ziel des Sozialismus wird verdreht. Denn jede Handlung, die auf Radikalismus (ifrāṭ) basiert, ist unbedingt ein Ergebnis des Extremismus (tafrīṭ)".(376)

Al-Afġānī ist darum bemüht, sich soweit wie möglich mit den sozialen Aspekten und Phänomenen (die später auch die orientalische Gesellschaft beeinflußten) der relativ industrialisierten europäischen Gesellschaft auseinanderzusetzen. Er erkennt, daß nicht nur die Unterdrückung, die ungerechte Verteilung der Güter und Erträge diesen Radikalisierungsprozeß der unteren Schichten hervorriefen, sondern ein weiterer, nicht zu unterschätzender Faktor, nämlich der Neid, dazu beitrug. Die Ursache des Neides der unteren Schichten sucht er bei den oberen Schichten, weil sie in ihrer Verhaltens- und Handlungsweise gegenüber den unteren Schichten unsozial und unsolidarisch sind. In dieser "Unmenschlichkeit" sahen die unteren Schichten eine Bedrohung und Herausforderung an ihr psychisches und physisches Dasein. "Der westliche Sozialismus wurde verursacht und entstand u. a. durch den Faktor Neid der Arbeiter auf die Herren der Reichtümer (arbāb aṯ-ṯarā'). Denn sie (die Herren der Reichtümer) wurden nur durch unablässige Mühe und Arbeit (bzw. Leistung) der Arbeiter reich. Sie haben ihre Schätze (kunūz, Sing. kanz) in den Schränken deponiert, sie verbrauchten ihren Reichtum in schamloser Weise. (sufh). Sie vergeudeten ihren Reichtum in Maßlosigkeit (saraf), Verschwendung (tabḏīr) und Luxus (taraf) vor den Augen der Produzierenden (Arbeiter) ..."(377)

---

(376) Ebenda, S. 120.

(377) Ebenda

Es ist bemerkenswert, daß al-Afġānī dem Neid eine so bedeutende Rolle beimißt. So gesehen ist der Neid ein soziales Phänomen, das durch psychische Einflüsse hervorgerufen wird. Diese Einflüsse wiederum sind durch "übertriebene" soziale Verhaltens- und Handlungsweisen bestimmt, die nach eigenem Werturteil der unteren Schichten nicht mit den menschlichen Normen übereinstimmen. Steigern sich diese psychischen Einflüsse (die von außen kommen), und die Reaktion verstärkt sich, so führt das unweigerlich zur Aggressivität.

Aus al-Afġānīs Ausführungen kann man entnehmen, daß er den oberen Schichten Europas vor allem verübelt und vorwirft, daß sie ihren Reichtum nicht nutzbringend für die Allgemeinheit investieren und nichts zur Linderung der sozialen Lage der Arbeiter und Armen beitragen. Deshalb ist für ihn die Entstehung einer radikalen Polarisierung der sozialen Fronten unausweichlich (d. h. jede Schicht beharrt extrem auf ihren Rechten), so daß eine bewaffnete Konfrontation, deren Ausmaß und Ergebnis sich nicht überblicken lassen, unvermeidbar wird. Wenn es zu einer solchen Katastrophe im Okzident kommt, wird der Orient davon nicht unberührt bleiben.(378)

Die einzige humanere und sozial gerechtere Alternative zum "europäischen Sozialismus", diesen katastrophalen Sozialwandel der Gesellschaft zu vermeiden und gerechtere soziale Lebensbedingungen zu

---

(378) Vgl. ebenda, S. 121.

schaffen, sieht al-Afġānī im "islamischen Sozialismus" (ištirākīya islāmīya).(379)

Al-Afġānīs sozialpolitisches Engagement zugunsten der Schwachen ist nicht als das eines verspäteten Utopisten der utopischen Schule der ersten Hälfte des 19. Jahrhunderts anzusehen. Seine Einstellung zum Benefizium (und der Drang zur "barmherzigen Samaritertat") resultiert vielmehr ausschließlich aus seiner fundierten islamischen, ideologischen Überzeugung. Seiner Meinung nach steht der Islam nämlich nicht im Widerspruch zum "Sozialismus" (ištirākīya)(380), sondern der Koran bejaht ihn und weist nachdrücklich darauf hin.(381)

---

(379) Vgl. ebenda, S. 120.

(380) Ištirākīya stammt von der Wurzel šaraka, d. h. Teil haben, Partizipation.

(381) Vgl. Maḫzūmī, Muḥammad, a. a. O., S. 122 und Hanna, Sami, Afghani a pionier of Islamic Socialism, the moslem world, USA 1967, S. 24. Es handelt sich hierbei um eine wörtliche Übersetzung al-Afġānīs Meinung über den (islamischen) Sozialismus in Maḫzūmīs Ḫāṭirāt aus dem Arabischen ins Englische. Die englische Übersetzung ist außerdem in dem Buch "Arab Socialism" des gleichen Autors wiedergegeben. Vgl. Hanna, Sami und Gardner, George, a. a. O., S. 267 ff.
Als Beweis führt al-Afġānī die Sure 8 : 41 an: "... und ihr müßt wissen, wenn ihr irgendwelche Beute macht, gehört der fünfte Teil davon Gott und dem Gesandten und den Verwundeten, den Waisen, den Armen und dem, der unterwegs ist (d. h. dem, der dem Wege Gottes gefolgt ist und dadurch in Not gekommen ist)."

Außerdem praktizierten der Prophet, die beiden ersten Kalifen und die meisten Muslime jener Zeit soziale Gerechtigkeit, wie sie auch die Überlieferung selbstverständlich betont.(382)

Al-Afġānī orientiert sich in seinem Sozialverhalten stets am sozialen Leitbild der ersten islamischen Gesellschaft, von deren gerechter Sozialpolitik er zutiefst überzeugt ist, weil die islamische Lehre ein vollständiges System sozialgemeinschaftlicher Verantwortlichkeit (takāful iǧtimāʿī) für alle in allen Lebensbereichen bietet. Der Islam regelt das Sozialverhalten und die Beziehungen der Individuen untereinander im gleichen Maße, wie er die Beziehungen zu Gott prägt. "In seiner eigentlichen Bedeutung ist der Islam ein soziales System, eine Lebensphilosophie, ein System ökonomischer Verhaltensregeln und ein Regierungssystem - zusätzlich dazu, daß er ein religiöser Glaube im engeren okzidentalischen Sinn (christlichen Sinn) ist."(383)
Nach Muṣṭafā Sibāʿī enthält der Islam sogar einen "wissenschaftlichen Sozialismus", der natürlich nicht laizistisch ist, Privateigentum und Vermögensbildung respektiert, fördert und garantiert.(384)

---

(382) Vgl. Amīn, ʿUṯmān, Ruwwād al-wa ʿī al-insānī, a. a. O., S. 25.

(383) Büttner, Friedemann, a. a. O., S. 133 ff.

(384) Vgl. Sibāʿī, Muṣṭafā, Ištirākiyat al-islām, Damaskus 1960, S. 6 ff. Privateigentum, Einkommen usw. werden anhand der zakāt (= Almosensteuer) versteuert. Die zakāt ist eines der fünf Fundamente (arkān) des Islams, und der Koran weist ca. dreißigmal darauf hin. In Sure 3 : 130 heißt es: "Ihr Gläubigen! Nehmt

Daß der Koran die Prinzipien der "ištirākīya" offenbarte und anordnete und die Muslime sie besonders in der ersten islamischen Gesellschaft mit großer Genugtuung praktizierten, ist nach al-Afġānīs Auffassung auch auf die innere Einstellung der vorislamischen Nomadengesellschaft zur Partizipation an den Gütern sowie ihre sozialsolidarische Verhaltens- und Handlungsweise zurückzuführen.(385) Als Beispiel

---

nicht Zins (d. h. zehrt nicht das Vermögen anderer durch Zinsnehmen auf) in mehrfachen Beträgen (d. h. nehmt zurück, was ihr ausgeliehen habt). Und fürchtet Gott! Vielleicht wird es euch (dann) wohlergehen." Der Koran regelt auch das Vergeben von Almosen als solchen (ṣadaqāt = gute Taten = ḥasanāt) und weist in mehreren Suren darauf hin. Sure 9 : 60: "Die Almosen sind nur für die Armen und Bedürftigen, diejenigen, die damit zu tun haben, diejenigen, die (für die Sache des Islams) gewonnen werden sollen, für (den Loskauf von) Sklaven, die, die verschuldet sind, für den Heiligen Krieg und den, der unterwegs ist. Dies gilt als Verpflichtung seitens Gottes."

(385) Vgl. Maḫzūmī, Muḥammad, a. a. O., S. 120. Hierzu führt al-Afġānī zwei Beispiele zweier reichen Nomaden der vorislamischen Gesellschaft an. Der eine hieß Ḥātim aṭ-Ṭā'ī, war sehr reich und berühmt. (Für eine kurze Biographie über Ḥātim aṭ-Ṭā'ī ist auf das Lexikon der Arabischen Welt, Zürich-München 1972, S. 426 hinzuweisen.) Im Laufe der Zeit verarmte er und besaß schließlich nur noch ein Pferd. Da kam während der Dürreperiode eine hungrige Frau seines Stammes mit ihren Kindern von weit her und sagte: "Wir haben gehört, daß du frisches Fleisch hast, da bin ich mit meinen Kindern gekommen." "Das ist wahr!", sagte Ḥātim aṭ-Ṭā'ī, schlachtete sein Pferd und ließ Feuer anzünden, das am Abend und dessen Rauch bei Tag ein Signal für ein Essen waren und als Einladung an alle galten, daran teilzunehmen. Die "Gäste"

nennt er die sozialsolidarischen Beziehungen, die die "anṣār" (Helfer des Propheten) während des Islamisierungsprozesses auf der arabischen Halbinsel zu den "muhāǧirūn" (= emigrierte Muslime) knüpften und die von großer Bedeutung und großem Nutzen für den Islam waren. "Denn die Brüderlichkeit, die der Prophet zwischen den Emigrierten und den Helfern knüpfte, ist die edelste Tat (ašraf ʿamal), mit der die Akzeptierung (d. h. Praktizierung) der "ištirākīya" in Wort und Tat sehr deutlich wurde. Diese Brüderlichkeit ermöglichte es dem islamischen Emigranten, mit seiner Religion fortzugehen, mit Zufriedenheit aus seiner Stadt zu emigrieren, seinen Geburtsort zu verlassen, aus seiner Familie und seiner Verwandtschaft auszuscheiden, sein Hab und Gut zu verlassen und glücklich zu sein, daß er die Stadt der Emigration (dār al-hiǧra = Medina) heil erreichte. Der "anṣārī", der mit Familie, Verwandten und Besitz in dieser Stadt (der Emigration) war, akzeptierte mit Zufriedenheit und Freude die Beteiligung seines

---

fühlten sich gegenüber dem Gastgeber zu nichts verpflichtet, denn das ist selbstverständlich und wird turnusmäßig je nach Wohlhabenheit und Möglichkeiten des einzelnen praktiziert.
Im zweiten Beispiel sagte ein reicher Beduine namens Ṭalḫa aṭ-Ṭalḫāt zu jedem hoffnungslosen Armen, der zu ihm kam: "Nimm hier ein Pferd, ein Schild und ein Schwert in der Hoffnung, dir die Demütigung (ḏull) des Bittens (sū'āl) zu ersparen! Nimmst du sie nicht und (oder) kannst sie nicht gebrauchen, so möge dir Gott weder seine Führung schenken noch dich reich machen." Man sagt, er habe über tausend Mann ausgerüstet, so daß ihm keineeinzige Ausrüstung verblieb.

emigrierten Bruders (an seinem Vermögen), eine Partizipation im wahrsten Sinn des Wortes."(386)

Damit will al-Afġānī verdeutlichen, daß die vorislamische soziale Nutzethik durch die Offenbarung in eine Kollektivseele umgewandelt wurde, die einen sozialen Zusammenhalt und ein soziales Bewußtsein der ersten islamischen Gesellschaftsgruppe gewährleistete. Darin spiegelt sich die Sozialpolitik der ersten islamischen Gesellschaft wider, die sich bewährte.

Mit Bedauern muß er feststellen, daß die "ištirākīya" als gerechtes Partizipationsprinzip zwischen Armen und Reichen durch die Omayyaden zurückgedrängt wurde. Denn als ʿUṯmān aus dem Stamm der Omayyaden als dritter Kalif das islamische Kalifat übernommen hatte, zeigten sich die ersten Ansätze zu einem Wandel in der Kollektivseele der islamischen Gesellschaft, der sich allmählich auf Kosten der bisherigen, gerechten, sozialen Aspekte und des homogenen Gebildes vollzog. Bei diesem Wandel, der nach dem Tode des Kalifen ʿUṯmān in der Spaltung der Muslime gipfelte, spielten u. a. die Verwandten und Angehörigen ʿUṯmāns eine dominierende Rolle.(387) "Nun

---

(386) Maḫzūmī, Muḥammad, a. a. O., S. 123.

(387) Am meisten dominierte unter den Omayyaden Muʿāwiya, ein Verwandter des Kalifen und Statthalter von Damaskus. Als ʿUṯmān starb, übernahm ʿAlī, Schwiegersohn und Vetter des Propheten, das Kalifat als vierter Kalif. Der Omayyade Muʿāwiya mißgönnte ʿAlī, der zum Stamm Qurais gehörte, das Kalifat und verwickelte ihn in eine kriegerische Auseinandersetzung, die er siegreich beenden konnte. In diesem Augenblick war das

begann das Kalifat ʿUṯmāns. In dieser Zeit wurde ein besonderer Privilegismus der Omayyaden spürbar. In der kurzen Zeit des Kalifats ʿUṯmāns veränderte sich die seelische Verfassung der Nation so merklich, daß sie in dieser Lage im Verhalten und in der Handlungsweise der Statthalter (ʿummāl), Prinzen (umarā'), Verwandten des Kalifen und der Herren der Reichtümer am sichtbarsten wurde. Die Situation wurde so offensichtlich, daß das Vorhandensein einer Schicht, die "Prinzen" und "Edle" hieß, ferner einer Schicht der Besitzer von Reichtümern, der Reichen und Verschwender (badḫ = Luxusleben) spürbar wurde. Von diesen Schichten unterschieden sich die Schichten der Werktätigen, der Söhne von Heiligenkriegern (muǧāhidūn) und dergleichen, von diesen wiederum die, welche die islamische Herrschaft als erste begründeten, verteidigten, bewahrten, an den Eroberungszügen teilnahmen und die Lehre (des Islams) verteidigten, so daß das nötige Vermögen (māl = Geld, Finanzen), das die durch die islamische Zivilisation entstandene Lebensweise erforderte, fehlte. ... Das Ergebnis all dieser Aspekte, die durch das Vorhandensein von Schichten, die sich von denen der islamischen Arbeiter und Schwachen unterscheiden, entstanden sind, liegt darin, daß sich eine Schicht entwickelte, die Ungerechtigkeit empfand. Diese Schicht bereitete sich darauf vor, ihre

---

Schicksal des Kalifats der Rāšidūn mit ʿAlī als viertem und letztem Kalifen besiegelt, und das Zeitalter der Omayyaden begann, d. h. in al-Afġānīs Augen endete damit die erste islamische Gesellschaft als Leitbild.

ihr in der Offenbarung zugesprochenen Rechte auch entsprechend der Verhaltens- und Handlungsweise der ersten beiden Kalifen zu fordern."(388)

Man kann also sagen, unter dem Kalifen ʿUṯmān begann sich eine soziale Mobilität zu vollziehen, die wiederum eine gesellschaftliche Makrostruktur der Omayyaden hervorrief. Diese neue soziale Schichtung der bisher im islamischen Kollektivbewußtsein homogenen Gesellschaft, durch die Omayyaden verursacht, führte zur Teilung der Gesellschaft in zwei in sich horizontal geschichtete, zueinander vertikal verlaufende Schichtungen.

Die obere soziale Schichtung bestand aus der herrschenden omayyadischen Familie, den mit ihr paktierenden Klerikern, Honoratioren und anderen elitären Gruppen. In der unteren sozialen Schichtung dagegen waren die Werktätigen, die Familien der "muǧāhidūn", der Armen usw. zusammengefaßt.
Diese neue, gesellschaftliche Entwicklung brachte (auch) eine Lebensart und einen Wandel mit sich, wie sie vorher nie im Islam vorhanden waren und deren Lebensstil sich die unteren Schichten nicht leisten konnten. Infolgedessen werden nach al-Afġānīs Meinung unweigerlich Haß und Neid auf die oberen Schichten entstehen, die zu einem sozialen Konflikt führen werden. Aus diesem Grund (u. a.) kam es - wie bereits gesagt - zur Erhebung von Abū Muslim al-Ḫūrasānī und den Abbasiden in Persien und Irak.

---

(388) Maḫzūmī, Muḥammad, a. a. O., S. 129.

Mit dieser Analyse der islamischen Gesellschaft und ihrer ersten ausgeprägten sozialen Konflikte, die als dominierende Faktoren die ersten kriegerischen Auseinandersetzungen im Islam verursachten (Der Sieg fiel zugunsten der herrschenden oberen Schicht der Omayyaden aus), will al-Afġānī aufzeigen, wie sozial gerecht die islamische Lehre in ihrem Ursprung und der Überlieferung ist und wohin eine Abweichung davon führt. Deshalb befürchtet er, die Durchführung eines nichtwahrhaften (islamischen) Sozialismus, wie er im Frühislam vorhanden war, wird in Massaker und Blutvergießen auch an Unschuldigen enden. Ein solches katastrophales Ausmaß beruht u. a. auf der Verantwortungslosigkeit der Demagogen und Rhetoriker, die den Begriff "Sozialismus" verbreiten, wobei sie sich hinter diesen sozialen Aspekten verstecken, um bestimmte Ziele der Materialisten zu verfolgen. "Den Begriff Sozialismus in den Mund zu nehmen (yalūk bi-lisānih) und daraus ein Fangseil (uḥbulat ṣaid) zu machen, wird nützlich sein, denn der Sozialismus ist ein Begriff der Gerechtigkeit, aus dem man ein Verlangen (nach) der Ungerechtigkeit gemacht hat."(389) Sollte der westliche Sozialismus im Okzident Fuß fassen, so wird, wie al-Afġānī fürchtet, der Orient vor der Katastrophe nicht verschont bleiben.(390)

Seine Überzeugung von den sozialen Aspekten des Islams läßt keinen Zweifel daran, daß er das Heil der

---

(389) Ebenda, S. 130.

(390) Vgl. ebenda, S. 121.

Menschen nur in der islamischen "ištirākīya" sieht, die seiner Meinung nach einzig und allein in der Lage ist, die Bedürfnisse der Menschen für das Diesseits und Jenseits zu stillen. "Ich wiederhole, die islamische ištirākīya ist die Quelle (ʿain, auch Auge) der Wahrheit (ḥaqq), und die Wahrheit hat (berechtigten) Anspruch darauf, befolgt zu werden."(391) "Jeder Sozialismus, der sich in seinem Kern (rūḥ = Seele) und seinem Ursprung (asās) von der genannten ištirākīya unterscheidet, wird letzten Endes nur in einer großen Metzelei (malḥama) und einem Strom von Blut münden."(392)

Demnach bietet die islamische "ištirākīya" als einzige Alternative eine gerechte und humane Lösung eines sozialen Konflikts. Al-Afġānī sieht die Zukunft als Objekt des Wissens und dessen, was sein wird, und nicht als einen Gegenstand der Spekulation über das eventuell Mögliche. Darum will er die Zukunft der "ištirākīya" fixieren (präzisieren). Anhand seiner Analyse der Sozialgeschichte, besonders der sozialen Entwicklung des 19. Jahrhunderts, und durch seine humanistische Neigung gelingt es ihm, eine Prognose (die keineswegs antizipatorisch ist) der Zukunft der "ištirākīya" zu stellen. Er ist überzeugt, daß die soziale Gerechtigkeit in Form des "Sozialismus" eines Tages die Oberhand in den verschiedenen Gesellschaften gewinnen wird. "Obwohl

---

(391) Ebenda, S. 130.

(392) Ebenda, S. 129

der Sozialismus heute wenig Anhängerschaft hat, wird er die Oberhand haben, wenn das wahre (ṣaḥīḥ) Wissen verbreitet ist und der Mensch weiß, daß er und sein Bruder aus einer Erde (ṭīn = Erde mit Wasser vermischt) oder aus einem Hauch (nasma = Brise) geschaffen sind. Denn nur durch das am meisten Nutzbringende für die Allgemeinheit läßt sich feststellen, wer der Bessere ist, und nicht durch Krone (tāǧ), Ertrag (nitāǧ), gespeichertes (muddaḫar = gespartes) Geld, viel Dienerschaft, die versklavt wird, mobilisierte Armee und ähnliche Schandtaten (aʿmāl bāṭila = ungerechte Taten), vergänglichen Ruhm (maǧd zāʾil) und eine Biographie (sīra = Lebenslauf, Lebenswandel), die bis in Ewigkeit beschämend bleibt."(393)

So sieht al-Afġānīs Vorstellung der Zukunftsgesellschaft aus, die nur durch Dominieren der "ištirākīya" als gerechtem, sozialpolitischem Aspekt entstehen kann, der zu einem besseren, humaneren, gerechteren Dasein diesseits und jenseits führt, und von dieser Entwicklung war er absolut überzeugt.
Die obengenannte "ištirākīya" ist ein sozialpolitischer Aspekt des "takāful al-iǧtimāʿī - Systems" des Islams, das die gesamten Lebensbereiche umfaßt. Durch seine Praktizierung (taṭbīq) wird eine humane, sozial gerechte Gesellschaftsordnung entstehen, die weder die Bildung sozialer Schichten noch soziale Konflikte kennt oder provoziert.(394)

---

(393) Ebenda, S. 136.

(394) In diesem Kapitel wurde nur auf den Aspekt der sozialen Gerechtigkeit im Islam (oder des "islamischen Sozialismus") eingegangen und nicht

Nach dieser klaren Analyse der verschiedenen sozialen Aspekte, speziell der islamischen sozialen Gerechtigkeit, die er nachdrücklich vertritt, kann man al-Afġānī gewiß keine nichtkognitiven, bzw. sozialen Vorurteile vorwerfen, denn er ist nicht zuletzt davon überzeugt, daß die Verhaltens- und Handlungsweise der oberen Schicht einer Gesellschaft, wie bereits gesagt, unausweichlich Bedürfnisse und Ziele erweckt, die normalerweise in gerechten, sozialpolitischen Verhältnissen geregelt und begrenzt werden können. Andernfalls entsteht Anomie als ein Zustand unbegrenzter Aspirationen, die nicht mehr erfüllt und gesättigt werden können, was selbstverständlich zu sozialem Unbehagen führt.

Um dies zu überwinden, entstehen unweigerlich abweichendes Verhalten (von den etablierten Normen) und soziale Krisen.
Durch die Praktizierung der islamischen, sozialen Gerechtigkeit (= "islamischer Sozialismus") erhofft al-Afġānī all diesem zu entgehen, so daß man von ihm mit Recht als von einem "Pionier of Islamic Socialism" sprechen kann, denn er war immerhin der erste, der den Terminus "Sozialismus im Islam" benutzte und analysierte.

---

das gesamte "takāful al-iǧtimāʿī - System" analysiert, weil es zu weit führen würde und hier nicht notwendig ist. In diesem Zusammenhang sind die Erklärungen Muṣṭafā Sibaʿīs über das "takāful al-iǧtimāʿī -System" in seinem Buch "Ištirākiyat al-islām" interessant. Diese Abhandlungen sind zusammengefaßt und aus dem Arabischen ins Englische übersetzt von S. Hanna und G. Gardner, a. a. O.

G. Fortsetzung der Schule al-Afġānīs (anhand von Muḥammad ʿAbduh)

I. Muḥammad ʿAbduhs Lebenslauf

Al-Afġānīs lebhafter Geist und sein unruhiges Leben, auch von äußeren Faktoren beeinflußt, ließen ihn kaum zur Ruhe kommen bzw. sich in irgendeinem islamischen Land niederlassen, wo er sich eine Hausmacht hätte aufbauen können. Sein längster, andauernder Aufenthalt in einem Land erstreckt sich über acht Jahre, nämlich von 1871 bis 1879 in Ägypten.

Trotz dieses bewegten Lebens trugen seine Gedanken, die er in den unterschiedlichsten gesellschaftlichen Bereichen und Schichten säte, Früchte. Sein Gedankengut beeinflußte viele, die an einer positiven Entwicklung der islamischen Gesellschaft, besonders in Ägypten, interessiert waren. Genaugenommen war ihm jedoch keiner so eng verbunden wie sein Schüler und zeitweiliger Gefährte, der Ägypter Muḥammad ʿAbduh, der später auf religiösem, gesellschaftlich-erzieherischem, kulturellem und kulturpolitischem Gebiet, vor allem in seiner Heimat Ägypten und der (arabisch) islamischen Welt, eine dominierende Rolle spielte, die sich auf Generationen auswirkte.

Dazu bemerkt al-Afġānī über seinen Schüler: "... in Muḥammad ʿAbduh habe ich für Ägypten einen hochaufragenden Berg (ṭūd) des soliden Wissens (ʿilm rāsiḫ), eine Gewaltigkeit (ʿaramram) an Weisheit, Ehre (šimam) und höherem Sinn (ʿulū al-himma) hinterlassen."(395)

Hieraus wird al-Afġānīs Urteil über Muḥammad ʿAbduh und die Hoffnung, die er praktisch auf ihn setzt, deutlich. Aus diesem Grund ist es unumgänglich, auf Muḥammad ʿAbduh einzugehen, will man sich mit seinem Lehrmeister al-Afġānī befassen.(396)

---

(395) Maḫzūmī, Muḥammad, a. a. O., S. 159. An gleicher Stelle spricht al-Afġānī von seinem Schüler und Gefährten als von seinem Freund ʿAbduh. Dabei betont al-Afġānī die Freundschaft so nachdrücklich, daß einer der Anwesenden, ebenfalls ein Freund al-Afġānīs, daran Anstoß nimmt. Darauf reagiert al-Afġānī mit entsprechendem Unterton: "... ʿAbduh war mein Freund in schlechten Zeiten (ḍarrāʾ), und du bist mein Freund in guten Zeiten (sarrāʾ)." Daraus ist zu ersehen, wie eng die Beziehung von al-Afġānī und Muḥammad ʿAbduh, durch außerordentliche Umstände geprägt, ist und welche besondere Wertschätzung al-Afġānī dem Begriff "Freundschaft" beimißt, wenn sie unter besonderen Umständen entstanden ist. (Diese besonderen Umstände bestehen in ihrer gleichen ideologischen Gesinnung, die in Kairo und Paris ihren gemeinsamen religiösen und politischen Widerstand gegen die etablierte Gesellschaftsordnung bewirkte, und in dem Leid, das sie deshalb ertragen mußten.)

(396) Will man eine ausführliche Analyse der Gedanken ʿAbduhs vornehmen, so ist sein Schüler und Gefährte Rašīd Riḍā (1865 - 1935) zwar nicht zu umgehen, da beide Gelehrten in ihren Aktivitäten mehr oder weniger vom gleichen theologischen Standpunkt ausgehen. Seine Darlegung kann jedoch nicht Gegenstand dieser Arbeit sein, weil sie ihren Rahmen sprengen würde. Deshalb beschränke ich mich hier ganz allgemein auf eine zusammenfassende Abhandlung Muḥammad ʿAbduhs im Zusammenhang mit der Fortsetzung der afġānischen Schule.

Muḥammad ʿAbduh ist nämlich der einzige Gelehrte aus dem Schüler- und Gefährtenkreis um al-Afġānī, der sich bis zu seinem Ableben hinsichtlich der Religion und Mystik in Wort und Tat von al-Afġānīs Geist und Leitideen inspirieren ließ. Dazu sagt Muḥammad ʿAbduh selbst: "Mein Vater schenkte mir ein Leben, an dem ʿAlī und Maḥrūs (ʿAbduhs Brüder) beteiligt waren. Al-Afġānī gab mir ein Leben, durch das ich an (dem Leben der Propheten) Mohammed, Abraham (Ibrahīm), Moses (Mūsā), Jesus (ʿĪsā) und der heiligen Helfer Gottes (auliyāʾ qiddīsīn) teilnahm."(397)

Damit will Muḥammad ʿAbduh offensichtlich zum Ausdruck bringen, wie sehr sein Geist durch al-Afġānī den Weg zum Ursprung aller Religionen (und der Mystik) fand. Demnach ist also al-Afġānī im wahrsten Sinn des Wortes der geistige Vater Muḥammad ʿAbduhs.

Muḥammad ʿAbduh versuchte als erster in der neueren Geschichte der Muslime, den Koran soweit wie möglich entsprechend den Notwendigkeiten und Erfordernissen des gesellschaftlichen Lebens zu Ende des 19. Jahrhunderts und Beginn des 20. Jahrhunderts zu interpretieren, um auf diese Weise die Flexibilität der islamischen Lehre, vor allem in ihrer Zuwendung zum Diesseits, darzulegen und die Muslime im Einvernehmen mit ihrer Religion und ohne Gewissenskonflikte zur Teilnahme an der gesellschaftlichen Entwicklung zu bewegen.

---

(397) Riḍā, Rašīd, Tārīḫ al-ustāḏ al-imām aš-šaiḫ Muḥammad ʿAbduh, a. a. O., Bd. I, S. 9
Muḥammad ʿAbduh machte sich diese Notizen in seinem Notizblock aus Anlaß von al-Afġānīs Tod im Jahre 1897. Ferner vgl. ʿAmāra, Muḥammad, Al-aʿmāl al-kāmila li-l-imām Muḥammad ʿAbduh, Beirut 1972, Bd. I, S. 29

Darüberhinaus ist dieses Zitat ein Hinweis auf die Anerkennung, die ein Mann wie Muḥammad ʿAbduh seinem Lehrer zollt, und ein unumstrittener Beweis für al-Afġānīs geistige Kapazität sowie die geistige Verbundenheit der beiden Gelehrten. In diesem Sinn äußert sich auch Elie Kedourie: "Afghani must have a powerful magnetic personality to have exercised over Abduh then and for many years afterwards so strange and so tenacious an influence. The link between them is very much that of the master and disciple in some secret esoteric cult."(398)

Muḥammad ʿAbduh wurde in einem Dorf namens "Maḥallat Naṣr" in Unterägypten geboren. Seine Eltern repräsentierten den damaligen bäuerlichen Mittelstand, d. h. infolgedessen angesehene Bauern. ʿAbduhs Familie väterlicherseits war (wahrscheinlich) turkmenischen Ursprungs, während die arabische Linie mütterlicherseits bis zum 2. Kalifen ʿUmar (7. Jahrhundert) zurückreichte. In den Grundelementen des Lesens und Schreibens unterwies ihn sein Vater. Anschließend besuchte er zwei Jahre lang al-Kuttāb (Koranschule), bis er den Koran auswendig beherrschte. Damit er an der Aḥmadīya-Moschee (zu dieser Zeit das zweitgrößte theologische Zentrum bzw. Universität nach al-Azhar) seine Ausbildung fortsetzen konnte, brachte ihn sein Vater 1862 im Alter von dreizehn Jahren zur Stadt Ṭanṭā.

Wegen "schlechter" Lehrmethoden und des Mangels an pädagogisch qualifizierten Lehrern hielt er es dort

---

(398) Kedourie, Elie, Afghani and ʿAbduh, An Essay on Religious Unbelief and Political Activism in Modern Islam, London 1966, S. 8.

lediglich eineinhalb Jahre aus und gab dann das Lernen auf, weil er keine Aussicht auf Erfolg sah.(399)

Muḥammad ʿAbduh konnte dem Unterricht jedoch nicht fernbleiben, wie er es sich gewünscht hätte, weil sein Vater auf seiner Weiterbildung beharrte. Als er sich deshalb nochmals zur Aḥmadīya-Moschee begeben wollte, besuchte er unterwegs einen entfernten Onkel seines Vaters namens Šaiḫ Ḫiḍr (gest. 1872), der ein weitgereister und weiser Mann und Mystiker (ṣūfī) war. Diesem Onkel schilderte Muḥammad ʿAbduh sein Desinteresse am Lernen, hervorgerufen durch die sinnlose Art des Unterrichts.

Geduldig versuchte der Onkel auf einfache Art dem Jungen ʿAbduh die Elementarbegriffe der Mystik, der Moralethik der Mystiker und des Korans zu interpretieren. Damit erweckte er in ihm den Drang nach mehr Wissen und Forschen und den Wunsch weiterzulernen.(400)

---

(399) Diese schlechten Lehrmethoden prägten sich ihm für sein ganzes Leben ein, weshalb er später viel dazu beitrug, sie zu reformieren.

(400) Vgl. ʿAmāra, Muḥammad, Al-Aʿmāl al-kāmila li-l-imām Muḥammad ʿAbduh, a. a. O., Bd. II, S. 324 ff. In diesem Band ist eine vollständige Biographie Muḥammad ʿAbduhs wiedergegeben, die er selbst geschrieben hat. In Band I faßte der Autor Muḥammad ʿAbduhs Biographie nochmals zusammen. S. 17 ff. Weitere Biographien sind zu finden bei Rašīd, Riḍā, Tārīḫ al-ustāḏ al-imām aš-šaiḫ Muḥammad ʿAbduh, a. a. O., Bd. I, S. 20ff , aṭ-Ṭanāḥī, Ṭāhir, Muḏakkarāt al-imām Muḥammad ʿAbduh, Kairo 1963, S. 28 ff, ʿAbdalfattāḥ, Muḥammad, Ašhar mašāhīr aš-šarq, Kairo S. 82ff.

Muḥammad ʿAbduh selbst sagte dazu: "... dieser Šaiḫ hat mich in wenigen Tagen aus dem Gefängnis des Unwissens zum Universum (faḍāʿ) des Wissens und aus den Ketten der Nachahmung (taqlīd) (die nicht mehr mit dem Urislam identisch ist) zum absoluten Monotheismus (iṭlāq at-tauḥīd) herausgeholt."(401)

Dieser Onkel war also der Initiator eines neuen, bescheidenen Inhalts in ʿAbduhs Leben sowie seines beginnenden Interesses für die Mystik, ehe er al-Afġānī begegnete.

Obwohl sich Muḥammad ʿAbduh zum Weiterbesuch der Aḥmadīya-Moschee in Ṭanṭa entschlossen hatte, blieb er wiederum nur kurze Zeit (1865/66), um anschließend die Azhar-Universität in Kairo wegen ihrer besseren Ausbildungsmöglichkeiten aufzusuchen.

In der Azhar-Universität studierte ʿAbduh mit gemischten Gefühlen gegenüber den strikt traditionellen Fächern und Lehrmethoden mehr schlecht als recht, bis er im Jahre 1871 Schüler von al-Afġānī wurde. (1869 war al-Afġānī zum ersten Mal für kurze Zeit in Ägypten. Bei dieser Gelegenheit machte Muḥammad ʿAbduh durch Vermittlung eines Azhar-Gelehrten seine Bekanntschaft).

---

(401) ʿAmāra, Muḥammad, Al-Aʿmāl al-kāmila li-l-imām Muḥammad ʿAbduh, a. a. O., Bd. II, S. 331.

Al-Afġānī regte seinen Geist mit Mathematik, Philosophie und weiteren Wissenschaften so an, daß Rašīd Riḍā meint, Muḥammad ʿAbduhs Licht sei zwar am Aufgehen gewesen, aber erst durch die Berührung mit al-Afġānī entzündet worden, worauf Erhellung auf Erhellung folgte (nūr ʿalā nūr).(402)

Trotz des Widerstandes der erzkonservativen Prüfungskommission, die ihn wegen seiner Beziehung zu al-Afġānī und seines Interesses an den obengenannten ("abwegigen") Fächern, die er sich nicht nur aneignete, sondern auch vertrat und verbreitete, beinahe ablehnte, erlangte Muḥammad ʿAbduh 1877 die ʿĀlimīya-Würde an der Azhar-Universität mit der Gesamtnote "gut". Im gleichen Jahr gelang es ihm trotz des Widerstandes der Opposition an der Azhar-Universität, nicht zuletzt auch wegen seines umfassenden Wissens, sich als Lehrer (bzw. Dozent) durchzusetzen. Er lehrte u. a. an der Azhar-Universität und bei sich zu Hause jene Fächer, die er bei al-Afġānī studiert hatte.(403)

---

(402) Vgl. Riḍā, Rašīd, Tārīḫ al-ustāḏ al-imām aš-šaiḫ Muḥammad ʿAbduh, a. a. O., Bd. II, S. 246 ff.

(403) Vgl. Qalʿaǧī, Qadrī, a. a. O., S. 175. Dort ist eine Fotokopie des ʿĀlimīya-Zeugnisses abgedruckt, das seinem Inhaber die Lehrtätigkeit gestattet. Er ist damit also "ʿālim" (=Gelehrter, Wissender) geworden. Vgl. ʿAmāra, Muḥammad, Al-Aʿmāl al-kāmila li-l-imām Muḥammad ʿAbduh, a. a. O., Bd. II, S. 332 ff. In Bd. I weist der Autor darauf hin, daß es zu ʿAbduhs Zeit an der Azhar-Universität unter den Gelehrten zwei Richtungen gab, und zwar auf der einen Seite die Erzkonser-

Muḥammad ʿAbduhs Dozentenlaufbahn wurde jedoch durch die Opposition der Traditionalisten gebremst, weshalb er keine höheren Positionen erreichen konnte. Aus diesem Grund wandte er sich anderen Aufgaben, wie z. B. dem Lehren von Geschichte und arabischer Philologie, zu.(404)

II. Muḥammad ʿAbduhs politische Aktivität

Wie bereits geschildert, war al-Afġānī ein politischer Agitator, der Muḥammad ʿAbduh mit seinem politischen Engagement überzeugte und beeinflußte. So trat auch Muḥammad ʿAbduh, wie al-Afġānī, der Freimaurerei bei, und als al-Afġānī sich wegen Differenzen mit der Loge davon zurückzog, tat er das ebenfalls. Als al-Afġānī die Ad-hoc-Loge (Nationale Partei) gründete, wurde Muḥammad ʿAbduh eines ihrer ersten Mitglieder. Während al-Afġānī im Jahre 1879 wegen politischer Meinungsverschiedenheiten mit dem Königshaus aus Ägypten ausgewiesen wurde, suspendierte man Muḥammad ʿAbduh von seiner Lehrtätigkeit und verhängte über ihn eine Art Zwangsaufenthalt in seinem Heimatdorf.

---

vativen, auf der anderen die relativ weniger Konservativen und Mystiker. (Vgl. S. 20). Es ist anzunehmen, daß die Mystiker Muḥammad ʿAbduhs Partei ergriffen und ihm zu seiner Dozentenstelle verhalfen.

(404) Vgl. Riḍā, Rašīd, Tārīḫ al-ustād al-imām aš-šaiḫ Muḥammad ʿAbduh, a. a. O., Bd. II, S. 247 und ʿAmāra, Muḥammad, Al-Aʿmāl al-kāmila li-l-imām Muḥammad ʿAbduh, a. a. O., Bd. I, S. 22. ʿAbduh lehrte u. a. die Zivilisation der europäischen Länder anhand einer arabischen Übersetzung des französischen Politikers und Historikers François Guisaut sowie Erziehung und Moralethik anhand verschiedener islamischer Philosophen.

Bis zu diesem Zeitpunkt war Muḥammad ʿAbduhs politisches Schicksal offensichtlich eng mit dem al-Afġānīs verknüpft. Als er nun aber al-Afġānīs Nähe und Einfluß entzogen war, fand er zu seinem ursprünglich angestrebten, intellektuellen Weg zurück.

Eine Regierungsumbildung im Jahre 1880, durch die ein Bekannter al-Afġānīs und Muḥammad ʿAbduhs namens Riyāḍ Pascha Ministerpräsident wurde, erleichterte Muḥammad ʿAbduhs Lage. Diesem Ministerpräsidenten gelang es, Muḥammad ʿAbduhs Zwangsaufenthalt aufzuheben. Er holte ihn nach Kairo zurück und stellte ihn als Redakteur beim Staatsanzeiger "Al-Waqā'iʿ al-miṣrīya" ein. Wenige Monate später avancierte er wegen seiner hervorragenden journalistischen Fähigkeiten zum Chefredakteur der Zeitung und gleichzeitig zum Leiter der Abteilung zur Begutachtung amtlicher Veröffentlichungen. Als 1881 eine oberste Kommission für allgemeine Bildung (al-maǧlis al-aʿlāli-l-maʿārif al-ʿumūmīya) eingerichtet wurde, wurde Muḥammad ʿAbduh ihr Mitglied. (Man sieht hier, daß er jeglicher Lehrtätigkeit ferngehalten wurde).

Die zwei Jahre journalistischer Tätigkeit und seine spätere Mitwirkung in der Kommission lassen seine ursprünglich nichtrevolutionäre Einstellung, die im Gegensatz zu al-Afġānīs Lehre steht, erkennen. Nichtsdestotrotz war Muḥammad ʿAbduh in diesen zwei Jahren durch seine Aufklärungstätigkeit zu einem großen Teil an der Bildung der öffentlichen Meinung in den verschiedensten Bereichen beteiligt. Diese seine Aufklärungsaktivität war nämlich unentbehrlich für die Bildung der öffentlichen Meinung, die schließlich das Rückgrat für den Aufstand der nationaldenkenden, ägyptischen Offiziere unter ʿUrābī Pascha bot.(405)

Nachdem dieser Aufstand durch das Eingreifen der Engländer zerschlagen war, wurde Muḥammad ʿAbduh mit vielen anderen verhaftet. Er verbrachte mehrere Monate in Haft und wurde schließlich nach Beirut ins Exil entlassen. Von dort ging er nach einjährigem Aufenthalt Ende 1883 nach Paris zu seinem Freund al-Afġānī, der selbst aus Indien nach Paris gekommen war.

Im März 1884 begann al-Afġānī dort die Zeitschrift "Al-ʿUrwa al-wuṯqā" mit Muḥammad ʿAbduh als Redakteur (wie bereits erwähnt) herauszugeben.

---

(405) Diese Offiziere versuchten, die Machtbefugnisse des Herrscherhauses und des Militärs, dessen Eliteoffiziere nahezu ausschließlich Tscherkessen waren, zu beschneiden. Muḥammad ʿAbduhs unmittelbare Rolle bei diesem Aufstand ist nicht unumstritten, weil er anscheinend nur mit halbem Herzen dabei war. Er bemängelte die geistige Voraussetzungen dieser Offiziere zum Regieren und hielt die Zeit zur Machtprobe mit dem Palast noch nicht für gekommen. Aber seine innere Ablehnung des Herrscherhauses, des politischen Systems und seine Sorge um den zunehmenden europäischen Einfluß auf Ägypten sowie seine Hoffnung, evtl. eine neue Verfassung durchsetzen zu können, zwangen ihn letzten Endes doch, als Mitdenker für den Aufstand Partei zu ergreifen. Nach Zerschlagen des Aufstandes wurde er nur durch die unermüdlichen Bemühungen seines Freundes, des einflußreichen, irischen Liberalen Sir Wilfrid Blunt und wegen seiner undurchsichtigen Rolle bei dem Aufstand nach dreimonatiger Haft ins Exil geschickt. Vgl. Ḥūrānī, Albert, a. a. O., S. 165 ff und ʿAmāra, Muḥammad, Al-Aʿmāl al-kāmila li-l-imām Muḥammad ʿAbduh, a. a. O., Bd. I, S. 23 ff.

Von Paris aus sollte Muḥammad ʿAbduh anschließend in geheimer Mission für den Geheimbund und al-Afġānī über Tunesien und Beirut nach Kairo reisen, wobei es allerdings umstritten ist, ob er Kairo erreichte, da er sich ja immer noch im Exil befand. Er blieb jedenfalls ungefähr fünf Jahre bis 1889 in Beirut, wo er sich als Lehrer und Autor betätigte.

Auf Fürsprache des englischen Gesandten in Kairo, Lord Cromer, und der "Hohen Pforte" (die osmanische Regierung) beim ägyptischen Herrscher konnte er unter der Bedingung aus dem Exil zurückkehren, daß er sich politisch überhaupt nicht betätige. Muḥammad ʿAbduh akzeptierte diese Bedingung.

Als er in Kairo seine Lehrtätigkeit wiederaufnehmen wollte, lehnte die Regierung es ab und ernannte ihn stattdessen zum Richter in der Provinz. Aufgrund seiner außerordentlichen Beziehungen zu Lord Cromer wurde er 1891, also binnen zwei Jahren, zum Kanzler (mustašār) am Appellations-(Berufungs)Gericht (maḥkamat al-istiʾnāf) in Kairo ernannt.

In dieser hohen Position und mit dem englischen Vertreter als Rückendeckung versuchte er, sämtliche Institutionen, die in seinem Machtbereich lagen, zu reorganisieren.

1899 wurde Muḥammad ʿAbduh durch die gleiche Unterstützung auf den Posten des (Ober)Muftis von Ägypten berufen. Auch in diesem Amt versuchte er, seine Reformvorstellungen, vor allem auf dem Gebiet des Lehrsystems und hier wieder speziell seine Vorstellung vom theologischen Lehrsystem, in die Praxis umzusetzen.

Bis zu seinem Tod im Jahre 1905 blieb Muḥammad ʿAbduh (Ober)Mufti von Ägypten.

Mit 44 Jahren begann Muḥammad ʿAbduh Französisch zu lernen.(406) Infolgedessen lernte er europäische Literatur kennen, u. a. die von Rousseau (1712 - 1778), Spencer (1820 - 1903), Tolstoi (1828 - 1910) und Renan.(407)

Mit Tolstoi korrespondierte er(408) und traf zu einem Dialog mit Spencer zusammen(409).

III. Muḥammad ʿAbduhs evolutionäre Denkweise

Muḥammad ʿAbduhs geistige Grundlage für sein Denkvermögen und sein Gedankengut ist die gleiche, wie

---

(406) Vgl. ʿAmāra, Muḥammad, Al-Aʿmāl al-kāmila lil-imām Muḥammad ʿAbduh, a. a. O., Bd. I, S. 25 ff. In Bd. II, S. 335 schildert ʿAbduh selbst, wie er mit Hilfe der Lektüre von Alexandre Dumas Französisch gelernt hat.

(407) Vgl. Amīn, ʿUṯmān, Muḥammad ʿAbduh, Kairo 1944, S. 39 und Ḥūrānī, Albert; a. a. O., S. 168.

(408) Vgl. Riḍā, Rašīd, Tārīḫ al-ustāḏ al-imām aš-šaiḫ Muḥammad ʿAbduh, a. a. O., Bd. I, S. 846 und ʿAmāra, Muḥammad, Al-Aʿmāl al-kāmila lil-imām Muḥammad ʿAbduh, a. a. O., Bd. II, S. 367 ff. Letzterer gibt den Inhalt zweier Briefe an Tolstoi wieder, wovon der erstere auf den 18. 4. 1904 datiert, der zweite sehr kurz gehalten und ohne Datum ist. In beiden Briefen bringt Muḥammad ʿAbduh seine Bewunderung für Tolstois geistigen Fähigkeiten, seine Verhaltens- und Handlungsweise zum Ausdruck und betont seine Übereinstimmung mit ihm.

(409) Vgl. ʿAmāra, Muḥammad, Al-Aʿmāl al-kāmila lil-imām Muḥammad ʿAbduh, a. a. O., Bd. III, S. 492 ff. Hier ist ein kurzer Dialog während ei-

bei al-Afġānī. Diese Grundlage besteht, wie bereits gesagt, in der islamischen Lehre mit ihrem Koran, der Tradition und Überlieferung sowie in den vier Rechtsauslegungsschulen des Islams. Außerdem trugen islamische Philosophie mit ihren verschiedenen Richtungen, das Studium der europäischen Literatur, vor allem des 19. Jahrhunderts, persönliche Kontakte zu europäischen Gelehrten und nicht zuletzt der beste, reformfreudige (islamische) Lehrmeister, den er in al-Afġānī gefunden hatte, zu dieser Geisteshaltung bei.

Gerade gegen Ende des vorigen Jahrhunderts wurde in der islamischen Welt die gesellschaftspolitische Diskrepanz zwischen den konservativen, traditionalistischen Theologen und denen, die inzwischen Europa bereist, dort studiert oder europäische Missionsschulen besucht hatten, offensichtlich(410).

---

nes Mittagessens zwischen ʿAbduh und Spencer in dessen Haus am 18.10.1903 geschildert. Diese Begegnung war von dem Iren Sir Blunt arrangiert. Der Dialog behandelte überwiegend den Einfluß der religiösen Moralethik auf die Entwicklung der Gesellschaft, den abzulehnenden, zunehmenden materialistischen Einfluß in England und die Existenz Gottes und der Materie. Die Gesprächspartner waren sich so einig, daß Spencer in wenigen Worten seine Bewunderung für Muḥammad ʿAbduhs geistige Tiefe zum Ausdruck brachte: "... auf jeden Fall wird deutlich, daß Sie sich genau so sehr in dieses Gedankengut vertieft haben wie wir Europäer." S. 493

(410) Vgl. Riḍā, Rašīd, Tārīḫ al-ustāḏ al-imām aš-šaiḫ Muḥammad ʿAbduh, a. a. O., Bd. I, S. 505 ff und S. 868.

Die Traditionalisten strebten die Aufrechterhaltung des bestehenden, d. h. des theokratischen Systems an, während die anderen sehr zur Säkularisierung der Gesellschaft neigten, wie sie es vom europäischen Geistesgut übernommen hatten.(411)

Muḥammad ʿAbduh erkannte die zweiseitige Gefahr:

- Würde die eine Seite weiterhin dominieren, so würde die gesellschaftliche Entwicklung stagnieren.

- Gelänge es den anderen die Oberhand zu gewinnen, so würde die Struktur der islamischen Gesellschaft durch die äußerst individualistischen Tendenzen der Säkularisierung (zurückzuführen auf die Ehrfurcht vor der Materie) zerstört werden und die Gesellschaft zugrunde gehen. (Wie bereits gesagt, ist nämlich der Islam eine Religion für das Diesseits und das Jenseits).

Dennoch lag es für Muḥammad ʿAbduh auf der Hand, daß eine Änderung der gesellschaftlichen Struktur unumgänglich war, wollte man dieser neuen Entwicklung zuvorkommen oder gar die genannte Diskrepanz überbrücken.

---

(411) Die erste Gruppe wurde mehr oder weniger durch die Azhar-Universität repräsentiert. Vertreter der zweiten Gruppe waren vor allem Šiblī Šumayyil (1850 - 1917), siehe Anmerkung (374) dieser Arbeit. Ein weiterer syrischer Christ namens Faraḥ Anṭūn (1874 - 1922) vertrat diese Richtung. Er war Journalist und Schriftsteller und tat sich als Widersacher Muḥammad ʿAbduhs hervor. Nähere Angaben: Vgl. Ḥūrānī, Albert, a. a. O., S. 297 ff und S. Hanna and G. Gardner, Arab Socialism, a. a. O., S. 289 und Mūsā, Munīr, a. a. O., S. 95 ff.

Deshalb versuchte er, der Gesellschaft dadurch eine neue Basis zu schaffen, daß er mit der "salafīya" den wahren Islam als Alternative (die an eine Synthese grenzt) anbot, wodurch die "Neue" Entwicklung aufgesogen werden sollte, d. h. eine Rückkehr zur Übernahme aus dem Urislam sollte die Säkularisierung verhindern und gleichzeitig der islamischen Gesellschaft zur Teilnahme am Entwicklungsprozeß verhelfen.

Diese Alternative ist nach Muḥammad ʿAbduhs Ansicht dann funktionsfähig, wenn sie auf drei Hauptfundamenten basiert:

a) der Befreiung des Geistes von "blinder" Übernahme und Stagnation durch Vernunft auf Grundlage der Rechtsquellen der islamischen Lehre;

b) der Begegnung der europäischen gesellschaftspolitischen Institutionen mit den islamischen wie z. B. "šūrā", "šarīʿa" und "iǧmāʿ", die man nach westlichem Vorbild zu "demokratischen" Institutionen ausbauen und gleichzeitig die islamischen Regierungen dazu bewegen muß, sie zu respektieren und sich daran zu orientieren;

c) der auf lange Sicht angelegten, stufenweisen, politischen Befreiung der islamischen Länder, damit nicht im Laufe der Zeit ein Entfremdungsprozeß stattfindet(412).

(412) Vgl. Ḥūrānī, Albert, a. a. O., S. 173 und ʿAmāra, Muḥammad, Al-Aʿmāl al-kāmila li-l-imām Muḥammad ʿAbduh, a. a. O., Bd. I, S. 37.

Daraus wird ersichtlich, daß sowohl Geisteshaltung als auch angestrebte Ziele Muḥammad ʿAbduhs und al-Afġānīs nicht nennenswert differieren. Eklatant dagegen ist ihre unterschiedliche Denkweise, politische Strategie und Methodik, einen sozialen Wandel bzw. eine Entwicklung der islamischen Gesellschaft zu schaffen.

Al-Afġānī ist sozialer Revolutionär, neigt zu Philosophie, Politik und politischen Agitationen und bleibt dabei dennoch Theoretiker, kein Pragmatiker.

Muḥammad ʿAbduh dagegen ist Vollakademiker und Reformer durch religiöse Erziehung der Nation. Er geht pragmatisch und systematisch vor, um sein Vorhaben, eine Evolution, als Voraussetzung für die angestrebte Entwicklung in Bewegung zu bringen.(413)

Ungefähr 1880 beginnen sich Muḥammad ʿAbduhs Persönlichkeit und geistige Selbständigkeit zu formen, also ein Jahr, nachdem sein Lehrer al-Afġānī aus Ägypten ausgewiesen und er zum Chefredakteur ernannt

---

(413) Muḥammad ʿAbduh sagt selbst in einem Brief aus dem Jahre 1903, der an seinen irischen Freund Blunt adressiert war: "Die Revolution entsprach nicht meiner Meinung, denn ich war mit der Verwirklichung des "dustūr" (= der Verfassung) innerhalb von fünf Jahren einverstanden. ... ich gab ʿUrābī (dem Anführer) den Rat, er solle gemäßigt sein, und sagte zu ihm, ich sähe ausländische Mächte, die unser Land besitzen würden." Muḥammad ʿAbduh verteidigt seine damalige Haltung mit dem Schutz des im Februar 1882 neu proklamierten "dustūr". ʿAmāra, Muḥammad, Al-Aʿmāl al-kāmila li-l-imām Muḥammad ʿAbduh, a. a. O., Bd. I, S. 563 ff und vgl. Qalʿaǧī, Qadrī; a. a. O., S. 194 ff.

wurde. Sein Verlangen nach einer Umstrukturierung des Pressewesen, entsprechend den zeitgemäßen Erfordernissen, und die Position, die er in seinen Artikeln einnimmt, sind eindeutig evolutionär, indem sie Reformen anstreben. Seine einzige halbwegs revolutionäre Haltung während des ʿUrābī-Aufstandes war nur von kurzer Dauer, nämlich insgesamt zehn Monate von Oktober 1881 bis Juli 1882.

Als er 1889 aus dem Exil nach Kairo zurückkehrt, beschreitet er wieder seinen reformistisch-evolutionären Weg, den er schon früher eingeschlagen hatte und für allein richtig hielt.(414)

Muḥammad ʿAbduhs evolutionäres Reformprogramm, mit dem er der islamischen, speziell der ägyptischen Gesellschaft zum Besseren verhelfen will, erstreckt sich auf drei Teilbereiche:

a) "Der Geist muß von den Ketten der Nachahmung befreit werden, die Religion nach dem "salafīya"-Prinzip verstanden werden, wie es war, bevor die Auseinandersetzungen im Islam sichtbar wurden. Mit Erlangen (kasb) religiösen Wissens soll der Geist zu den ersten Quellen (nabʿ; gemeint ist der Urislam) zurückkehren. Die Religion ist als eine der Waagen (mawāzīn, sing. mīzān) des menschlichen Geistes zu sehen, die Gott gab, um Abweichungen des Geistes zu verhindern und seine Ver-

---

(414) Vgl. ʿAmāra, Muḥammad, Al-Aʿmāl al-kāmila lil-imām Muḥammad ʿAbduh, a. a. O., Bd. I, S. 79 ff.

worrenheit zu mindern, damit die Weisheit Gottes durch die Erhaltung des Systems der menschlichen (insānī = human) Welt vollkommen wird. Auf diese Art und Weise ist die Religion als Freund der Wissenschaften (ʿilm) anzusehen, spornt zur Erforschung der Geheimnisse des Universums (kaun) an, ruft zur Respektierung feststehender (bewiesener) Tatsachen (ḥaqāʾiq ṯābita) auf und verlangt, sich wegen der Ethik der Seele (ādāb an-nafs) und zur Verbesserung der Taten auf eben diese zu stützen."(415)

Man sieht, daß Muḥammad ʿAbduh hier das gleiche Ziel verfolgt wie al-Afġānī, nämlich die Befreiung des Geistes, die (weitgehende) Anpassungsfähigkeit des Islams an bewiesene Fakten und nicht zuletzt die freie, geistige Betätigung. Auch Muḥammad ʿAbduh will eine Übereinstimmung zwischen Geist und islamischem "Dogma" zustandebringen.

Der Unterschied zwischen Muhammad ʿAbduh und al-Afġānī besteht darin, daß ʿAbduh sich nicht scheut, die islamische Lehre, hauptsächlich den Koran, dahingehend auszulegen. Damit will er einerseits den Muslimen eine schriftliche Rechtfer-

---

(415) Riḍā, Rašīd, Tārīḫ al-ustāḏ al-imām aš-šaiḫ Muḥammad ʿAbduh, a. a. O., S. 11 und vgl. Ḥūrānī, Albert, a. a. O., S. 175 und ʿAmāra, Muḥammad Al-Aʿmāl al-kāmila li-l-imām Muḥammad ʿAbduh, a. a. O., Bd. II, S. 318 und Kerr, Malcolm, Islamic Reform: The Political and Legal Theories of Muhammad Abdu and Rashid Rida, USA 1966, S. 108.

tigung schaffen, damit sie nicht, wie es bisher der Fall war, in Gewissenskonflikte geraten, sobald sie mit neuen gesellschaftlichen Erscheinungen konfrontiert werden. Andererseits will er der Herausforderung der modernen, "europäisierten" Intellektuellen begegnen, die begannen, die Fähigkeiten des Islams, den Modernisierungsprozeß zu verkraften, ohne daß der Glaube darunter leiden würde, zu bezweifeln. Er sagt dazu: "... in dem Appell dafür (für die Vereinbarung zwischen Modernisierung und Islam) widersprach ich den Ansichten der beiden großen Gruppen, die den Aufbau der Nation verkörpern: denjenigen, die nach religiösen Wissenschaften und ihresgleichen verlangen, und denjenigen, die nach den Künsten (funūn, Sing. fann) dieser Epoche (ʿaṣr = Zeitalter) verlangen, sowie denen, die auf ihrer Seite sind."(416)

Hier kann man erkennen, wie sehr Muḥammad ʿAbduh von seiner Alternative überzeugt ist, und mit welcher Entschiedenheit er seinen Widersachern begegnet, denn nach seiner Ansicht verkennen beide Gruppen die Lage und Fähigkeit der Gesellschaft.

b) Der zweite, reformbedürftige Bereich ist für Muḥammad ʿAbduh die arabische Sprache. "Erforderlich ist die Reform des arabischen Sprachstils (uslūb) und der Rechtschreibung (taḥrīr), sei es in der offiziellen Korrespondenz zwischen Re-

---

(416) Ebenda

gierungsämtern und ihren Institutionen, in den Veröffentlichungen der Zeitschriften ... oder (ganz allgemein) im Briefwechsel der Leute."(417)

Er will die Sprache reformieren, weil er (wahrscheinlich) erkannt hat, daß die Sprache als Kulturträger umso schwächer wird, je geringer die Ausdrucksfähigkeit einer Sprache ist. Auch um der Gesellschaft durch Aufklärungsmaßnahmen zum Fortschritt zu verhelfen, benötigt man ein wirksames Kommunikationsmittel, das Muḥammad ʿAbduh besonders in der reformierten (arabischen) Sprache sieht und das ihm geeignet erscheint, die zwischenmenschlichen Beziehungen besser darzulegen. Die Sprache nämlich ist das Symbol für das "Zeichen mit Bedeutung". Wenn die Sprache reformiert wird, wird sie daher aufnahme- und ausdrucksfähiger sein und ihren Effekt (Ziel) nicht verfehlen.

Ferner fordert Muḥammad ʿAbduh die Bildung von Philologenkommissionen, die Sprachlexika ausarbeiten sollen, Lexika der geschichtlichen Entwicklung der arabischen Sprache sowie der in ihr integrierten Fremdwörter und -begriffe, Fachlexika usw. (Muḥammad ʿAbduh meinte, auch die Franzosen hätten es so gemacht.)

Er strebt also nicht nur eine rein äußerliche Reform der arabischen Sprache und ihrer Ästhetik an, sondern auch eine wissenschaftlich fundierte Bearbeitung, um eine möglichst hohe Entwicklungs-

---

(417) Vgl. ebenda.

stufe für sie zu erreichen, vergleichbar dem neuesten Stand der europäischen Sprachen, vor allem dem Französischen.
Seiner Ansicht nach werden fünfzig Jahre konzentrierter Arbeit vergehen, ehe die ersehnte Qualität erreicht ist.(418)

c) Zum dritten Reformbereich äußert sich Muḥammad ʿAbduh folgendermaßen: "Es gibt noch eine Angelegenheit, nach der ich verlangt habe, die alle Leute übersehen und von deren Erkenntnis sie (weit) entfernt sind. Sie ist aber das Fundament, auf dem ihr Sozialleben (ḥayāt iǧtimāʿīya) basiert. Was den Leuten an Trägheit, Schwäche und Erniedrigung zustieß, geschah nur, weil sie (diese Angelegenheit) in ihrer Gesellschaft (muǧtamaʿ) fehlt. Diese Angelegenheit ist das Unterscheiden, welche Rechte die Regierung auf Gehorsam des Volkes und welche Rechte das Volk auf Gerechtigkeit

---

(418) Vgl. ʿAmāra, Muḥammad, Al- Aʿmāl al-kāmila li-l-imām Muḥammad ʿAbduh, a. a. O., Bd. III, S. 174. Hier ist erwähnenswert, daß arabische Christen mit die ersten waren, die sich während der ersten Hälfte des 19. Jahrhunderts darum bemühten, die arabische Sprache zu reformieren (was auch als Affront gegen die Türkisierung verstanden werden kann.). Es sind Nāṣīf al-Yāziǧī (1800 - 1871) und Fāris aš-Šidyāq (1804 - 1887). Letzterer beteiligte sich auch an der Übertragung der Bibel aus dem Englischen ins Arabische. Ferner ist Buṭrus al-Bustānī (1819 - 1883) zu nennen. Alle haben verschiedene Ämter bekleidet, manche von ihnen bei den europäischen Missionen im osmanischen Reich. Vgl. Ḥūrānī, Albert, a. a. O., S. 122 ff.

der Regierung hat."(419)

Muḥammad ʿAbduh erkennt also die Bedeutung und Notwendigkeit des gesellschaftspolitischen Bereichs für eine gerechte Entwicklung der Gesellschaft sehr genau, die sie vor allen Dingen dann hat, wenn die sozialen Rollen gerecht verteilt sind und eine gerechte, soziale Kontrolle vorhanden ist, d. h. wenn Herrscher und Volk ihre Rechte und Pflichten nicht mißbrauchen, sondern im gegenseitigen Einvernehmen und im Interesse aller koordinieren und festlegen. Er strebt einen Rechtsstaat im wahrsten Sinn des Wortes an.

Um aber in dieser Hinsicht aktiv zu sein, hätte sich Muḥammad ʿAbduh unweigerlich politisch engagieren müssen, was er weder wollte noch durfte(420),

---

(419) Riḍā, Rašīd, Tārīḫ al-ustāḏ al-imām aš-šaiḫ Muḥammad ʿAbduh, a. a. O., S. 12 und vgl. Ḥūrānī, Albert, a. a. O., S. 175 und Kerr, Malcolm, a. a. O., S. 108 und ʿAmāra, Muḥammad, Al-Aʿmāl al-kāmila li-l-imām Muḥammad ʿAbduh, a. a. O., Bd. II, S. 319.

(420) Vgl. ʿAmāra, Muḥammad, Al-Aʿmāl al-kāmila li-l-imām Muḥammad ʿAbduh, a. a. O., Bd. I, S. 231. In einem Gespräch mit al-Afġānī in Paris soll Muḥammad ʿAbduh geäußert haben, er wolle sich politisch nicht mehr betätigen, sondern sich vielmehr der Erziehung der heranwachsenden Generation und der auszubildenden, späteren Führer in ihrer beider Sinn widmen. Mit der Zeit werde das viel mehr Erfolg bringen. Diesen Vorschlag lehnte al-Afġānī ab und sagte: "Du bist defätistisch." Ebenda, S. 69 und 231. Darüberhinaus verfluchte Muḥammad ʿAbduh mit großer Erbitterung die Politik und ihre Politiker und alles, was damit zu tun hatte, weil die Politik Geist, Reli-

weil

a. er bei seiner Rückkehr aus dem Exil die Bedingung akzeptiert hatte, sich politisch nicht zu betätigen;

b. die damaligen politischen Erfolge seines Lehrers und Freundes al-Afġānī ihm dürftig erschienen;

c. er Macht und Einfluß der Engländer fürchtete.

Diese Faktoren zwangen ihn zu politischer Passivität, wenn nicht gar zu Resignation gegenüber der herrschenden politischen Elite Ägyptens.
Seine innere Überzeugung und "Berufung", den Muslimen müsse geholfen werden, weil sie andernfalls nicht mit dem Modernisierungsprozeß Schritt halten können, veranlassen ihn jedoch, seine Konzentration und Fähigkeiten sowie seine evolutionäre Verhaltens- und Handlungsweise in den Dienst einer systematisch fundierten Reform zu stellen, in der Hoffnung, ja mit der Überzeugung, daß der von ihm eingeschlagene Weg zum angestrebten Ziel führen wird. Selbstver-

---

gion und Wissenschaft unterminiert und unterdrückt. Vgl. ʿAbduh, Muḥammad, Al-Islām wa-n-naṣrānīya bain al-ʿilm wa-l-madanīya, 2. Auflage, Kairo 1905, S. 121. Er empfahl auch den algerischen und tunesischen Gelehrten, sich nicht um die Politik zu kümmern, weil sie (nach seiner Erfahrung) keinen Zweck hat und nicht zum Erfolg führt. Es sei besser, wenn sie mit den Kolonialherren auf friedlichem Fuße stünden. Diese Empfehlung stammt aus dem Jahre 1903. Vgl. Riḍā, Rašīd, Al-Manār, a. a. O., Bd. 15, S. 608 und ʿAmāra, Muḥammad, Al-Aʿmāl al-kāmila li-l-imām Muḥammad ʿAbduh, a. a. O., Bd. I, S. 89 und 706. Hier handelt es sich um einen Brief an einen algerischen Gelehrten.

ständlich wird dieser Weg sehr lang sein und viel Zeit kosten. "... Was aber die Angelegenheit zwischen der Regierung (ḥukūma) und den Untertanen (maḥkūm) anbetrifft, so überlasse ich sie ihnen ..., weil ich erkannt habe, daß sie (die Angelegenheit) eine Frucht ist, die die Nationen aus dem gesäten Samen ernten, auf dessen Heranwachsen sie lange Jahre achten und den man behüten soll."(421)

Hier ist zu sehen, daß Muḥammad ʿAbduh resigniert und auf jegliche Art von Politik verzichtet. Zu dieser Resignation zwangen ihn, wie bereits gesagt, seine Erfahrung, die daraus resultierenden Erkenntnisse und die äußeren Umstände. Darum wendet er sich nun der Aufklärung der "umma" (= Nation) zu.

Als pragmatischer Intellektueller versucht Muḥammad ʿAbduh im Gegensatz zu al-Afġānī die Realisierung der beiden ersten, obengenannten Bereiche durchzusetzen, um das geistige Niveau des Individuums zu heben und ein aufgeschlossenes Wissen auf religiös-kulturellem Gebiet zu etablieren, wodurch eine gesunde Plattform für das Gefüge einer modernen Gesellschaft geschaffen werden soll.
Diese Plattform kann man dann allerdings im Laufe der Zeit ausbauen und auf andere Bereiche ausdehnen. Muḥammad ʿAbduh ist nämlich davon überzeugt, daß eine Änderung der Verhaltens- und Handlungsweise der Muslime, besonders der Ägypter, nur durch eine innere Wandlung erzielt werden kann.

---

(421) ʿAmāra, Muḥammad, Al-Aʿmāl al-kāmila li-l-imām Muḥammad ʿAbduh, a. a. O., Bd. II, S. 320.

Diese wiederum kann durch bessere religiöse (und nationale) Erziehung und Aufklärung verwirklicht werden. Eine solche Art von Erziehung zieht Muḥammad ʿAbduh demnach also einer abstrakten, vorläufig nicht nutzbringenden politischen Erziehung vor, weil die Masse des Volkes für eine gesunde Politisierung zu unwissend ist. Deshalb konzentriert er sich auf die Durchsetzung seiner evolutionären Vorstellungen einer Reform dieser beiden Bereiche, um damit einen systematischen sozialen Wandel in Gang zu setzen.(422) Für dieses Vorhaben setzt er sich in Wort und Tat ein.

IV. Muḥammad ʿAbduhs geistige Produktivität

Muḥammad ʿAbduhs geistige Aktivität begann 1876, als er noch Student an der Azhar-Universität war, mit der Veröffentlichung von Zeitungsartikeln in der damals neu gegründeten "Al-Ahrām", in denen er im Laufe der Zeit zu jedem kulturellen, gesellschaftlichen, religiösen und politischen Ereignis Stellung nahm. Weil Muḥammad ʿAbduhs Veröffentlichungen so zahlreich(423) sind, soll hier nur auf seine Bücher eingegangen werden.

---

(422) Vgl. Amīn, ʿUṯmān, Ruwwād al-waʿī al-insānī, a.a.O., S. 177 ff.

(423) Eine nähere Betrachtung der Zeitungsartikel in den verschiedenen Zeitungen und während der verschiedenen Lebensphasen Muḥammad ʿAbduhs ermöglicht ʿAmāra, Muḥammad, Al-Aʿmāl al-kāmila li-l-imām Muḥammad ʿAbduh, a. a. O., Bd. I, S. 24 ff.

In diesem Zusammenhang ist vor allem seine Koranexegese zu nennen, die von seinem Schüler und engsten Vertrauten Rašīd Riḍā (in seinem Sinn) nach seinem Tod fertiggestellt wurde. Muḥammad ʿAbduhs Auslegung, die er zunächst in Form von Vorlesungen und später als Artikel in der Zeitschrift "Al-Manār" (= Leuchtturm), Band 3 - 14, in den Jahren 1900 - 1912 widergab, reicht von der ersten Sure bis zum 125. Vers der Nisāʾ-Sure. Den restlichen Text legte Rašīd Riḍā in den Bänden 15 - 22 von "Al-Manār" aus.(424)

Erklärung und Kommentar zur "Nahǧ al-balāġa" (Der Weg zur Beredsamkeit), die religiös - gesellschaftliche Richtlinien des 4. Kalifen ʿAlī enthält, die von Šarīf ar-Raḍī (gest. ca. 1016) gesammelt wurden, sind ebenfalls erwähnenswert.

Seine "Risālat at-tauḥīd" (Botschaft des Monotheismus) beinhaltet rein theologische Erläuterungen.

Das Büchlein "Al-Islām wa-n-naṣrānīya bain al-ʿilm wa-l-madanīya" (Islam und Christentum in bezug auf Wissenschaft und Zivilisation) besteht aus Artikeln,

---

(424) Vgl. Gätje, Helmut, Koran und Koranexegese, Zürich - Stuttgart 1971, S. 64. Der Autor gibt zunächst eine ausführliche Einleitung in die Entstehungsgeschichte des Korans und der Koranexegese, wobei er auch auf Muḥammad ʿAbduh eingeht. Daran schließt er verschiedene sachliche Themen an, in denen er vor allem die traditionelle Exegese der Sunniten aufzeigt, um dem Leser Einblick in die wichtigsten Themen des Islams und der islamischen Koranexegese zu geben.

die Muḥammad ʿAbduh in "Al-Manār" veröffentlichte. Es behandelt, wie der Titel bereits sagt, einen Vergleich zwischen Islam und Christentum und verteidigt den Islam, der mit seinen Prinzipien die Wissenschaft bejaht.

Außerdem liegen zahlreiche Artikel Muḥammad ʿAbduhs vor, in denen er den Islam unermüdlich gegen die heftige Kritik von Europäern und Orientalen in Schutz nimmt.

Von den Rechtsgutachten (fatāwī, Sing. fatwa), die er als Mufti von Ägypten auf den verschiedensten Gebieten abgab, sei hier eine Fatwa erwähnt, in der er sich mit den Auswirkungen des unvermeidlichen Kontakts zwischen den afrikanischen Muslimen und den mächtigen, christlichen Europäern und den für die Muslime daraus entstehenden Gewissenskonflikten hinsichtlich gesellschaftlicher Probleme befaßt. Diese Fatwa ist seine Antwort auf die Anfrage der islamischen Gemeinden in Transvaal (Südafrika): "In diesem Land gibt es Leute (Muslime), die einen Hut (qubbaʿa) tragen (als Nachahmung der Europäer), um ihren Angelegenheiten zu nützen. Ist das erlaubt oder nicht?" Muḥammad ʿAbduhs Antwort darauf lautet: "Wenn derjenige, der das tut, keine Konversion vom Islam zu einer anderen Religion beabsichtigt, so ist es nicht wider den Islam. Wenn diese Bekleidung ferner einen Sonnenschutz bezweckt, eine schädliche, unangenehme Sache abwehrt oder die Erleichterung einer Angelegenheit bringt, so ist sie auch nicht tadelnswert."(425)

Die Frage der Muslime aus Transvaal erscheint auf den ersten Blick äußerst harmlos. Es handelt sich jedoch nicht (nur) um eine rein äußerliche, praktische Bekleidung, sondern um die Anpassung an fremde Sitten und Gebräuche, die im islamischen Kulturkreis unbekannt sind. Der äußeren Anpassung kann im Laufe der Zeit sehr wohl die innere Anpassung, wenn nicht sogar die Assimilation folgen, womit sich mehr oder weniger ein Entfremdungsprozeß gegenüber der eigenen Kultur vollzieht.

Muḥammad ʿAbduh erkannte zwar die Gefahr, die die afrikanischen Muslime bedroht, sieht aber auch ein, daß die äußere Anpassung an die europäischen Sieger, vor allem für die Afrikaner, die mit den Europäern in Kontakt kommen, unvermeidlich ist. Daraus ist seine Fatwa zu verstehen, nach der sich ein Muslim zwar so weit wie möglich anpassen darf, jedoch keinesfalls auf Kosten des eigenen Glaubens oder der eigenen Kultur. Darüberhinaus kann man aus diesem Urteil entnehmen, daß Muḥammad ʿAbduh versucht, zwischen dem Islam und dem unaufhaltsamen europä-

---

(425) Vgl. ʿAmāra, Muḥammad, Al-Aʿmāl al-kāmila lil-imām Muḥammad ʿAbduh, a. a. O., Bd. III, S. 515 und Ḥūrānī, Albert, a. a. O., S. 188 und Kerr, Malcolm; a. a. O., S. 145. Dieses Urteil ist außerdem unter dem Titel "Fatwa al-Qubbaʿa" oder "Transvaal-Fatwa" bekannt. Es erregte ein solches Aufsehen, daß seine Gegner Muḥammad ʿAbduh Abweichung vom Islam vorwerfen. Vgl. ʿAmāra, Muḥammad, a. a. O., Bd.III, S. 515.

ischen (christlichen) Trend zu vermitteln und die Muslime vor Gewissenskonflikten zu bewahren. Er befürwortet eine aufgeschlossene, keine in sich abgeschlossene Gesellschaft, die mit dem Islam im Prinzip auch unvereinbar wäre.

Wenn auch manche geistigen Werke von Muḥammad ʿAbduh nicht ohne Vorbehalt aufgenommen werden können, so sind doch die meisten als Nachschlagwerk für die Anfänge des islamischen Modernisierungsprozesses während der zweiten Hälfte des 19. Jahrhunderts und zu Beginn des 20. Jahrhunderts unentbehrlich.

V. Muḥammad ʿAbduhs Reformvorstellungen

Daß Muḥammad ʿAbduh einer Reform auf evolutionärem Wege als bestem für die islamische Gesellschaft zuneigte, ja davon überzeugt war, wurde nach seiner Rückkehr und der damit verbundenen politischen Resignation offensichtlich, als er für die Gesellschaft Wissen und Kenntnisse propagierte. Dabei verstand er unter Reform des Wissens nicht nur Anhäufung von Kenntnissen, sondern eine Überprüfung und Neuordnung, wie sie aufgrund des erweiterten Erfahrungsbereichs und der Neuformulierung der ihrer Interpretation dienenden Begriffe unumgänglich waren, um eine Entwicklung der Gesellschaft (bzw. des Systems) auf evolutionärem Weg zu erreichen; denn eine Gesellschaft entwickelt sich nur, wenn Veränderungen ihrer Teilbereiche Veränderungen in anderen

Teilen auslösen oder notwendig machen, während das System als ganzes über die Modifizierung hinaus (zeitbedingt) seinen inneren Zusammenhang bewahrt.

Da er nicht nur Theoretiker ist, wird Muḥammad ʿAbduh versuchen, seine Reformvorstellungen in die Tat umzusetzen. Zu diesem Zweck benötigt er eine Rückendeckung gegen das Herrscherhaus Ägyptens und die etablierten, (theologisch) erzkonservativen Traditionalisten.
Seine ausgewogene Beurteilung der gesellschaftlichen und politischen Lage Ägyptens führt ihn zu der Erkenntnis, daß das System zwar erhalten, aber an ihm gerüttelt werden muß und dabei nur die Besatzungsmacht[(426)], also England bzw. Lord Cromer, sein Verbündeter sein kann.

Den Engländern war Muḥammad ʿAbduhs Haltung andererseits sehr gelegen, weil er weder das System als solches noch die Okkupation antasten wollte.

---

(426) Seine Bereitschaft zur Kooperation mit den Engländern verteidigte Muḥammad ʿAbduh nicht zuletzt mit der Begründung, England sei das einzige europäische Land, das Andersgläubige respektiere und ihnen gegenüber tolerant sei. Die Toleranz der Engländer führt er bemerkenswerterweise auf die englischen Fürsten und Truppen zurück, die an den Kreuzzügen teilnahmen, weil diese die Toleranz der islamischen Fürsten und Truppen beobachtet und erlebt hätten und nach England mitgebracht hätten. Vgl. Muḥammad ʿAbduh, Islām wa-n-naṣrānīya, a. a. O., S. 215 ff.

Infolgedessen entstanden zwischen Muḥammad ʿAbduh und Lord Cromer außerordentlich freundliche, kooperationsbereite Beziehungen, die für Muḥammad ʿAbduh teilweise von großem Nutzen waren.

Das soll jedoch nicht heißen, Muḥammad ʿAbduh habe über keinen anderen einflußreichen Freund verfügt. Er konnte sich sehr wohl eines großen und einflußreichen, nationalgesinnten Freundeskreises in der etablierten Elite der ägyptischen Gesellschaft erfreuen, dessen Beistand nicht zu unterschätzen ist. Zu seinen engsten Freunden zählte u. a. Saʿd Pascha Zaǧlūl, der spätere Ministerpräsident und Anführer der ägyptischen Revolution von 1919, sowie Ḥasan Pascha und Muḥammad Bei Rāsim.[427]

---

(427) Muḥammad ʿAbduhs Freundschaft mit Saʿd Pascha Zaǧlūl ist geschildert in: Maḫzūmī, Muḥammad, a. a. O., S. 159. Ḥasan Pascha Rāsim war ein ehemaliger Minister und einer der maßgebenden Initiatoren einer Protestnote, mit der im Jahre 1879 die Bildung einer nationalgesinnten Regierung durchgesetzt wurde. Vgl. Rašīd Riḍā, Tārīḫ al-ustāḏ al-imām aš-šaiḫ Muḥammad ʿAbduh, a. a. O., Bd. I, S. 65. Muḥammad Bei Rāsim war ein ägyptischer Intellektueller, in dessen Haus in Alexandria Muḥammad ʿAbduh 1905 starb. Er war Mitglied einer sechsköpfigen Kommission, die die geistige Hinterlassenschaft Muḥammad ʿAbduhs ordnete und zusammen mit Rašīd Riḍā herausbrachte. Vgl. ʿAmāra, Muḥammad, Al-Aʿmāl al-kāmila li-l-imām Muḥammad ʿAbduh, a. a. O., Bd. I, S. 223. Den hervorragenden Beziehungen zwischen Muḥammad ʿAbduh und Muḥammad Bei Rāsim widmete Rašīd Riḍā mehrere Seiten in seinem Buch. Vgl. Riḍā, Rašīd, Tārīh al-ustāḏ al-imām aš-šaiḫ Muḥammad ʿAbduh, a. a. O., Bd. I, S. 955 ff.

Muḥammad ʿAbduh lehnt ebenso wie al-Afġānī die säkularisierte Gesellschaft, zu der das Europa des 19. Jahrhunderts zunehmend tendierte, nicht nur wegen der in diesem Säkularisierungsprozeß verborgenen antireligiösen Einstellung ab. Seine Abneigung erstreckt sich auch auf den gesellschaftspolitischen Bereich, weil diese Säkularisierung der Gesellschaft im Widerspruch zur islamischen Lehre steht, die im Gegenteil sogar eine gesellschaftspolitische Rahmenorientierung bietet. Außerdem befürchtet er eine parallel zum Säkularisierungsprozeß einsetzende Verwestlichung bzw. Europäisierung der Muslime. Nach seiner Meinung wird nämlich die Moralethik dadurch, daß eine Gesellschaft die Grenzen ihrer religiösen Gesetze und Normen überschreitet und sich an fremden Elementen außerhalb ihres Kulturkreises orientiert, geschwächt, und der Gesellschaft (oder Gemeinschaft) droht damit der Untergang.

Auf der anderen Seite dürfen nach Muḥammad ʿAbduhs Ansicht die vorhandenen Gesetze nicht der Stagnation (ǧumūd) unterliegen. Diese Gesetze und Normen müssen gegenüber den auf sie zukommenden, positiven Situationen flexibel und anpassungsfähig sein, denn sie können sich entsprechend dem sozialen Wandel eines Volkes ändern.(428)

---

(428) Vgl. ebenda, S. 97 ff und 157 ff sowie Ḥūrānī, Albert, a. a. O., S. 170 ff.

Um all diesem entgegenzuwirken, versucht Muḥammad ʿAbduh, eine Unterscheidung zwischen der wahren Substanz der islamischen Lehre und den in sie "eingedrungenen" fremden Elementen zu treffen. Er erhofft sich davon die Richtigstellung des wahren Glaubens und ein sich daraus entwickelndes Verhalten und Handeln, um auf dieser Basis die angestrebte, "gesunde" islamische Gesellschaft aufbauen zu können.

Darin und in der notwendigen Vernunft (ʿaql), neben religiöser Inspiration, sieht Muḥammad ʿAbduh sein vordringlichstes Ziel; denn sogar zum Erkennen der religiösen Offenbarung benötigt man nach seiner Meinung die Vernunft.(429)

Um diese seine Gedanken zu verdeutlichen und in der Hoffnung, damit einen Keim für den langwierigen, angestrebten Entwicklungsprozeß zu legen, versucht Muḥammad ʿAbduh, seine Reformpläne soweit wie möglich von Grund auf zu verwirklichen, was ihm auch auf einigen Gebieten gelingt:

a) Er reformiert die arabische Sprache und teilweise den arabischen Journalismus.

---

(429) Vgl. ʿAbduh Muḥammad, "Risālat at-tauḥīd" in: ʿAmara, Muḥammad, Al-Aʿmāl al-kāmila li-l-imām Muḥammad ʿAbduh, a. a. O., Bd. III, S. 353 ff und 386 ff.

b) Als Richter an verschiedenen ägyptischen Gerichten erkennt er die Notwendigkeit einer Reform des Gerichtswesens, weil die gerechte Gerichtsbarkeit eine unerläßliche Stütze des Aufbaues einer Gesellschaft ist. Kurze Zeit, nachdem er im Jahre 1899 zum Mufti von Ägypten berufen wurde, leitet er auf Geheiß der Regierung eine Kommission, die sich mit dem Entwurf für eine Reform des Gerichtswesens, speziell des islamischen Gesetzes, befaßt. Nach einer Inspektionsreise durch verschiedene ägyptische Landesteile legt er (bzw. die Kommission) einen detaillierten Bericht über die notwendigen Reformen vor. Darin konzentriert er sich hauptsächlich auf ein höheres Bildungsniveau der Beamtenschaft, wobei er das Schwergewicht auf die Richter und Standesbeamten bis hin zum kleinsten Schreiber legt. Er fordert Sachlichkeit, verantwortungsbewußte Urteile, das Abschaffen von Verfahrensverzögerungen usw.(430)

c) Auf die Familie geht Muḥammad ʿAbduh nicht konkret, sondern nur ganz allgemein bei der Interpretation einiger Suren ein. Bemerkenswerterweise fordert er jedoch gewisse, fundamental notwendige Rechte und Sicherheiten (auch Selbstbewußtsein) für die Frau. Er setzt sich für die Aufklärung der Frau, die Erschwerung der Polygamie und der Scheidung ein.(431)

---

(430) Ein detaillierter Bericht ist ebenda, Bd. II, S. 217 ff enthalten.

(431) Vgl. ebenda, Bd. I, S. 169 ff. Muḥammad ʿAbduh ist außerdem der geistige Vater Qāsim, Amīns, des Verfassers des ersten Werkes, das den Frauen gewisse Rechte (und Freiheiten) einräumt.

d) Bei den Reformen der "awqāf" (Sing. waqf = islamische Stiftung)(432) konzentriert sich Muḥammad ʿAbduh vorrangig auf die heiligsten Einrichtungen der Muslime, nämlich auf die Reform der Moscheen und ihrer Verwaltung. Er wünscht ein höheres Bildungsniveau und bessere Besoldung der Imame (Vorbeter und Leiter der Moscheen), hygienischere Ein-

---

Damit erregte Amīn in der islamischen Welt großes Aufsehen. Das Buch hat den Titel "Taḥrīr al-mar'a" (Die Befreiung der Frau) und erschien erstmals 1899 in Kairo, während sein zweites Buch "Al-mar'a al-ǧadīda" (Die neue Frau) 1911 ebenfalls in Kairo herausgegeben wurde. ʿAmāra will wissen, Muḥammad ʿAbduh sei am ersten Buch direkt beteiligt gewesen. Vgl. ebenda, Bd. I, S. 252 ff.

(432) Es handelt sich um den islamischen Oberbegriff einer karitativen Stiftung, die sich mit Wohltätigkeit auf allen sozialen Gebieten befaßt, wie z. B. Aufbau, Verwaltung und Unterstützung religiöser und sozialer Institutionen wie Moscheen, Schulen, Krankenanstalten, Heimen, Bibliotheken usw. Der "waqf" entstand zur Zeit des Propheten Moḥammed, als dieser den Ertrag einer Hinterlassenschaft, die aus Ländereien bestand, den Armen zukommen ließ. Diese Art "waqf" wurde von wohlhabenden Gefährten des Propheten und von den Kalifen praktiziert, d. h. sie stellten z. B. den Ertrag eines Stückes Land als "waqf" zur Verfügung. Daraus entwickelten sich im Laufe der Zeit zwei Arten von "waqf", nämlich eine staatliche, die vom Staat gegründet und subventioniert wurde (mit Hilfe der Almosensteuer = zakāt), und eine rein private Stiftung mit religiösem Charakter, die durch Wohltäter und Hinterlassenschaften finanziert wurde. Beide Einrichtungen unterstehen direkt dem Mufti, in manchen islamischen Ländern gibt es dafür sogar spezielle Ministerien. Vgl. Sibāʿī, Muṣṭafā, Min rawā'iʿ ḥaḍāratinā, 2. Aufl., Beirut 1968,

richtungen der Moscheen usw.[433] Außerdem unterstützt er die Gründung sozialer und karitativer Vereinigungen und Einrichtungen.[434]

e) Muḥammad ʿAbduh vertritt die Ansicht, ein Weiterbestehen der Azhar-Universität in der bisherigen Weise sei unmöglich. Wenn die Azhar-Universität nicht untergehen soll, ist die Einführung neuer Lehrmethoden unvermeidlich, sofern sie mit der unaufhaltsamen Entwicklung Schritt halten will.[435]

Nach Rašīd Riḍā strebt Muḥammad ʿAbduh die Reformen für al-Azhar-Universität aus einer theoretischen und einer praktischen Perspektive an.

Die theoretische Reform besteht in zwei Teilen, nämlich in der Reform

- des Geistes, die auf seine Unabhängigkeit hinsichtlich des Wissens, des Erfassens und der Erkenntnisse abzielt, um damit eine "gesunde" Orientierung zu erreichen, die der Gemeinschaft diesseits und jenseits dient;

S. 124 ff. Der Autor geht auch auf die vielen verschiedenen Einrichtungen, die auf "waqf" zurückzuführen sind, ein und versucht, einen Einblick in die humanen Grundsätze des Islams und der islamischen Zivilisation zu vermitteln. Waqf: Vgl. EI, Bd. IV, S. 1187 ff.

(433) Einen Bericht darüber, der auch angenommen wurde, legte Muḥammad ʿAbduh 1904 dem obersten "awqāf"-Präsidium (maǧlis al-awqāf al-aʿlā) vor. Vgl. ʿAmāra, Muḥammad, Al-Aʿmāl al-kāmila li-l-imām Muḥammad ʿAbduh, a.a.O., Bd. II, S. 303 ff.

(434) Vgl. Riḍā Rašīd, Tārīḫ al-ustāḏ al-imām aš-Šaiḫ Muḥammad ʿAbduh, a.a.O., Bd.II, S. 68 und ʿAmāra, Muḥammad, Al-Aʿmāl al-kāmila li-l-imām Muḥammad ʿAbduh, a.a.O., Bd. II, S. 7 ff.

(435) Vgl. ʿAmāra, Muḥammad, Al-Aʿmāl al-kāmila li-l-imām Muḥammad ʿAbduh, a.a.O., Bd. III, S. 177.

- der Moralethik, nach der Aufrichtigkeit, Stolz, Treue usw. richtig verstanden und angeeignet werden sollen.

Die praktische Reform ist in drei Teile gegliedert, nämlich

- bessere Organisation des sozialen und gesundheitlichen Lebens,
- Koordinierung des Unterrichtswesens, Erweiterung der Wissenschaften und des Wissenshorizonts,
- Hebung des Niveaus der arabischen Sprache.(436)

Mit diesen Reformen will Muḥammad ʿAbduh nicht nur die neuesten kulturellen Errungenschaften auf al-Azhar übertragen, sondern er berücksichtigt dabei auch, daß al-Azhar ein Hauptpfeiler des religiösen, kulturellen und politischen Lebens ist. Al-Azhar kontrollierte das gesamte (islamische) religiöse Leben Ägyptens, wodurch sie ein unentbehrlicher Machtfaktor der ägyptischen Gesellschaft wurde. (In diesem Zusammenhang ist erwähnenswert, daß al-Azhar gegen den ausländischen Einfluß erbitterten Widerstand leistete und deshalb den europäischen Mächten ein Dorn im Auge war.)

---

und Riḍā.Rašīd, Tārīḫ al-ustāḏ al-imām aš-šaiḫ Muḥammad ʿAbduh, a. a. O., Bd. I, S. 54 ff. Riḍā schildert hier die Lage in al-Azhar vor ʿAbduhs Reformen.

(436) Vgl. Riḍā,Rašīd, Tarīḫ al-ustāḏ al-imām aš-šaiḫ Muḥammad ʿAbduh, a. a. O., Bd. I, S. 567.

Muḥammad ʿAbduh erkennt als Azharit und Gesellschaftsanalytiker die Gefahr einer Stagnation bzw. Rückentwicklung, verursacht durch den Einfluß von al-Azhar auf die Gesellschaft. Darum will er alles tun, um seine Reformpläne durchzusetzen. Bis dahin bildeten die Azhariten eine elitäre, religiöse "Kaste", die den diesseitigen Bedürfnissen der Muslime wenig Beachtung schenkte, so daß die islamischen Gläubigen den Azhariten mit Respekt und Ehrfurcht begegneten. Der Muslim konnte keinen Einblick in diese in sich geschlossene Gruppe gewinnen und keine Forderungen stellen.

Trotz des Widerstandes innerhalb und außerhalb von al-Azhar beabsichtigt Muḥammad ʿAbduh nun wechselseitige Beziehungen zwischen den Azhariten und der übrigen Gesellschaft herzustellen.(437)

f) Die wichtigste und fundamentalste aller in Betracht kommenden Reformen, die mehr oder weniger Grundlage aller übrigen Reformen und von unabdingbarer Notwendigkeit für die positive Weiterentwicklung der Gesellschaft ist, ist die Reform des Wissens um eine soziale (Nutz-)Ethik, die auf gesunder Erziehung und nutzbringendem Lehren und Lernen basiert. "... das Verlorene ging wegen des Verlusts an Wissen verloren, und alles, was vorhanden ist, existiert wegen des Vorhandenseins von Wissen; wir brauchen ...

---

(437) Vgl. Dunyā, Sulaimān, Muḥammad ʿAbduh bain al-falāsifa wa-l-kalāmiyīn, Kairo 1958, S. 5 ff. Der Autor gibt einen interessanten Überblick über al-Azhar und ʿAbduh.

das Wissen, das die Seele berührt. Es ist das Wissen vom menschlichen Leben ... Das Wissen, das die Seelen belebt, ist das Wissen (von) der Ethik der Seele (ādāb an-nafs). Jede Ethik der Seele ist in der Religion vorhanden."(438)

Daraus ist zu ersehen, welche soziale Rolle das Wissen überhaupt für Muḥammad ʿAbduh spielt. Das Wissen ist für ihn sogar einzig und allein die Grundlage aller Erkenntnisse. Er setzt voraus, daß das Wissen dann vollkommen sein wird, wenn die Verhaltens- und Handlungsweise religiöse Moralethik praktiziert.

Hier kann man sehen, daß Muḥammad ʿAbduh die Praxis religiöser Ethik bei den Muslimen des 19. Jahrhunderts bemängelt. Im Lernen bzw. Wissen ist für ihn eine Internalisierung der Werte und Normen einer Gesellschaft als Voraussetzung für ihre Entwicklung notwendig. Erst dann, wenn das Individuum in seinen zwischenmenschlichen Beziehungen ein Höchstmaß an religiöser Moralethik praktiziert, wird es nach Muḥammad ʿAbduh seinen Standort, seine Zugehörigkeit und seine Bedürfnisse erkennen, nach denen es gemäß der genannten Tugend (Ethik) verlangt und die es beschützt.(439)

Um all dies zu erreichen, benötigt die (islamische) Gesellschaft ein funktionsfähiges Erziehungs- und Aufklärungssystem entsprechend dem Stand der neuesten

---

(438) ʿAbduh, Muḥammad, "Murāsalāt (Korrespondenzen) von 1886" in: ʿAmāra, Muḥammad, Al-Aʿmāl al-kāmila li-l-imām Muḥammad ʿAbduh, a. a. O., Bd. I, S. 648.

(439) Vgl. ebenda, S. 650.

Kenntnisse und Erkenntnisse. Deshalb bemüht sich Muḥammad ʿAbduh im Rahmen seiner Möglichkeiten um eine Reform des islamischen, religiösen Erziehungswesens. Seine Reformpläne erstrecken sich auf staatliche und missionarische Schulen, Koran-Schulen und theologische Schulen, ja sogar, wie bereits erwähnt, auf die Azhar-Universität und umfassen drei Stadien:

- Den Kindern ist ein fundiertes Wissen in arabischer Sprache, Rechnen und Religion zu vermitteln,
- Darauf wird ein Allgemeinwissen in verschiedenen Wissenschaftszweigen, auch Fremdsprachen, aufgebaut. (ʿAbduh bevorzugte die französische Sprache.)
- Die Fachrichtung wird präzisiert, und dem Schüler ist eine Auswahl möglich. (Das konkrete Alter ist bei diesen Stufen nicht angegeben.)

Sein Erziehungsplan beinhaltet jedoch auch praktisches Wissen, das das Kind nach der ersten Stufe erwerben soll, um auch einen praktischen (handwerklichen) Beruf ergreifen zu können. Den Absolventen der zweiten Stufe will Muḥammad ʿAbduh eine weitere Ausbildung an verschiedenen wissenschaftlichen, nicht-theologischen Schulen ermöglichen, die auf eine Tätigkeit in der Bürokratie, beim Militär und anderen Gesellschaftsbereichen zugeschnitten sind.

Die Absolventen der dritten Stufe, die sich das praktische und theoretische Wissen der ersten beiden Stufen angeeignet und außerdem ein theologisches Studium hinter sich gebracht haben, sollen sich einer strengen Prüfung unterziehen müssen, weil sie nach ʿAbduhs Ansicht als religiöse Wegweiser (muršid), Prediger (wāʿiẓ) und Aufklärer (dāʿī) in der Gemeinschaft tätig sein werden und dafür ein angemessenes Maß an Wissen mitbringen müssen.(440)

Aus dem gesamten Programm kann man den Eindruck gewinnen, daß Muḥammad ʿAbduh mit Hilfe des Sozialisierungsprozesses für das islamische Individuum eine soziokulturelle Persönlichkeit gemäß der wahren islamischen Lehre anstrebt, damit es sich bewußter und aktiver an der sozialen Partizipation beteiligt und die Entwicklung der Gesellschaft auf evolutionärem Weg verwirklicht werden kann.

Muḥammad ʿAbduhs Reformpläne wurden zu seinen Lebzeiten nur teilweise in die Tat umgesetzt. "Ich erzielte in vielem, worum ich micht bemühte, einen Erfolg. Mit vielen Dingen, auf die ich meine Entschlußkraft konzentrierte, hatte ich keinen Erfolg. All das hat seine Gründe. Ein Teil dieser Gründe ist auf meine Charaktereigenschaften, ein anderer Teil auf meine Umgebung zurückzuführen."(441)

---

(440) Diesen Reformplan ließ Muḥammad ʿAbduh 1887 dem Šaiḫ al-Islām (= Titel des vom Sultan ernannten obersten Geistlichen des osmanischen Reiches) Abū l-Hudā aṣ-Ṣayyādī in Istanbul zukommen. Vgl. ʿAmāra, Muḥammad, Al-Aʿmāl al-kāmila li-l-imām Muḥammad ʿAbduh, a. a. O., Bd. III, S. 71 ff.

(441) Ebenda, Bd. II, S. 320.

Abgesehen von dieser "Selbsterkenntnis" ging Muḥammad ʿAbduh auf die Ursachen, die sein Vorhaben sowohl positiv als auch negativ beeinflußten, nicht ein. Sie sind jedoch aus dem bisher Gesagten zu entnehmen.

Was er an Reformen durchführen konnte, verdankte er nämlich in erster Linie Lord Cromer. Daß er einen anderen Teil seiner Reformvorstellungen nicht durchsetzen konnte, lag am Widerstand der einflußreichen theologischen Traditionalisten und seiner passiven, kühlen und nüchternen Haltung gegenüber dem ägyptischen Herrscherhaus. Nichtsdestotrotz wurde durch ihn der "schlafende politische Geist" Ägyptens geweckt, was zur Revolution von 1919 unter der Führung seines "Schülers" und Freundes Saʿd Zaġlūl führte.

VI. Unterscheidungsmerkmale zwischen al-Afġānī und Muḥammad ʿAbduh

Die bisherige Abhandlung sollte einen kurzen Überblick über Muḥammad ʿAbduhs Person, Denkweise, Methode und Strategie zur Gründung einer modernen, islamischen Gesellschaft durch evolutionäre Reformen als Fortsetzung der "Afġānischen Schule" geben. Deshalb ist es gewiß interessant, in diesem Zusammenhang einige Unterschiede in der Denk-, Verhaltens- und Handlungsweise zwischen dem Lehrmeister al-Afġānī und seinem "gelehrigen" Schüler ʿAbduh aufzuzeigen. Letzterer übertraf sogar in manchen Dingen, vor allem in der praktischen Planung und weitsichtigen Organisation, seinen Lehrer (um ein evtl. Werturteil über beide Gelehrte zu erleichtern).

a) Der wesentlichste Unterschied zwischen al-Afġānī und ʿAbduh ist in der unterschiedlichen Struktur ihrer Persönlichkeit begründet. Jeder hatte einen anderen Sozialisierungsprozeß, der den Charakter prägte, durchlaufen. Während al-Afġānī einer elitären, politisch aktiven Familie entstammte, die in der Hauptstadt ansässig gewesen sein soll und schon frühzeitig am politischen Geschehen in Afghanistan teilnahm, kam Muḥammad ʿAbduh aus der mittelständischen Bauernfamilie eines kleinen Dorfes, die sich nicht im geringsten mit Politik befaßte, und schlug (gezwungenermaßen) die theologische Laufbahn ein. Diese unterschiedliche Herkunft und Erziehung prägten ihre Verhaltens- und Handlungsweise bis zu ihrem Tode.

Es kommt hinzu, daß al-Afġānī durch seine Herkunft schon früh Kontakt zu beiden Kulturkreisen des Islams hatte und sowohl mit den Hindus Indiens und den Engländern sowie mit verschiedenen Völkern und Stämmen während seiner Pilgerreise nach Mekka in Berührung kam. Nicht zuletzt seine Bekanntschaft mit verschiedenen Wissensgebieten während seines ersten Indienaufenthaltes, die es in islamischen Schulen nicht gab, erweiterten seinen Horizont und bereicherten seine Kenntnisse. Sie schufen in ihm einen Kosmopolitismus und einen Universalismus, wie sie die islamische Religion ohnehin lehrt.

Muḥammad ʿAbduhs Kontakt zu anderen Kulturen dagegen erfolgte relativ spät und dann auch nur durch al-Afġānī.

b) Al-Afġānī kannte keine Bindung im engeren Sinn in Form von Heimatliebe oder ähnlichem, weil er in der gesamten islamischen Welt seine Heimat sah.

Muḥammad ʿAbduh hingegen war seiner Heimat Ägypten in Liebe verbunden.

c) Während al-Afġānī die englische Hegemonie ablehnte und ohne Rücksicht auf die Konsequenzen bekämpfte, wo immer er konnte, nahm Muḥammad ʿAbduh gegenüber den Engländern eine versöhnlichere Haltung ein (die auch sehr umstritten war).(442)

d) Infolge dieser genannten inneren und äußeren Faktoren war und blieb al-Afġānī bis zu seinem Tod ein Denker (mit philosophischem Akzent), ein Theoretiker und politischer Agitator, also ein (sozialer) Revolutionär im wahrsten Sinne des Wortes.

Muḥammad ʿAbduh war und blieb ebenfalls bis zu seinem Tod zwar ein Intellektueller und Theoretiker, aber auch ein Praktiker, Pragmatiker, Systematiker, Reformer und Evolutionär im wahrsten Sinne des Wortes.

---

(442) Vgl. Qāsim, Maḥmūd, a. a. O., S. 98. Der Autor kritisiert hier nachdrücklich Muḥammad ʿAbduhs Beziehungen zu den Engländern und lobt andererseits al-Afġānīs Haltung.

Aufgrund der positiven Entwicklung der muslimischen, besonders der ägyptischen Gesellschaft während der dreißiger Jahre dieses Jahrhunderts, gelangte Rašīd Riḍā, engster Freund und Vertrauter Muḥammad ʿAbduhs, zu der Überzeugung, der revolutionäre Weg al-Afġānīs und der evolutionäre Muḥammad ʿAbduhs seien wie die zwei Seiten einer Münze. Beide sind notwendig und ergänzen einander, um die islamische Gesellschaft "aus tiefem Schlaf zu wecken" und an ihr zu rütteln, damit sie am unaufhaltsamen Entwicklungsprozeß auf allen Bereichen teilnimmt.

Reform und Erneuerung sind die Ziele beider Gelehrten. Während aber der eine politische Agitation und Aktivität propagierte, forderte der andere Erziehung und Lernprozesse, d. h. die Erneuerung der Gemeinschaft durch Reform des Staatswesens oder die Erneuerung des Staatswesens durch die Reform der Gemeinschaft.

Nach Rašīd Riḍā ist, obwohl beide Methoden sich für die damalige Zeit ergänzen, in ihrer Auswirkung und in ihrem Effekt ein nicht zu unterschätzender Unterschied zu sehen. Die erstere (afġānīsche) Methode liegt nämlich zwar näher und wird ihr angestrebtes Ziel auch schneller erreichen. Die zweite Methode (Muḥammad ʿAbduhs) aber ist stabiler und dauerhafter (weniger gefährdet).(443)

---

(443) Vgl. Riḍā, Rašīd, Tārīḫ al-ustāḏ al-imām aš-šaiḫ Muḥammad ʿAbduh, a. a. O., Bd. I, S. 974 ff.

Unter anderem dieser Unterschiede wegen trennten sich die Wege der beiden Gelehrten still und voller Achtung voreinander, was nicht heißen soll, sie hätten einander nicht kritisiert. Im Gegenteil, sie warfen einander ihre Verhaltens- und Handlungsweise vor. Al-Afġānī kritisierte Muḥammad ʿAbduh wegen seiner "unbegreiflichen politischen Haltung" gegenüber den Engländern von Istanbul aus.(444)

Muḥammad ʿAbduh wandte sich von Kairo aus gegen al-Afġānī wegen dessen Mangel an Bereitschaft, den Lern- und Entwicklungsprozeß zu unterstützen, zumal dieser sich beim Sultan in Istanbul befand.(445)

Diese gegenseitigen Vorwürfe, bzw. mehr oder weniger versteckten Kritiken, deuten darauf hin, in welchem Ausmaß jeder der beiden Gelehrten von der Richtigkeit seiner Verhaltens- und Handlungsweise und von seiner Methode überzeugt war, das Heil der islamischen Gesellschaft bzw. Nation zu finden.

Obwohl sich die Beziehungen zwischen beiden Gelehrten derart verschlechterten, daß Muḥammad ʿAbduh noch nicht einmal anläßlich al-Afġānīs Tod 1897 eine Gedenkrede hielt, geschweige denn al-Afġānī mit einer Trauerfeier bedachte, zeigt sich ihre wahre Ver-

---

(444) Vgl. Maḫzūmī, Muḥammad, a. a. O., S. 159 ff. Al-Afġānī übte diese Kritik ungefähr zwischen 1893 und 1897 aus.

(445) Vgl. Riḍā, Rašīd, Tāriḫ al-ustāḏ al-imām aš-šaiḫ Muḥammad ʿAbduh, a.a.O., Bd. I, S. 79. Diese Kritik, die Muḥammad ʿAbduh 1897 ausübte, ist außerdem widergegeben bei: ʿAmāra, Muḥammad, Al-Aʿmāl al-kāmila li-l-imām Muḥammad ʿAbduh, a. a. O., Bd. I, S. 682 ff.

bundenheit in einer Notiz, die Rašīd Riḍā aus dem Notizblock Muḥammad ʿAbduhs zitiert: "... ich habe al-Afġānīs nicht mit einem Gedicht gedacht, weil ich kein Dichter bin. Ich habe seiner auch nicht mit (Reim-) Prosa (saǧaʿ) gedacht, weil ich kein (Reim-) Prosaist bin. Ich gedachte seiner mit meinem Gewissen und meinem Gefühl, weil ich ein denkender und fühlender Mensch bin."(446)

Diese Notizen weisen darauf hin, wie sehr Muḥammad ʿAbduh seinen Lehrer al-Afġānī trotz aller Meinungsverschiedenheiten respektierte und verehrte. Nur die Umstände der damaligen Zeit allein zwangen Muḥammad ʿAbduh, nicht offiziell seines Lehrers und langjährigen Freundes zu gedenken.

Es mag zwar sein, daß diese Notiz Muḥammad ʿAbduhs einen Hauch von "Opportunismus" in sich birgt; aber gleichzeitig stellt sich die Frage, ob es für das Heil einer Nation wichtiger ist, eines toten Freundes offen zu gedenken und dadurch die Position der Stärke zu verlieren, oder den Toten in Gedanken zu ehren und so die Position der Stärke zu halten und der Nation zu ihrem Heilungsprozeß zu verhelfen. Außerdem wäre es gewiß ganz und gar nicht in al-Afġānīs Sinn gewesen, wenn Muḥammad ʿAbduh um seinetwillen die Position hätte müssen aufgeben, die ihm erlaubte, der Gesellschaft zu helfen.

---

(446) Riḍā, Rašīd, Tārīḫ al-ustāḏ al-imām aš-šaiḫ Muḥammad ʿAbduh, a. a. O., Bd. I, S. 9 und vgl. ʿAmāra, Muḥammad, Al-Aʿmāl al-kāmila li-l-imām Muḥammad ʿAbduh, a. a. O., Bd. I, S. 29.

H. Kritische Betrachtungen

In diesen Betrachtungen soll kein Werturteil über al-Afġānī gefällt werden, sondern es soll darin auf einige Lücken in dem Gedankengut und der Verhaltens- und Handlungsweise dieses orientalischen Denkers der zweiten Hälfte des 19. Jahrhunderts hingewiesen werden, - jenes Denkers, der als einer der ersten die Wichtigkeit und Notwendigkeit einer gesellschaftspolitischen Dynamisierung im Orient erkannte, sollte ein sozialer Wandel bzw. eine Umstrukturierung der islamischen Gesellschaft(en) (jedoch ohne Verlust der Eigenständigkeit) erreicht werden, um dadurch die Orientalen am unaufhaltsamen Entwicklungsprozeß teilnehmen zu lassen.

Wie bereits geschildert, versuchte al-Afġānī, je nach gegebenen Möglichkeiten, seine Gedanken in die Tat umzusetzen. Führt man sich nun das Fragenschema vor Augen, ob al-Afġānī mit der Verbreitung seines Gedankengutes und durch seine Appelle sowie durch seine Verhaltens- und Handlungsweise etwas durchsetzte oder nicht, bzw. wieso er sein Ziel erreichen konnte oder auch nicht, so gelangt man zu dem Ergebnis, daß in seinem Gedankengut, in seiner Denk-, Verhaltens- und Handlungsweise Lücken und Unklarheiten enthalten sind. Andernfalls wäre ihm vielleicht (doch) mehr als die Aussaat von Theorien und eine bessere Wegbereitung für seine Schüler gelungen. Andererseits zwangen ihn auch äußere Umstände zu dieser Haltung (sofern er diese nicht selbst herausgefordert hat).

Wäre die Kontinuität seiner Gedanken nicht durchbrochen, so hätte al-Afġānīs Leben evtl. einen anderen Verlauf genommen, und er hätte die moderne Geschichte des Orients noch positiver beeinflussen können. Deshalb sollen seine Mängel hier kurz aufgezeigt werden:

a) Al-Afġānī ging weder systematisch noch pragmatisch vor, und in mancherlei Hinsicht fehlte es ihm an Geduld und Ausdauer, erkennbar an der Tatsache, daß er zwar viele Werke und Vorhaben voll guter Absicht begann, aber keines zu Ende führte (wofür nicht unbedingt immer Resignation die Ursache war).

Obwohl er versuchte, Praktiker zu sein, blieb er doch stets ein Theoretiker. Wäre er nämlich wirklich ein Praktiker gewesen, so hätte er sich u. a. gewiß in irgendeinem islamischen Land eine "Hausmacht" aufgebaut, denn er war zweifellos eine dominierende Persönlichkeit.
Als er es dennoch in Ägypten nach seiner Abkehr von der Freimaurerei versuchte, scheiterte er nicht zuletzt an seinem Fehlverhalten gegenüber den elitären Gesellschaftsgruppen und am Verkennen der Realität.

Als er sich während seines zweiten Aufenthaltes in Persien als Systematiker versuchte, wurde er, nicht nur durch äußere Einflüsse, daran gehindert.

Al-Afġānīs Verhalten gegenüber den Engländern basierte auf einer Art "Haßliebe" und einer seltsamen Mischung aus Vertrauen und Mißtrauen. Diese Gefühle werden kurz vor seinem Tod 1897 besonders deutlich, als er dem behandelnden osmanischen Hofarzt so sehr mißtraute, daß er den englischen Gesandten in Istanbul um einen englischen Arzt bat. Dieser Wunsch ist nicht mit evtl. besseren Kenntnissen eines englischen Arztes zu erklären, sondern mit dem größeren Vertrauen zu einem Engländer.

Auch al-Afġānīs geistige Entwicklung im Hinblick auf die Einheit der Gemeinschaft (umma = islamische Nation) und den ethnischen Nationalismus ist anscheinend nicht eindeutig systematisch, denn er korrigierte die in seinen verschiedenen Aussagen auftretenden Widersprüche nicht.

b) Al-Afġānī strebte in einem Zeitalter, in dem die Muslime unaufgeklärt waren und ein theokratisch-absolutistisches Herrschaftssystem bestand, absolute Gerechtigkeit und Gleichheit nach dem Vorbild der ersten islamischen Gesellschaft (des 7. Jahrhunderts) an.
Darum propagierte er Volkserhebungen und politische Morde, ohne einen tatsächlichen Aufstand zu organisieren. Außerdem ist es zweifelhaft, ob ein System durch Mord an einem Herrscher (unbedingt) verändert werden oder gar ein sozialer Wandel der Gesellschaft erzielt werden kann.
Al-Afġānī jedenfalls erreichte damit lediglich, daß man seine Aktivitäten sowohl auf politischem als auch auf aufklärerischem Gebiet einengte, ja

ihn sogar des Landes verwies. Dadurch verpaßte er viele Gelegenheiten, die Muslime auf ihre Rechte und Pflichten aufmerksam zu machen oder aber sie, wie Muḥammad ʿAbduh, in diesem Sinne zu erziehen.
Al-Afġānīs Methoden konnten also, vor allem bei einem solch unaufgeklärten Volk (Während des ʿUrābī-Aufstandes im Jahre 1880 konnte man beobachten, daß sich das Volk seiner Rolle nicht bewußt war und deshalb die erwartete, umfangreiche Hilfe und Opferbereitschaft vermissen ließ.), nicht zum Erfolg führen. Selbst wenn es al-Afġānī gelungen wäre, sein Konzept durchzusetzen, wäre es ohnehin fehlgeschlagen; denn das Volk war nicht nur unwissend, sondern es mangelte auch an einer gebildeten Schicht, die als Träger von al-Afġānīs Gedankengut hätte fungieren können. Außerdem fehlten sämtliche Voraussetzungen zur Bildung solcher Elitegruppen, ganz abgesehen davon, daß es sich dabei um einen langwierigen Prozeß handelt. Dies hat Muḥammad ʿAbduh erkannt und dementsprechend gehandelt.

c) Al-Afġānī kritisierte die Parteien, obwohl er selbst Mitglied einer ähnlichen Organisation, der Freimaurer, war. Er versuchte sogar später, eine nationale Loge zu gründen, was ihm aber nicht glückte. Hätte er sich dagegen tatsächlich um den Aufbau und die Organisation einer Partei bemüht, so hätte er im Laufe der Zeit höchstwahrscheinlich eine breite Masse für sein Vorhaben gewonnen.

Al-Afġānī kritisierte das Pressewesen im allgemeinen und die Journalisten im besonderen (speziell in Ägypten), denn die Presse verfehlte ihre Mission, ihr Ziel und ihre Wirkung durch die Leere ihrer Veröffentlichungen und ihren schlechten Stil, wegen ihres Mangels an nationaler Gesinnung und nicht zuletzt wegen des Analphabetentums der breiten Masse.
Unter diesen Umständen kann die Presse ihre Mission nicht erfüllen.

Dennoch spornte al-Afġānī seine Schüler zur Herausgabe von Zeitungen an, ja veröffentlichte sogar selbst gemeinsam mit seinem Schüler Muḥammad ʿAbduh die berühmte Zeitschrift "Al-ʿUrwa al-wuṯqā" 1882 von Paris aus.

d) Im Rahmen seiner Kritik an den elitären, orientalischen Gruppen verkannte und verallgemeinerte er vieles. Vor allem sein Urteil über Studenten, die in Europa studiert hatten und anschließend in ihre Heimatländer zurückgekehrt waren, war zu hart.
Die Studenten versuchten, in ihrer Denk-, Verhaltens- und Handlungsweise eine Synthese zwischen dem, was sie in Europa erworben hatten, und ihrer eigenen, orientalischen Kultur zu schaffen.

Diese Synthese lehnte al-Afġānī grundsätzlich ab und brandmarkte alle diese Studenten als Außenseiter ihrer Kultur und Verbreiter europäischer, säkularer Ideen und Kulturgüter. Ganz abgesehen davon, daß er ja selbst lange Jahre in Europa verbracht hatte, übersah er dabei vollkommen das Reintegrationsproblem jener zurückgekehrten Studenten in ihren Kulturkreis.

e) Al-Afġānīs Verhalten während der Audienzen, die ihm verschiedene Monarchen gewährten, war meistens undiplomatisch, aggressiv und herausfordernd. Es mag sein, daß ein solches Verhalten gegenüber einem Herrscher als mutig bezeichnet werden kann, aber al-Afġānī erweckte dadurch bei den Herrschern ein derartiges Mißtrauen und eine derartige Mißliebigkeit, daß er auf Schritt und Tritt beobachtet und mehr und mehr in die Enge getrieben wurde, bis er schließlich in gewisser Hinsicht resignieren mußte.

Alle genannten Kritikpunkte sollen gewissermaßen das Bild seines Geistes und seiner Verhaltens- und Handlungsweise vervollständigen.

Auf einige andere Punkte, die von relativer Bedeutung sind, ging al-Afġānī aber gar nicht ein oder konkretisierte sie nicht:

a) Al-Afġānī lobte die deutsche Frau ohne jegliche nähere Erläuterung. Bemerkenswerterweise bezog er keine andere europäische Frau, etwa die Engländerin oder die Französin, in sein Lob ein. Es fragt sich nun, warum er ausgerechnet die deutsche Frau hervorhob.

Wahrscheinlich sah er in der deutschen Frau den Idealtyp einer Mutter, der, im Gegensatz zu anderen, "emanzipierten", europäischen Frauen, ganz in seinen Bereichen "Kinder, Küche, Kirche" aufging. Daraus ist einerseits ersichtlich, welche Rolle al-Afġānī der orientalischen Frau zugedacht hat, andererseits entnimmt man daraus, daß die gesellschaftliche Rolle der orientalischen Frau des 19. Jahrhunderts noch weit von der Stellung der deutschen Frau entfernt ist. (Vgl. auch Anmerkung 234 dieser Arbeit!)

b) Zu allen politischen Anschauungen und Ideologien quer durch die Geschichte und besonders des 19. Jahrhunderts nahm al-Afġānī Stellung, nur mit dem Liberalismus und seiner Laissez-faire - Politik setzte er sich nicht auseinander. Dafür hatte er wahrscheinlich zwei Motive.

Hätte sich al-Afġānī mit dem Liberalismus beschäftigt, so wäre er unvermeidlich in engeren Kontakt mit den englischen Liberalen und nicht nur mit dem irischen Liberalen Sir Blunt gekommen. Es ist zu vermuten, daß er gerade die näheren Beziehungen vermeiden wollte, denn unter dem liberalen Ministerpräsidenten Gladstone festigte die englische Regierung die Okkupation Ägyptens durch die englische Armee.

Sein zweites, wichtigeres Motiv ist darin zu sehen, daß al-Afġānī dem fortschreitenden europäischen Materialismus nichts anderes als den Islam als Alternative entgegenzusetzen hatte; denn, wie bereits gesagt, der Islam ist mit seinen Anschauungen für al-Afġānī liberal und universal und bietet Zusammengehörigkeitsgefühl und soziale Gerechtigkeit.

c) Daß al-Afġānī keine konkrete ökonomische Analyse, wie manche europäischen Denker des 19. Jahrhunderts, abgegeben hat, ist auf das Nichtvorhandensein eines Industrialisierungsprozesses zurückzuführen, der zu sozialen Konfliktsituationen hätte führen können, wie es in Europa der Fall war.

Sollte es dennoch zu sozialen Konflikten kommen, sah al-Afġānī im "islamischen Sozialismus" eine Ausgangsbasis für gerechte Verteilung der Güter und eine soziale Kontrolle, um einen Wohlfahrtsstaat zu errichten.

Es ist zwar möglich, daß al-Afġānīs gesellschaftliche Analyse nach den Maßstäben europäischer Denker der zweiten Hälfte des 19. Jahrhunderts sowie des 20. Jahrhunderts nichts Neues brachte. Berücksichtigt man jedoch die religiöse, geistige und politische Struktur der islamischen Gesellschaft(en) im vorigen Jahrhundert, so kommt man zu der Feststellung, daß al-Afġānī in der Theorie sehr wohl etwas vollbracht hat. Letzten Endes richteten sich seine Appelle nämlich nicht an die Europäer, sondern an die Orientalen, die sich (vorsichtig ausgedrückt) im tiefsten Mittelalter befanden.

Darüberhinaus kann man aus dem vorherigen Text entnehmen, daß sich al-Afġānī an Diskussionen über brisante Themen beteiligte, die weltweite Bedeutung hatten und viele europäische Denker des 19. Jahrhunderts beschäftigten, ja, daß er sogar Stellung dazu bezogen hat.

Abschließend ist festzustellen, daß sich al-Afġānī seiner Herausforderung der verschiedenen elitären Gruppen im Orient durch seine Äußerungen und seine Verhaltens- und Handlungsweise wohl bewußt war. Er war nämlich davon überzeugt, daß sein Kampf ein Kampf mit der Zeit war, weil den Orientalen nicht mehr viel Zeit blieb, um der fortschreitenden europäischen Entwicklung zu folgen.

Darum versuchte er ohne Rücksicht auf Konsequenzen, das Hindernis auf dem Weg der Entwicklung zu beseitigen oder wenigstens in Bewegung zu bringen, koste es, was es wolle.

Wäre al-Afġānī der Typ eines "Machiavellisten" gewesen, wäre ihm vieles erspart geblieben. Er aber fühlte sich zum Apostel berufen, der die Gemeinschaft (umma) aus ihrem Schlaf zu wecken und ihr zur Wiedergeburt zu verhelfen hatte, was ihm auch teilweise gelungen ist.

LITERATURVERZEICHNIS

a. Primärliteratur

ʿAbduh, Muḥammad(x)

- "Al-Idṭihād fī n-naṣrānīya wa-l-islām" in: ʿAmāra, Muḥammad(x), Bd. III.
- "Al-Islām wa-l-muslimūn wa-l-istiʿmār" in: ʿAmāra, Muḥammad(x), Bd. III.
- Al-Islām wa-n-naṣrānīya bain al-ʿilm wa-l-madanīya, Kairo 1905.
- Al-Islām wa-r-radd ʿalā muntaqidīh, Kairo 1928.
- "Murāsalāt von 1886" in: ʿAmāra, Muḥammad(x), Bd. I.
- "Risālat at-tauḥīd" in: ʿAmāra, Muḥammad(x), Bd. III.
- Šarḥ nahǧ al-balāġa, Beirut 1885.
- "Tafsīr al-Qur'ān" in: Al-Manār, Band 3 - 14, Kairo 1900 - 1912.

(x) Für einen vollständigen Hinweis auf Muḥammad ʿAbduhs Veröffentlichungen siehe ʿAmāra, Muḥammad, Al-Aʿmal al-kāmila li-l-imām Muḥammad ʿAbduh, a. a. O.

al-Afġānī, Ǧamāladdīn(xx)

- "An Afghan on the English" in: The Bee (an-naḥla), Band 2, Nummer 13, London 1878.

- "Asbāb al-ḥarb bi-Miṣr" in: Al-Manār, Band 25, Kairo, 1925.

- "Al-Bābīya" in: Dā'irat al-ma'ārif, herausgegeben von Buṭrus al-Bustānī, Band V, Beirut 1884.

- Ḍiyā' al-ḫāfiqain, London 1892.

- "Falsafat at-tarbiya wa-falsafat aṣ-ṣinā'a" in: Tārīḫ al-ustād al-imām aš-šaiḫ Muḥammad 'Abduh, Band II, Riḍā, Rašīd.

- "Ḥaqīqat al-insān wa-ḥaqīqat al-waṭan" in: Miṣr, Band I, Nummer 26 - 28, Kairo 1876.

- "Al-Ḥukūma al-istibdādīya" in: Miṣr, Band II, Nummer 33, Kairo 1879 und Al-Manār, Band 3, Kairo 1900.

(xx) Verschiedene Briefe (und Dokumente) sind zu finden bei Afshar, Iraj und Mahdavi, Asghar, a. a. O. Für die verschiedenen Übersetzungen von al-Afġānīs Büchern und Artikeln in verschiedene europäische und orientalische Sprachen ist auf Kudsi-Zadeh, A. Albert, Sayyid Jamāl al-Dīn al-Afghānī: An Annotated Bibliography, Leiden 1970 hinzuweisen.

- "Kitābān siyāsiyān" in: Al-Manār, Band 10, Kairo 1908.

- "Lettre sur Hindustan" in: L'Intransigeant, Paris, 24. April 1883.

- "Le Mahdi" in : L'Intransigeant, Paris, 17. Dezember 1883.

- "Manāfiʿ al-wifāq wa-maḍārr aš-šiqāq" in: Al-Bašīr, Nummer 77, Paris, 26. April 1883.

- Ar-Radd ʿalā ad-dahriyīn, 6. Auflage, Kairo 1960.

- "Response à Renan" in: Journal des Débats, Paris, 18. Mai 1883, wiedergegeben in: Zur Religionsgeschichte, Kap. Islam und die Wissenschaft, herausgegeben von M. Bernhard, Basel 1883.

- "Aš-Šarq wa-š-šarqiyīn" in: Al-Manār, Band 25, Kairo 1925

- "As-Siyāsa al-inglizīya fī-l-mamālik aš-šarqīya" in: Al-Manār, Band 25, Kairo 1925.

- Tatimmat al-bayān fī tārīḫ al-Afġān, Kairo (maṭbaʿat al-mausūʿat) 1901.

- Al-ʿUrwa al-wuṯqā (wa-ṯ-ṯaura at-taḥrīrīya al-kubrā), 2. Auflage, Kairo 1957.

B. Sekundärliteratur

Enzyklopaedien und Lexika

Arabic - English - Lexicon, Lane, Edward, London, 1874, reprinted USA 1955.

Arabisch - Deutsches - Wörterbuch, Wehr, Hans, Leipzig 1952.

Bröckhaus - Enzyklopaedie, Wiesbaden 1966 ff.

Enzyklopaedie des Islam, Leiden 1913 ff. (Abkürzung: EI).

Encyclopaedia of Islam, (New Edition) Leiden - London 1960 ff. (Abkürzung: EI2).

Handwörterbuch des Islam, Leiden 1941.

Lexikon der arabischen Welt, Zürich und München 1972.

Meyers Enzyklopädisches Lexikon, Mannheim 1971 ff.

Wörterbuch der Soziologie, Herausgeber: Bernsdorf, Wilhelm, 2. Auflage, Stuttgart 1969.

Weitere Literaturangaben

ʿAbdalfattāḥ, Muḥammad, Ašhar mašāhīr aš-šarq, Kairo (ohne Datum).

ʿAbdallatīf, Muḥammad Fahmī, "Dikrā bāʿiṯ nahḍat aš-šarq" in: Ar-Risāla,Nr.706, Kairo 1947.

ʿAbdalmaǧīd, Muḥammad, Nābiġat aš-šarq as-sayyid, Ǧamāladdīn al-Afġānī, Kairo 1965.

Abū Rayya, Maḥmud, Ǧamāladdīn al-Afġānī, tārīḫuh wa-risālatuh, Kairo 1958.

Afshar, Iraj und Mahdavi, Asghar, Documents Inedits concernant Seyyed Jamāl-al-Dīn Afghānī, Tehran 1963.

Ahmed, Jamal Mohammed, The Intellectual Origins of Egyptian Nationalism, London 1960.

ʿAmāra, Muḥammad, Al-Aʿmāl al-kāmila li-Ǧamāladdīn al-Afġānī, Kairo 1965.

ʿAmāra, Muḥammad, Al-Aʿmāl al-kāmila li-l-imām Muḥammad ʿAbduh, Beirut 1972.

al-Amīn, Muḥsin, Aʿyān aš-šīʿa, Beirut 1960.

Amīn, Aḥmad, "Ǧamāladdīn al-Afġānī" in: At-Taqāfa, Nr. 264 - 269, Kairo 1944.

Amīn, Aḥmad, Zuʿamāʾ al-iṣlāḥ fī l-ʿaṣr al-ḥadīt, Kairo 1948.

Amīn, ʿUtmān, Aʿlām an-nahḍa al-ḥadīta, Ǧamāladdīn al-Afġānī, Kairo (ohne Datum).

Amīn, ʿUtmān, Ǧamāladdīn al-Afġānī, al-kitāb, Band I, Kairo 1946.

Amīn, ʿUtmān, Muḥammad ʿAbduh, Kairo 1944.

Amīn, ʿUtmān, "Rāʾid al-fikr al-miṣrī, al-imām Muḥammad ʿAbduh, Kairo 1965.

Amīn, ʿUtmān, "Risālat Ǧamāladdīn al-Afġānī" in: Al-ʿIrfān, Band 38, Ṣaidā/Libanon 1950.

Amīn, ʿUtmān, Ruwwād al-waʿī al-insānī fī š-šarq al-islāmī, Kairo 1961.

Antonius, George, Yaqẓat al—ʿarab (aus dem Englischen übersetzt), 3. Auflage, Beirut 1969.

Anṭūn, Faraḥ, "Falsafat Ǧamāladdīn al-Afġānī" in: Al-Ǧinān, Band 5, Kairo 1906.

al-ʿAqqād, ʿAbbās Maḥmūd, "Ǧamāladdīn wa-qadīyat as-Sudān" in: Ad-Dustūr, Kairo, 14.12.1951.

Asadābādī, Lutfallah, Maqalati, Gamaliyeh Teheran 1933.

ʿĀšūr, Saʿīd, ʿAbdalfattāḥ, Taurat šaʿb, 2. Auflage, Kairo 1965.

al-ʿAṭṭār, ʿIzzat, Al-Waḥda al-islamīya wa-l-waḥda wa-s-siyāda, Kairo 1938.

Avery, Peter, Modern Iran, London 1965.

Bamātī, Ḥaidar, Maǧālī al-islām (aus dem Englischen übersetzt), Kairo 1956.

Berkes, Nijazi, The Development of Secularism in Turkey, Montreal 1964.

Binder, Leonard, The Ideological Revolution in the Middle East, New York 1964.

Blunt, Wilfrid, Gordon at Khartum, London 1911.

Blunt, Wilfrid, My Diaries, London 1919.

Blunt, Wilfrid, Secret History of the English Occupation of Egypt, London 1907.

Braune, Walther, Der islamische Orient zwischen Vergangenheit und Zukunft, Bern - München 1960.

Brockelmann, Carl, Geschichte der arabischen Literatur, Leiden 1942 (Abkürzung: GAL).

Brockelmann, Carl, History of Islamic People, London 1959.

Browne, Edward, The Persian Revolution, Cambridge 1919.

Büttner, Friedemann, Reform und Revolution in der islamischen Welt, München 1971.

a) Cohen, Claude, "Der Islam I vom Ursprung bis zu den Anfängen des osmanischen Reiches" in: Fischers Weltgeschichte, Band 14, Frankfurt 1968.

Davison, Roderic, Reform in the Ottoman Empire, 1856 - 1876, Princeton 1963.

Deiters, Heinz-Günter, Die Freimaurerei, München 1963.

Dunyā, Sulaimān, Muḥammad ʿAbduh bain al-falāsifa wa-l-kalamiyīn, Kairo 1958.

Ende, Werner, "Waren Ǧamāladdīn al-Afġānī und Muhammad ʿAbduh Agnostiker?" in: Zeitschrift der Deutsch-Morgenländischen Gesellschaft, Supplement, Teil II, Wiesbaden 1969.

Federmann, Robert, "Scheik Djemaleddin el Afghan. Ein Lebensbild aus dem Orient", Beilage zur "Allgemeinen Zeitung", München, 24. Juni 1896, Nr. 144.

Frye, Richard N., Islam and the West, The Hague 1957.

Gail, Anton J., Erasmus von Rotterdam, Ausgewählte pädagogische Schriften, Paderborn 1963.

Gätje, Helmut, Koran und Koranexegese, Zürich - Stuttgart 1971.

Gibb, Hamilton, Modern Trends in Islam, Chikago 1947.

von Grunebaum, Gustav E. (Herausgeber), Der Islam II, Die islamischen Reiche nach dem Fall von Konstantinopel, Fischers Weltgeschichte, Band 15, Frankfurt/Main 1971.

von Grunebaum, Gustav E., Modern Islam, Los Angeles 1962.

Haddad, Georg, Revolution and Military Rule in the Middle East, New York 1965.

Haim, Sylvia, Arab Nationalism, California 1962.

Hajjaj, Aref, Der Panarabismus Gamal Abdel-Nassers, Diss. phil., Heidelberg 1971.

Hanna, Sami, Afghani, a Pionier of Islamic Socialism, the moslem world, Vol. 57, Nummer I, USA 1967.

Hanna, Sami and Gardner, George, Arab Socialism, Leiden 1968.

Hartmann, Richard, Islam und Nationalismus, Berlin 1948.

Hartmann, Richard, Die Religion des Islam, Berlin 1944.

Ḥasanain, ʿAbdannaʿīm, Ǧamāladdīn al-Asadābādī al-maʿrūf bi-l-Afġānī, Beirut 1973.

Haslip, Joan, Der Sultan; das Leben Abd ul - Hamids II (aus dem Englischen übersetzt), München 1968.

al-Hawwārī, ʿAbdassattār, Ǧamāladdīn al-Afġānī, Kairo 1924.

Heyd, Uriel, Foundation of Turkish Nationalism, London 1950.

Heyworth - Dunne, James, Introduction to the History of Education in Modern Egypt, London 1939.

Holpern, Manfred, The Politics of Social Change in the Middle East and North Africa, New Jersey 1963.

Hottinger A., Die Araber, Werden-Wesen-Wandel und Krise des Arabertums, Zürich 1960.

Ḥūrānī, Albert, Al-Fikr al-ʿarabī fī ʿaṣr an-nahḍa (arabische Übersetzung von: Arabic Thought in the Liberal Age, London 1961) von 1798 - 1939, Beirut 1968.

Ḥusainī, Ḥamdī, "Nafs kabīra ṯaʾira wa-ʿaql rāǧiḥ ḥakīm, as-Sayyid Ǧamāladdīn al-Afġānī" in: Ar-Risāla, Band 20, Nr. 69 - 971, Kairo 1952.

al-Ḥuṣrī, Sāṭiʿ, Ma hiyā al-qaumīya, Beirut 1963.

Ibn Ḥanbal, Al-Musnad (al-maṭbaʿa al-maimanīya), Kairo 1896, reprinted Beirut 1969.

Iqbal, Muhammad Sir, The Reconstruction of Religious Thought in Islam, Oxford 1934.

Johansen, Barber, Muḥammad Ḥusain Haikal, Europa und der Orient im Weltbild eines Ägyptischen Liberalen, Beirut 1967.

Karpat, K. H., Political and Social Thought in the Contemporary Middle East, New York 1968.

Keddie, Nikki R., An Islamic Response to Imperialism, Los Angeles 1968.

Keddie, Nikki R., "Panislam as Proto-Nationalism" in: Journal of Modern History, Band 41, Nr. I, Los Angeles 1969.

Keddie, Nikki R., Sayyid Jamāl ad-Dīn al-"Afghānī", USA 1972.

Kedourie, Elie, Afghani and ʿAbduh, An Essay on Religious Unbelief and Political Activism in Modern Islam, London 1966.

Kerr, Malcolm, Islamic Reform: The Political and Legal Theories of Muhammad Abdu and Rashid Rida, Los Angeles 1966.

Kudsi-Zadeh, A. Albert, Sayyid Jamāl al-Dīn al-Afghānī: An Annotated Bibliography, Leiden 1970.

Landau, Jakob M., Al-Afghani's Panislamic Project, Islamic Culture, Vol. 26 Hyderabad/Deccan july 1952.

Lewis, Bernhard, The Middle East and the West, London 1964.

Madkūr, Muḥammad Salām, Ǧamāladdīn al-Afġānī bāʿiṯ an-nahḍa al-fikrīya fī š-šarq, Kairo 1937.

al-Maġribī, ʿAbdalqādir, Ǧamāladdīn al-Afġānī, ḏikrayāt wa-aḥādīṯ, 2. Auflage, Kairo 1968.

al-Maġribī, ʿAbdalqādir(x), Moḥammed wa-l-marʾa, Damaskus 1929.

Mahdi, Muhsin, Die geistigen und sozialen Wandlungen im Nahen Osten, Freiburg 1961.

Mahdi, Muhsin, "Jamāl ad-Dīn al-Afghānī" in: The Arab Journal, Band 4, USA 1967.

Maḥmūd, Musṭafā, "Ǧamāladdīn al-Afġānī" in: Al-Adīb, Band 13, Beirut 1954.

Maḫzūmī, Muḥammad, Ḫaṭirāt Ǧamāladdīn al-Afġānī, 2. Auflage, Beirut 1965.

Mardin, Şerif, The Genesis of Young Ottoman Thought, Princeton 1962.

von Merhart, Ulrich, Weltfreimaurerei, Hamburg 1969.

al-Midliǧī, Ṯābit, Ar-Raǧul al-aʿṣār, Ǧamāladdīn al-Afġānī, Beirut 1954.

Murūwwa, Adīb, Aṣ-Ṣaḥāfa al-ʿarabīya, Beirut 1961.

Musā, Munīr, Al-Fikr al-ʿarabī fī l-ʿaṣr al-ḥadīṯ (in Syrien) vom 18. Jahrhundert bis 1918, Beirut 1973.

Norman, D., Islam and the West, Edinburgh 1962.

Nuseibeh, Hazem, The Ideas of Arab Nationalism, Cornell University Press 1956.

Pakdaman, Homa, Djamal-ed-Din Assad Abadi dit Afghani, Paris 1969.

(x) Es handelt sich um verschiedene Vorträge des Autors, die unter diesem Titel zusammengefaßt wurden und in denen er sich u. a. mit den Frauen des Propheten befaßt und Parallelen und Vergleiche zwischen Ibn Ḫaldūn und al-Afġānī zieht.

Paret, Rudi, Der Koran (übersetzt aus dem Arabischen), Stuttgart - Berlin - Köln - Mainz 1966.

Peretz, Don, The Middle East today, New York 1963.

Puin, Gerd, "Studien zum Minderheitsproblem im Islam" in: Bonner orientalistische Studien, Neue Serie, herausgegeben von Otto Spieß, Band 27/1, Bonn 1973.

Qalᶜaǧī, Qadrī, Ǧamāladdīn al-Afġānī, ḥakīm aš-šarq, Beirut 1947.

Qalᶜaǧī, Qadrī, Ṯalāṯa min aᶜlām al-ḥurrīya, Beirut 1970

Qasīm, Maḥmūd, Ǧamāladdīn al-Afġānī, ḥayātuh wa-falsafatuh, Kairo 1956.

ar-Rāfiᶜī, ᶜAbdarraḥman, ᶜAṣr Ismāᶜīl, Kairo 1948.

ar-Rāfiᶜī, ᶜAbdarraḥman, Ǧamāladdīn al-Afġānī, bāᶜiṯ nahḍat aš-šarq, Kairo 1967.

ar-Ramlī, Fatḥī, Al-Burkān aṯ-ṯā'ir, Ǧamāladdīn al-Afġānī, Kairo 1966.

Renan, Ernest, siehe al-Afġānī, "Response à Renan".

Riḍā, Rašīd, Al-Manār, Kairo 1897/98 ff.

Riḍā, Rašīd, Tārīḫ al-ustāḏ al-imām aš-šaiḫ Muḥammad ᶜAbduh, Kairo 1931.

Rivlin, B., The Contemporary Middle East: Tradition and Innovation, New York 1965.

Rochefort, Henri, The Adventure of my Life (übersetzt aus dem Französischen), London 1897.

Rosenthal, Franz, Ibn Khaldūn: The Muqaddima (An Introduction to History), New York 1958.

as-Saᶜīd, Rifᶜat, Tārīḫ al-fikr al-ištirākī fī Miṣr, Kairo 1969.

aṣ-Ṣa'īdī, 'Abdalmutaʿāl, Al-Muǧaddidūn fī l-islām min l-qarn al-awwal ilā r-rābi' 'ašar, Kairo 1950.

Šaiḫu, Louis, "As-Sayyid al-Afġānī" in: Al-Mašriq, Band 33, Nr. 3, Beirut 1925.

Schmitz, Paul, Ägyptens Weg zur Freiheit, Leipzig 1937.

Schoningh, Ferdinand, Aristoteles, Nikomachische Ethik (Übersetzung), Paderborn 1958.

Schumacher, Otto, Erasmus von Rotterdam, Vom freien Willen, Göttingen 1940.

Sibā'ī, Muṣṭafā, Ištirākiyat al-islām, Damaskus 1960.

Sibā'ī, Muṣṭafā, Min rawā'i' ḥaḍāratinā, 2. Auflage, Beirut 1968.

Simon, Heinrich, Ibn Ḫaldūns Wissenschaft von der menschlichen Kultur, Leipzig 1959.

Smith, Wilfred C., Der Islam in der Gegenwart (übersetzt aus dem Englischen), Frankfurt/Main 1963.

Steppat, Fritz, Die arabische Welt in der Epoche des Nationalismus, Stuttgart 1964.

Stoddard, Theodor Lothrop, Ḥāḍir al-'ālam al-islāmī (arabische Übersetzung von: The New World of Islam), Kairo 1925.

Stowasser, Karl, aṭ-Tahṭāwī in Paris, Diss. phil., Münster 1966.

Šukrī, 'Alī Aḥmad, Tārīḫ Miṣr min 'ahd al-mamālīk ilā nihāyat ḥukm Ismā'īl, Kairo 1934.

aṭ-Ṭanāḥī, Ṭāhir, Muḏakkarāt al-imām Muḥammad 'Abduh, Kairo 1963.

Tibi, Bassam, Der Nationalismus in der Dritten Welt am arabischen Beispiel, Diss. phil., Frankfurt/Main 1971.

Tignor, Robert, Modernization and British Colonial Rule in Egypt (1882 - 1914), New Jersey 1966.

Toynbee, Arnold, Kultur am Scheidewege (Originalausgabe: Civilisation on Trial), West-Berlin 1958.

Toynbee, Arnold, "The Ineffectiveness of Panislamism" in: A Study of History, London 1954.

Ṭūqān, Qadrī, Ǧamāladdīn al-Afġānī, ārā'uh wa-kifāḥuh wa-aṯaruh fī nahḍat aš-šarq, Nablus/Palästina 1947.

Welzig, Werner, Erasmus von Rotterdam, Ausgewählte Schriften, Darmstadt 1968.

Wilber, Donald, United Arab Republic - Egypt, New Haven 1969.

Wilson, Samuel, Modern Movements among Moslems, New York 1916.

Zia, Hossein, Die Rolle der Religion bei der Entstehung und Entwicklung des Parlamentarismus in Iran, Diss. phil., Heidelberg 1970.

Ziadeh, Nicola, Sanūsīyah, Leiden 1968.

Ziock, Hermann, Ägypten, Nürnberg 1968.

az-Zirkalī, Ḫairaddīn, Al-Aʿlām, 3. Auflage, Beirut 1968.

Namensregister

ʿAbbās I. S. 35, 64

ʿAbbās II. S. 167

Abbasiden S. 55ff , 90, 213

ʿAbdalfattāḥ, Muḥammad S. 222

ʿAbdalḥamīd II. (Sultan) S. 15, 41, 84ff , 98, 167, 178ff , 263

ʿAbdalmaǧīd, Muḥammad S. 14, 100

ʿAbdalwahhāb, Muḥammad b. S. 19ff , 24

ʿAbduh, Muḥammad S. 7ff , 15, 37, 78, 94ff , 126

- evolutionäre Denkweise S. 229ff
- geistige Produktivität S. 242ff
- Lebenslauf S. 218ff
- politische Aktivität S. 225ff
- Reformvorstellungen S. 246ff
- Unterschiedsmerkmale zu al-Afġānī S. 259ff , 268ff

Abī Ṭālib, ʿAli b. S. 9ff , 108, 211ff , 243

Abraham S. 220

Abū Bakr S. 108

Abū Rās S. 26

Abū Rayya, Maḥmud S. 73, 78, 127, 184

ʿAffān, ʿUṯmān b. S. 108, 211ff

al-Afġānī, Ǧamāladdīn Sayyid S. 2ff , 37

- Ägypten S. 66ff
- Denkweise S. 45ff
- Diagnose S. 103
- Einheit S. 157
- England S. 95ff
- Fortsetzung seiner Schule S. 218ff , 233ff , 239ff

al-Asadābādī, Mirza Luṭfallah Khan S. 10

ʿĀšūr, Saʿīd ʿAbdalfattāḥ S. 59ff

ʿAṭṭār (Scheich) S. 33

Bāmātī, Ḥaidar S. 176, 185

Bernhard, M. S. 178

Blunt, Wilfrid Sir S. 96ff, 227ff, 271

Braune, Walther S. 49

Brockelmann, Carl S. 20ff, 32, 79ff

Büchner, Ludwig S. 201

al-Bustānī, Buṭrus S. 238

Büttner, Friedemann S. 208

Clemenceau, Georges S. 94

Churchill, Randolf (Lord) S. 97

Cohen, Claude S. 56, 198

Cromer, Earl of (Lord) S. 65, 228, 247ff, 259

Darwin, Charles S. 192

Deiters, Heinz-Günter S. 76

Demokrites S. 191

Disraeli S. 64

Dumas, Alexandre S. 229

Dunyā, Sulaimān Muḥammad S. 255

Erasmus von Rotterdam S. 58

Epikur(äer) S. 191ff

Federmann, Robert S. 54, 82

Sachregister

ISLAMKUNDLICHE UNTERSUCHUNGEN

1. Ulrich Haarmann, Quellenstudien zur frühen Mamlukenzeit Freiburg 1970. 288 + 117 S. arab. Text. (vergriffen)
ISBN 3-87997-001-7
2. Peter Antes, Prophetenwunder in der Aš'arīya bis al-Ġazālī (Algazel). 1970. 138 S.
ISBN 3-87997-002-5
3. Elke Eberhard, Osmanische Polemik gegen die Safawiden im 16. Jahrhundert nach arabischen Handschriften. 1970. 257 S. (mit 10 S. arab. Text) (vergriffen)
ISBN 3-87997-003-3
4. Dariusch Bayat-Sarmadi, Erziehung und Bildung im Schahname von Firdousi. Eine Studie zur Geschichte der Erziehung im alten Iran. 1970. 240 S.
ISBN 3-87997-004-1
5. Erika Glassen, Die frühen Safawiden nach Qāżī Aḥmad Qumī. 1970. 246, 127 S. pers. Text. (vergriffen)
ISBN 3-87997-005-x
6. Marianne Schmidt-Dumont, Turkmenische Herrscher des 15. Jahrhunderts in Persien und Mesopotamien – nach dem Tārīḫ al-Ġiyāṯī. 1970. 250, 57 S. arab. Text. (vergriffen)
ISBN 3-87997-006-8
7. Klaus Schwarz, Osmanische Sultansurkunden des Sinai-Klosters in türkischer Sprache. 1970. 218 S. mit 19 Tafeln.
ISBN 3-87997-007-6
8. Horst-Adolf Hein, Beiträge zur ayyubidischen Diplomatik. 1971. 207 S. mit 5 Tafeln. (vergriffen)
ISBN 3-87997-008-4
9. Giselher Schreiber, Der arabische Dialekt von Mekka. Abriß der Grammatik mit Texten und Glossar. 1971. 144 S. (vergriffen)
ISBN 3-87997-009-2
10. Cherifa Magdi, Die Kapitel über Traumtheorie und Traumdeutung aus dem Kitāb at-taḥrīr fī 'ilm at-tafsīr des Ḍiyā' ad-Dīn al-Ǧazīrī. (7./13. Jahrhundert). 1971. 135 S., 72 S. arab. Text. (vergriffen)
ISBN 3-87997-010-6
11. Manutschehr Amirpur-Ahrandjani, Der aserbeidschanische Dialekt von Schahpur. Phonologie und Morphologie. 1971. 148 S.
ISBN 3-87997-011-4
12. Djalal Khaleghi Motlagh, Die Frauen im Schahname. Ihre Geschichte und Stellung unter gleichzeitiger Berücksichtigung vor- und nachislamischer Quellen. 1971. 235 S.
ISBN 3-87997-012-2

13. Heidrun Wurm, Der osmanische Historiker Ḥüseyn b. Ǧaʿfer, genannt Hezārfenn, und die Istanbuler Gesellschaft in der zweiten Hälfte des 17. Jahrhunderts. 1971. 214 S.
ISBN 3-87997-013-0

14. Dorothea Krawulsky. Briefe und Reden des Abū Ḥāmid Muḥammad al-Ġazzālī, übersetzt und erläutert. 1971. 255 S.
ISBN 3-87997-014-9

15. Barbara Schäfer, Beiträge zur mamlukischen Historiographie nach dem Tode al-Malik an-Nāṣirs. Mit einer Teiledition der Chronik Šams ad-Dīn ăs-Šuǧāʿīs. 1971. 250, 102 S. arab. Text
ISBN 3-87997-015-7

16. Peter Antes, Zur Theologie der Schiʿa. Eine Untersuchung des Ǧāmiʿ al-asrār wa-manbaʿ al-anwār von Sayyid Ḥaidar Āmolī. 1971. 142 S.
ISBN 3-87997-016-5

17. Gertrud Bauer, Athanasius von Qūṣ Qilādat at-taḥrīr fī ʿilm at-tafsīr, Eine koptische Grammatik in arabischer Sprache aus dem 13./14. Jahrhundert. 1972. 440 S.
ISBN 3-87997-017-3

18. Doris Behrens-Abouseif. Die Kopten in der ägyptischen Gesellschaft – von der Mitte des 19. Jahrhunderts bis 1923. 1972. 124 S.
ISBN 3-87997-018-1

19. Manfred Profitlich. Die Terminologie Ibn ʿArabīs im Kitāb wasā'il as-sā'il des Ibn Saudakīn. Text, Übersetzung und Analyse. 1973. 260 S.
ISBN 3-87997-019-x

20. Hars Kurio. Geschichte und Geschichtsschreiber der ʿAbd al-Wādiden (Algerien im 13.–15. Jahrhundert). Mit einer Teiledition des Naẓm ad-Durr des Muḥammad b. ʿAbd al-Ǧalīl at-Tanasī. 1973. 193, 2, 90 S.
ISBN 3-87997-020-3

21. Rudolf Thoden. Abu-'l-Ḥasan ʿAlī Merinidenpolitik zwischen Nordafrika und Spanien in den Jahren 710–752 H./ 1310–1351. 1973. 401 S.
ISBN 3-87997-021-1

22. Tunca Kortantamer. Leben und Weltbild des altosmanischen Dichters Aḥmedī unter besonderer Berücksichtigung seines Diwans. 1973. 509 S.
ISBN 3-87997-022-x

23. Samira Kortantamer. Ägypten und Syrien zwischen 1317 und 1341 in der Chronik des Mufaḍḍal b. Abi-'l-Faḍā'il. 1973. 340, 114 S.
ISBN 3-87997-023-8

24. Heinrich Georg Baum. Edirne vakası (Das Ereignis von Edirne). 1973. XXIII, 111 S.
ISBN 3-87997-033-5

25. Ursula Ott. Transoxanien und Turkestan zu Beginn des 16. Jahrhunderts. Das Mihmān-nāma-yi Buḫārā des Faḍlallāh b. Rūzbihān Ḫunǧī. Übersetzung und Kommentar. 1974. 362 S.
ISBN 3-87997-034-3

26. Kerim Yavuz. Der Islam in Werken moderner türkischer Schriftsteller. 1923–1950. 1974. 559 S.
ISBN 3-87997-035-I

27. Dieter Derenk. Leben und Dichtung des Omaiyadenkalifen al-Walīd Ibn Yazīd. Ein quellenkritischer Beitrag. 1974. 130, 93 S. arab. Text.
ISBN 3-87997-036-x

28. Barbara Kellner-Heinkele. Aus den Aufzeichnungen des Saʿīd Giray Sulṭān. Eine zeitgenössische Quelle zur Geschichte des Chanats der Krim um die Mitte des 18. Jahrhunderts. 1975. 329 S.
ISBN 3-87997-37-8

29. Mehmet Şefik Keçik. Briefe und Urkunden aus der Kanzlei Uzun Hasans. Ein Beitrag zur Geschichte Ost-Anatoliens im 15. Jahrhundert. 1975.
ISBN 3-87997-039-4

30. Klaus Kreiser. Die Ortsnamen der europäischen Türkei nach amtlichen Verzeichnissen und Kartenwerken. 1975.
ISBN 3-87997-042-4

31. Ibrahim el-Haidari. Zur Soziologie des schiitischen Chiliasmus. Ein Beitrag zur Erforschung des irakischen Passionsspiels. 1975.
ISBN 3-87997-043-2

32. Hasan Özdemir. Die altosmanischen Chroniken als Quelle zur türkischen Volkskunde. 1975.
ISBN 3-87997-044-0

33. Klaus Kreiser. Edirne im 17. Jahrhundert nach Evliyā Çelebī. Ein Beitrag zur Kenntnis der osmanischen Stadt. 1975.
ISBN 3-87997-045-9

34. Axel Havemann. Ri'āsa und qaḍā'. Institutionen als Ausdruck wechselnder Kräfteverhältnisse in syrischen Städten vom 10. bis zum 12. Jahrhundert. 1975.
ISBN 3-87997-046-7

35. Ernst A. Gruber. Verdienst und Rang. Die Faḍā'il als literarisches und gesellschaftliches Problem im Islam. 1975. 117 S.
ISBN 3-87997-047-5

36. Sidarus, Adel Y. Ibn ar-Rāhibs Leben und Werk. Ein koptisch-arabischer Enzyklopädist des 7./13. Jahrhunderts. 1976. 218 S., 11 Taf.
ISBN 3-87997-048-3

37. Josef Matuz. Krimtatarische Urkunden im Reichsarchiv zu Kopenhagen. Mit historisch-diplomatischen und sprachlichen Untersuchungen. 1976. 347 S., 30 Taf.
ISBN 3-87997-049-1

38. Jutta Schönfeld. Über die Steine. Das 14. Kapitel aus dem „Kitab āl-Muršid" des Muḥammad Ibn Aḥmed at-Tamīmī, nach dem Pariser Manuskript herausgegeben, übersetzt und kommentiert. 1976. 259 S.
ISBN 3-87997-050-5

39. Robert Humbsch. Beiträge zur Geschichte des osmanischen Ägyptens. Nach arabischen Sultans- und Statthalterurkunden des Sinai-Klosters. 1976. 717 S., 17 Taf.
ISBN 3-87997-051-3

40. Hans-Jürgen Kornrumpf. Die Territorialverwaltung im östlichen Teil der europäischen Türkei vom Erlass der Vilayetsordnung (1864) bis zum Berliner Kongress (1878) nach amtlichen osmanischen Veröffentlichungen. 1976. 434 S., 4 Karten.
ISBN 3-87997-053-X

41. Hani Srour. Die Staats- und Gesellschaftstheorie bei Sayyid Ǧamalāddīn „Al Afghāni". Als Beitrag zur Reform der islamischen Gesellschaften in der zweiten Hälfte des 19. Jahrhunderts. 1977. 310 S.
ISBN 3-87997-054-8

42. Eberhard Krüger. Zum Verhältnis von Autor und Werk bei dem modernpersischen Erzähler Ṣâdeq Hedâyat. 1977. 158 S.
ISBN 3-87997-055-6

4505